本书由云南大学政府管理学院资助出版

Research on the Liability System for Antitrust Damage in the United States

美国垄断致损赔偿责任制度研究

杨 蓉 / 著

图书在版编目(CIP)数据

美国垄断致损赔偿责任制度研究/杨蓉著.—北京:北京大学出版社,2023.7

ISBN 978-7-301-34023-3

Ⅰ.①美… Ⅱ.①杨… Ⅲ.①反垄断法—研究—美国 Ⅳ.①D971.222.94

中国国家版本馆CIP数据核字(2023)第090040号

书　　　名	美国垄断致损赔偿责任制度研究 MEIGUO LONGDUAN ZHISUN PEICHANG ZEREN ZHIDU YANJIU	
著作责任者	杨　蓉　著	
责 任 编 辑	孙维玲	
标 准 书 号	ISBN 978-7-301-34023-3	
出 版 发 行	北京大学出版社	
地　　　址	北京市海淀区成府路205号　100871	
网　　　址	http://www.pup.cn　新浪微博:@北京大学出版社	
电 子 信 箱	sdyy_2005@126.com	
电　　　话	邮购部 010-62752015　发行部 010-62750672 编辑部 021-62071998	
印 刷 者	涿州市星河印刷有限公司	
经 销 者	新华书店 965毫米×1300毫米　16开本　14.25印张　221千字 2023年7月第1版　2023年7月第1次印刷	
定　　　价	58.00元	

未经许可,不得以任何方式复制或抄袭本书之部分或全部内容。
版权所有,侵权必究
举报电话: 010-62752024　电子信箱: fd@pup.pku.edu.cn
图书如有印装质量问题,请与出版部联系,电话: 010-62756370

序

杨蓉同志是我在湖南大学法学院指导的民法学博士。在攻读博士期间，她围绕反垄断民事责任问题开展了较为深入的比较法研究，写出了博士学位论文《美国垄断致损赔偿责任制度研究》。博士毕业时，我曾叮嘱她必须"不忘初心"，坚持以饱满的热情继续投入"反垄断政策与法"的研究中去。如今，杨蓉在其博士学位论文的研究基础上，紧扣反垄断法研究的时代特色，拟出版《美国垄断致损赔偿责任制度研究》一书，我由衷感到高兴。

尽管我国反垄断法治起步较晚，但发展极为迅速。尤其是2008年《中华人民共和国反垄断法》施行以来，我国在公平竞争制度体系建设、预防和制止垄断行为、优化营商环境、执法能力建设、公平竞争文化倡导以及国际影响提升等方面均取得了令世界瞩目的显著成效，逐渐培育出有中国特色的、不断健全的公平竞争法律意识和更加自觉的公平竞争文化，成为全球反垄断三大司法辖区之一。为了能够更好地加强全球反垄断合作，相互借鉴、相互学习是必不可少的。

美国反垄断法律与政策的实践是全球反垄断实施的重要一极。其中，美国垄断致损赔偿责任制度是其反垄断法律体系中一个非常重要的问题。美国在垄断致损赔偿责任领域形成的相关规则及判例，广泛地影响着世界大多数国家和地区，也备受理论研究者的重视。杨蓉在本书中结合美国垄断致损赔偿责任制度的历史实践与经验，从理论角度予以深入阐述与剖析，并提出了完善我国垄断致损赔偿制度方面的相应建议，具有较好的理论意义和现实价值。杨蓉博士毕业之后，并没有放弃对垄断致损赔偿责任制度研究的细化和完善，时常会与我就垄断致损赔偿责任问题进行交流,我深感她对垄断致损赔偿责任制度具有高度的学术热情。

完善中国特色社会主义法律体系,发挥其在社会主义市场经济中的规制功能,维护平等民事主体合法权益,构建公平竞争的法律氛围,是新时代法治现代化建设的总体目标所在。同时,囿于大陆法系传统的影响,中国法治现代化并非坦途。作为学者,自当以踏实研究为己任,服务中国法治现代化的建设。本书的完成确实体现了杨蓉"学以致用"的治学观。

尽管本书的一些观点和认识可能还有待深入,但我认为,能够不拘泥于博士研究方向的专而精,以比较法和大民法的视野思考中国法治现代化建设中垄断致损赔偿制度及其实施的现实问题,就是一种有益的尝试。

在我看来,本书具有以下特点:

第一,视角新。本书研究紧扣时代脉搏,关注反垄断民事责任中较为小众的分支——垄断致损赔偿责任制度,重视对民法与经济法交叉区域的思考;在写作方法的运用上,既有规范研究,也有数理分析,体现了杨蓉善于学习的特质。

第二,深入浅出,明白易懂。我一向主张,写作语言应当通俗晓畅,不可故弄玄虚。杨蓉切实将此作为写作的原则和目标,行文中不追求辞藻华丽,而力求将学术原理尽可能以平实易懂的语言表达出来,以期尽可能容易让受众读懂并接受,体现了她对学术社会化要求的遵循。

我认为,学术思想的传播与继受,当以符合时代要求且具有广泛受众为首要,希望杨蓉同志继续努力,勤奋写作。

是为序。

2023 年 1 月
屈茂辉

目 录 CONTENTS

导论 ·· 1
一、选题背景及研究意义 ··· 3
　　（一）选题背景 ·· 3
　　（二）研究意义 ·· 7
二、研究现状 ··· 10
　　（一）国外研究现状 ··· 10
　　（二）国内研究状况 ··· 19
三、研究的主要内容 ··· 23
四、研究方法和可能的创新 ··· 26
　　（一）研究方法 ·· 26
　　（二）可能的创新 ·· 29

第一章　美国垄断致损赔偿责任制度概述 ················ 33
一、美国垄断致损赔偿责任制度的变迁 ······················ 35
　　（一）美国垄断致损赔偿责任制度的立法变迁 ····· 35
　　（二）美国垄断致损赔偿责任制度的实践变迁 ····· 40
二、美国垄断致损赔偿责任的性质和特征 ·················· 48
　　（一）美国垄断致损赔偿责任的性质 ··················· 48
　　（二）美国垄断致损赔偿责任的特征 ··················· 51
三、美国垄断致损赔偿责任的功能 ······························ 53
　　（一）对赔偿权利人的补偿与激励 ······················ 55
　　（二）对赔偿义务人的惩罚与预防 ······················ 56
　　（三）对反垄断行政执法不足的补益 ··················· 58
小结 ··· 61

第二章　垄断致损赔偿责任的主体 ··························· 63
一、赔偿关系人基础 ··· 65

二、赔偿关系人结构 …………………………………………… 67
　　（一）赔偿权利人 ………………………………………… 68
　　（二）赔偿义务人 ………………………………………… 74
小结 …………………………………………………………… 76

第三章　损害事实 ……………………………………………… 77
一、损害事实的概念 …………………………………………… 79
二、损害事实的结构 …………………………………………… 82
　　（一）被侵害的权利 ……………………………………… 83
　　（二）受损失的利益 ……………………………………… 89
三、损害事实的种类及边界 …………………………………… 92
　　（一）损害事实的种类 …………………………………… 92
　　（二）损害事实的边界 …………………………………… 94
小结 …………………………………………………………… 96

第四章　垄断行为与过错 ……………………………………… 97
一、垄断行为 …………………………………………………… 99
　　（一）垄断行为的认定 …………………………………… 100
　　（二）垄断行为的类型 …………………………………… 101
　　（三）垄断行为的违法性问题 …………………………… 103
二、过错的地位及认定 ………………………………………… 105
　　（一）过错的地位 ………………………………………… 105
　　（二）过错的认定 ………………………………………… 107
小结 …………………………………………………………… 109

第五章　因果关系 ……………………………………………… 111
一、垄断致损赔偿责任因果关系概述 ………………………… 113
　　（一）一般侵权责任中的因果关系基础 ………………… 113
　　（二）垄断致损赔偿责任中的因果关系的基本原则 …… 118
二、垄断致损赔偿责任之因果关系证明 ……………………… 122
　　（一）因果关系检测标准的转折 ………………………… 122
　　（二）因果关系的证明 …………………………………… 127
三、反垄断政策对因果关系检测的影响 ……………………… 137
　　（一）反垄断政策的学理阐释 …………………………… 137

（二）反垄断政策对因果关系检测的引导与限制 …… 139
　小结 …………………………………………………… 142

第六章　损害赔偿 ……………………………………… 145
　一、损害赔偿的价值目标和基本原则 ………………… 147
　　（一）损害赔偿的价值目标 …………………………… 147
　　（二）损害赔偿的基本原则 …………………………… 149
　二、损害计算 …………………………………………… 151
　　（一）损害计算的特殊性 ……………………………… 152
　　（二）损害计算的主要方法 …………………………… 153
　　（三）损害计算的认定标准 …………………………… 159
　三、三倍赔偿的新发展 ………………………………… 161
　小结 …………………………………………………… 166

第七章　美国垄断致损赔偿责任制度对我国的借鉴意义 …… 167
　一、完善垄断致损赔偿责任构成要件体系 …………… 170
　　（一）明确垄断致损赔偿责任的侵权属性 …………… 171
　　（二）明确赔偿责任主体的范围 ……………………… 176
　　（三）细化垄断行为的种类 …………………………… 182
　　（四）淡化过错的认定 ………………………………… 183
　　（五）完善因果关系的证明机制 ……………………… 184
　二、健全损害赔偿机制 ………………………………… 190
　　（一）损害计算方式的借鉴 …………………………… 190
　　（二）三倍赔偿的借鉴 ………………………………… 192
　三、改善垄断致损赔偿责任制度实施的外部环境 …… 197
　　（一）规范法官的自由裁量权 ………………………… 197
　　（二）重视反垄断政策的运用 ………………………… 202
　四、协调垄断致损赔偿责任实施与反垄断行政执法的
　　　关系 ………………………………………………… 206
　小结 …………………………………………………… 211

结语 ……………………………………………………… 213

后记 ……………………………………………………… 219

导 论

一、选题背景及研究意义

(一) 选题背景

英国著名的竞争法研究学者费雷德里克·M. 谢勒（Frederic M. Scherer）曾指出："世界上其他国家在了解和观察美国反垄断经验和实践中，从起初的不情愿到后来开始纷纷仿效的事实说明，在一定意义上，反垄断是美国最受欢迎的出口产品之一。"[①] 在美国，作为反垄断二元执行体制[②]一端的垄断致损赔偿责任体系，越来越广泛地影响着世界上反垄断一元执行体制[③]的国家和地区。随着反垄断的深入发展以及经济全球化的加剧，以美国为代表的反垄断私人实施[④]模式已经

[①] Frederic M. Scherer, *Competition Policy, Domestic and International*, Edward Elgar Pub., 2000, p. 357.

[②] 所谓反垄断二元执行体制，是指由专门国家机关进行反垄断公共执法和以垄断致损赔偿为主的私人实施反垄断所构成的有机整体。

[③] 所谓反垄断一元执行体制，是指主要通过专门国家机关进行反垄断公共执法来实现对垄断行为的查处和制裁。

[④] 在我国法学界，"私人实施"为英文"private enforcement"的汉译，并非一个常见的法学专用名词，主要为研究反垄断法的学者所使用。"私人实施"往往令人想起"私力救济"，事实上两者却并非一回事。尽管对"private enforcement"直接进行汉译并不能完全体现出英文中的应有之义，但是，作为与反垄断公共执法相对应的提法，反垄断私人实施似乎成了"不完美中的完美选择"，它强调的是除了国家公权力作为反垄断发起的力量外，私人也可以通过进行垄断致损赔偿诉讼来救济因其他市场主体的垄断侵害而遭受的损失。需要注意的一点是，很多时候我国经济法学界将"私人实施"中的"私人"两字进行扩大解释，把消费者也归入发起反垄断私人实施的范畴之内。这种做法是值得商榷的。事实上，在私人实施最为发达的美国，关于消费者发起的反垄断民事诉讼是否能够纳入垄断致损赔偿责任范围内这一问题，美国学界多持否定意见（具体见本书第二章中有关"赔偿权利人"的论述），毕竟消费者的发起反垄断民事诉讼与市场主体发起的垄断致损赔偿诉讼不但在侵害权益的性质上（请求权基础）存在根本性差异，在责任构成要件等核心要素上也有极大不同。因此，本书所探讨的美国垄断致损赔偿责任制度，与"反垄断私人实施"的狭义范畴相对应，研究的对象仅仅限于市场竞争条件下市场主体间因垄断侵害行为而导致的侵权责任问题。

突破了法律传统的限制，成为世界反垄断发展的新趋势。研究反垄断私人实施的核心要素——垄断致损赔偿责任制度就成了非常必要且紧迫的工作。申而言之，本书的选题背景主要包括：

第一，纵观全球，垄断致损赔偿责任制度及其实施以美国最为发达。深入研究美国垄断致损赔偿责任制度，能够让我们清晰地认识到，在反垄断过程中，对竞争的维护不能仅依赖国家公权力对垄断的调控，同时也离不开以垄断致损赔偿责任为核心的私人实施的作用。在美国，垄断致损赔偿责任制度对其反垄断的有效推进意义重大。正是通过以垄断致损赔偿责任制度为支柱的反垄断私人实施的不断完善和发展，才使得美国反垄断私人实施成为与国家反垄断公共执法并驾齐驱的反垄断渠道。自世界上第一部反垄断法《谢尔曼法》(Sherman Act) 于 1890 年经由美国国会通过以来，美国垄断致损赔偿责任制度就以制定法的形式示人，发展出了包括赔偿关系人、损害事实、垄断行为及过错、因果关系在内的责任构成要件体系，并通过垄断致损赔偿诉讼的司法判例形成了界定垄断致损责任的一系列规则和原则。比如，Loeb v. Eastman Kodak Co. 案[①]（以下简称"Loeb案"）即形成了判定原告能否成为适格赔偿权利人的直接损害规则。至于过错的认定，以客观责任为主的美国侵权法模式直接影响着垄断致损赔偿责任制度中过错的认定，并使其在垄断致损赔偿责任构成要件中日趋淡化。此外，"本身违法原则"(illegal per se rule) 和"合理原则"(rule of reason) 是美国在垄断致损赔偿责任之因果关系证明问题上的独创。在司法实践中，无论采取何种说明方式来证明垄断行为与损害事实之间是否存在因果关系，在本质上都是对本身违法原则和合理原则运用的具体化。不仅如此，由于一切侵权责任的构成要件理论都是为损害赔偿的实现而服务，在美国，垄断致损赔偿责任制度也形成了自己独具特色的赔偿模式——三倍赔偿。美国学界对三倍赔偿的地位和意义展开了较为激烈的讨论，围绕三倍赔偿的存在合理性进行了较为深入的探讨，出现了用微观经济学手段对三倍赔偿价值进行说明的新趋势。可以说，

---

① Loeb v. Eastman Kodak Co., 183 F. 704 (3d Cir. 1910).

美国垄断致损赔偿责任制度的前述理论动态和实践机制均是值得我们学习的。

第二，除了加拿大、澳大利亚等美国主要盟国对美国垄断致损赔偿责任制度进行借鉴外，欧盟对美国垄断致损赔偿责任制度的研究也正在兴起。行政程序在欧盟反垄断实施中占据核心地位，是欧盟反垄断实施最为显著的特征，而且欧盟反垄断实施一开始并没有设置垄断致损赔偿制度。然而，进入21世纪以来，欧盟在一定程度上调整了反垄断实施中公共执法一家独大的基本格局，日益重视起以垄断致损赔偿责任制度为中心的反垄断私人实施的发展。特别是2005年12月，欧盟委员会发布了《违反欧共体反垄断规则的损害赔偿诉讼绿皮书》（Green Paper: Damages Actions for Breach of the EC Antitrust Rules），强调只要符合"威慑反垄断法所禁止的不正当竞争行为，保护市场运行参与者和消费者不受不正当竞争行为的损害"之宗旨，除了通过有关国家机关进行反垄断执法外，反垄断私人实施也可以成为反垄断的渠道。欧盟委员会重视垄断致损赔偿责任制度作用的做法，使得欧盟国家的不少学者开始围绕美国垄断致损赔偿责任制度进行探讨。相应地，美国垄断致损赔偿责任制度的研究也在欧盟国家的学界盛行起来，不少欧洲学者从比较法的角度，在对欧盟反垄断实施和美国垄断致损赔偿责任制度进行对比的基础上，提出了许多理论建议，为美国垄断致损赔偿责任制度在欧洲的转化发展起到了积极作用，使得实践中包括德国在内的不少欧盟国家学习并转化吸收了美国垄断致损赔偿责任制度的有益成分。

第三，回到中国的情况来说。2022年6月24日第十三届全国人民代表大会常务委员会第三十五次会议通过了《关于修改〈中华人民共和国反垄断法〉的决定》，修改后的《中华人民共和国反垄断法》（以下简称"2022年《反垄断法》"）于2022年8月1日起正式施行。2022年《反垄断法》作为我国2008年《反垄断法》问世以来的首次修改，契合了我国反垄断的客观现实，顺应了高质量发展的需求，尤其是针对数字科技蓬勃发展和广泛运用带来的机遇和挑战，强化了反垄断行政监管能力，在一定程度上代表着我国的反垄断事业逐渐取得全球领先发展的优势。本次修法，条文总数由57条增加到70条，涉及除"附则"之外的前七章内容、原法57条中的23个条文。可以说，本次修法，无论是所涉条文规模以及修改的实质内容，还是对市场公平竞争的规范发展，都堪称一次大修。但是，仔细研究2022年《反垄断法》的内容便会发现，新旧《反垄断法》关于垄断致损赔偿责任制度的规定并未大改，2022年《反垄断法》第60条在保持2008年《反垄断法》第50条关于垄断致损赔偿民事责任的基础上，只增加了第2款，规定"经营者实施垄断行为，损害社会公共利益的，设区的市级以上人民检察院可以依法向人民法院提起民事公益诉讼"。相比涉及反垄断行政执法的大修，垄断致损赔偿责任制度仍较为抽象，细化程度不够高，整体较为落后。

由于我国反垄断立法主要是以欧盟（特别是德国）的反垄断法为参照，因此，一提到解决我国垄断致损赔偿责任制度落后的问题，不少学者就试图直接向包括德国在内的欧盟国家学习经验。这种思路忽视了一个重要的问题——欧盟在垄断致损赔偿责任制度的操作上也是新手，且正在从美国垄断致损赔偿责任制度中汲取营养。不仅如此，苏力在波斯纳的《反托拉斯法》中译本代译序《知识在法律中的力量》一文中说道："这些著述往往不加考察地宣称美国1890年的谢尔曼反托拉斯法是所谓的'市场经济的大宪章'，对垄断问题根本没有多少分析，更谈不上深入细致。"① 苏力的看法无疑是直击要害的。从目前中国学界的研究来看，学者对于美国反垄断制度进行研究，在美国垄断致损赔偿责任制度这一块仍然浮于表面，只是为了介绍制度而介绍，忽视了制度内部（如构成要件之间的逻辑链接）的研究和探讨。

理论研究的不足，必然会导致司法实践的欠发达。我国2022年《反垄断法》沿袭了2008年《反垄断法》第50条对垄断致损赔偿责任制度的概括性规定，存在独木难成林的问题，毕竟仅一条抽象性极强的法条是无法构建起一项完备的制度的。我国垄断致

---

① 〔美〕理查德·A.波斯纳：《反托拉斯法（第二版）》，孙秋宁译，中国政法大学出版社2003年版，代译序《知识在法律中的力量》第6页。

损赔偿责任制度在司法实践中举步维艰的局面仍然无法得到有效扭转：其一，垄断致损赔偿责任的法律属性尚未明确。由于垄断致损赔偿责任是《反垄断法》中的规定，很多时候被想当然地认为是经济法责任。但从其本质来说，垄断致损赔偿责任是一种特殊的侵权责任。若无对其法律属性的正确理解，司法实践中就很难实现对制度的宏观把控，进而影响裁判的合理性。其二，因果关系论证混乱。在缺少体系化的因果关系证明原则的前提下，同案同判只能是水中望月。其三，损害赔偿缺乏科学的计算方式和认定标准。若赔偿仍拘泥于传统民事赔偿下的填补损害原则，则不利于发挥赔偿权利人维护其受损权益的积极性。其四，反垄断法律、政策无法发挥垄断致损赔偿责任制度所具有的独特价值，影响了垄断致损赔偿责任制度的实施效率。

事实上，在最高人民法院于2021年4月22日召开的新闻发布会上，最高人民法院知识产权法庭副庭长郃中林披露，最高人民法院将适时制定反垄断民事诉讼司法解释。郃中林称，反垄断法是保护公平竞争、制止垄断行为、维护市场经济秩序的基础性法律。我国反垄断法确立了行政执法和民事司法双轨并行的反垄断执法体系。行政执法和民事司法各具特点、各有所长，二者相辅相成、同向发力，都是维护市场公平竞争秩序不可或缺的重要渠道、手段和力量。如今，2022年《反垄断法》的出台细化完善了反垄断行政执法的诸多方面，而以垄断致损赔偿责任制度为基础的反垄断民事司法确实需要迎头赶上，促进我国反垄断事业的更大发展。

总之，国际反垄断研究的现状和我国理论及司法实践中的不足都提示我们，必须站在全球高度，对垄断致损赔偿责任制度发展较为成熟的美国经验进行探讨学习和扬弃后吸收利用，发展出既符合我国国情又适应国际潮流的垄断致损赔偿责任制度，推进我国垄断致损赔偿责任制度在理论上和司法中的不断进步。

（二）研究意义

本书以"美国垄断致损赔偿责任制度研究"为题，尝试对美国垄断致损赔偿责任制度的源流与功能、责任构成要件以及赔偿机制进行梳理，以期待对我国相关问题的处理提供一种新视角、新思路。作为经济生活的两端，不存在完全垄断，也没有完全竞争。经济的发展正是在完全竞争和完全垄断之间来回游走的过程中实现的。当垄断对良性竞争造成损害时，通过法律救济实现良性竞争的复位就尤为重要。反垄断作为惩罚垄断、维护良性竞争的法律手段，在市场经济中具有非常重要的位置。反垄断不能仅仅依靠有关国家机关的反垄断公共执法展开，还必须整合国家公权力和社会私权利两方面的力量来进行。在国际反垄断实施逐渐走向公共执法与私人实施并举的时代大背景下，完善我国垄断致损赔偿制度离不开对美国相关理论及其实践的借鉴和学习。当下，我国学界对以美国垄断致损赔偿责任制度为代表的反垄断私人实施的研究是不够的，而且往往只着重于对欧盟及其成员国反垄断公共执法经验的介绍和对美国垄断致损赔偿责任制度的程序法探讨。因此，只有在对美国垄断致损赔偿责任的立法和实践变迁进行梳理的基础上，细致研究该制度沿革背后的价值理念，才能给我们一种更为全面的视角，以摆脱法条主义倾向的束缚，客观合理地认识该制度的运作机理，并从中习得有益于处理中国经济社会发展中已经出现和可能出现的垄断致损赔偿问题的经验。

在笔者看来，研究美国垄断致损赔偿责任制度至少具有如下两方面的重要意义：

第一，从法律制度的完备层面来说，研究美国垄断致损赔偿责任制度的性质、构成要件以及损害赔偿机制，对于完善我国垄断致损赔偿责任制度具有重要意义。反垄断法兼具公法与私法性质的这一特征，决定了其实施必然包括国家公权力机关开展的反垄断公共执法和私人实施的垄断致损赔偿诉讼两个方面。其中，国家公权力机关反垄断公共执法，指的是专门的反垄断执法机构依法调查和处理垄断行为而进行的行政执法活动；[①] 而私人实施的垄断致损赔偿诉

---

① 参见国家工商行政管理总局编著：《竞争执法与市场秩序维护》，中国工商出版社2012年版，第85页。

讼，性质上乃是垄断行为受害人（赔偿权利人）向侵害人（赔偿义务人）追究损害赔偿民事责任的活动。既然私人实施垄断致损赔偿诉讼本质上是追究民事责任的一种，那么充分认识这种责任的性质、构成要件以及赔偿数额，就是学者的一项重要任务。从我国现有研究来看，由于立法借鉴的是欧盟经验，对于私人实施的垄断致损赔偿责任制度问题，学者多从反垄断行政执法的视角出发，围绕着界定"垄断"的理论与制度对反垄断行政执法适度性展开研究，而对垄断致损赔偿责任这种民事救济的性质、构成要件等问题涉及不多。概而言之，垄断致损赔偿责任作为反垄断私人实施的关键，几乎成了那种一目了然却又常常被视而不见的东西。比如，尽管2022年《反垄断法》第7条明确规定："具有市场支配地位的经营者，不得滥用市场支配地位，排除、限制竞争。"但是，在实践中，当原告就特定经营者排除、限制竞争且造成损害提起诉讼时，确定限制竞争的垄断（性）行为与损害之间具有因果关系要比条文规定本身复杂许多。不仅如此，国家竞争政策的变动会使得垄断致损赔偿责任中的因果关系问题更加扑朔迷离。而学者们在研究中却往往绕开对垄断致损赔偿责任的实体法层面探讨，将精力放在诸如取证程序、诉讼权利等程序法方面的研究上。困难的存在如果成为放弃研究的借口，那么制度建设的完备就无从谈起。而研究美国垄断致损赔偿责任制度能拓展我国反垄断私人实施的理论基础，丰富反垄断民事侵权领域的内容，也有利于搭建更加完善、合理的垄断所致损害赔偿制度体系。

第二，在司法实践层面，研究美国垄断致损赔偿责任制度，对我国反垄断民事损害赔偿的司法实践具有重大借鉴意义。我国在垄断致损赔偿问题上的模糊规定，使得法官在适用具体法条时容易出现不同的理解，对垄断致损赔偿诉讼之同案同判具有一定的负面影响。从统计数据来看，自2008年《反垄断法》颁布以来，截至2020年年底，我国各级人民法院受理反垄断民事诉讼一审案件897件，审结854件。① 这个数字只占到全年同期民事一审案件总量的零头。

---

① 参见《最高法：将适时制定反垄断民事诉讼司法解释》，中国新闻网，2021年4月22日，https://www.chinanews.com.cn/gn/2021/04-22/9461112.shtml，2021年8月4日访问。

究其原因，我国制定《反垄断法》参考的是欧盟（尤其是德国）的立法模式，而欧盟模式的最大特点在于反垄断实施以行政程序为中轴，基本上忽略了私人实施反垄断的意义，没有设置垄断致损赔偿责任制度。近年来，欧盟已经注意到其反垄断实施中忽视垄断受害人通过民事诉讼维护受侵害的竞争自由权的问题，开始在学习美国模式的有益经验的基础上，有条件地开启了垄断致损赔偿责任制度。因此，面对世界反垄断实施的这一新特点，我们更应当加强对美国垄断致损赔偿责任制度的研究，改变我国垄断致损赔偿责任实施欠发达的现状，促进相关司法实践的发展，为垄断行为的受害人（赔偿权利人）提供及时有效的救济。

二、研 究 现 状

（一）国外研究现状

从国外的研究状况来看，国外学者基本上认可垄断致损赔偿责任属于民事侵权责任范畴的性质。在美国，芝加哥经济学派①形成后，学者们的讨论更加深入和多元化。他们率先明确了反垄断实施的主体差异，将国家公权力机构进行的反垄断执法称为"公共执法"（public enforcement），将私人发起的反垄断民事诉讼称为"私人实施"（private enforcement），并且对反垄断公共执法与私人实施在促进市场竞争自由公平化目标的作用上进行了比较。其中，乔治·J.施蒂格勒（George J. Stigle）教授提出的政府规制俘获理论贡献最大，该理论的核心为"政府在对市场进行规制的过程中最终会为产业控制者所俘获"②。这种观点在支持垄断致损赔偿责任制度作为反垄断私人实施渠道的合理性的同时，对反垄断公共执法的公正性提

---

① 芝加哥经济学派是众多芝加哥学派中最著名的学派之一，因主要代表人物弗里德曼、施蒂格勒、科斯和贝克尔等人都曾在芝加哥大学任教而得名，该学派坚信通过市场机制的自我调节最终能够实现完全竞争，竭力主张减少政府对竞争过程的干预。

② George J. Stigle, The Theory of Economic Regulation, *The Bell Journal of Economics and Management Science*, Vol. 2, No. 1, Spring 1971, pp. 3-18.

出了质疑——政府执法并不能够达到100％的公正性。同样地,公共选择理论创始人布坎南也认为,政府政策的客观性会因为政策制定者不可避免的主观性①而发生"偏移",即完全依靠公权力执法是极难实现法律目的的,这是现代代议制民主国家无法克服的顽症。垄断致损赔偿责任制度的价值就是在批判反垄断公共执法中不可避免的缺点的过程中确立起来的。反垄断公共执法的不足,使得反垄断私人实施不断发展,而私人实施主要是通过追究垄断致损赔偿责任的民事诉讼实现的。对此,美国反垄断专家劳伦斯·J. 怀特(Lawrence J. White)等人认为:"从美国私人实施垄断致损赔偿诉讼的实际来看,所谓的垄断致损赔偿责任制度就是基于市场竞争行为导致有害于竞争秩序且对相关私人权益造成损失时,要求责任人承担赔偿权益受损者所损失的合理利益的侵权责任。"② 美国学者保罗·D. 卡林顿(Paul D. Carrington)等人从历史解释的维度指出:"制定《谢尔曼法》时,美国的反垄断公共执法体制羸弱,国会意识到,反垄断法的执行必须依靠私人提起诉讼,私人诉讼能在条文不多且较为含糊的《谢尔曼法》中得到确立,说明了它作为侵权的一种形态,能够保障垄断侵扰的企业主按照《谢尔曼法》的规定请求法院获得赔偿。"③

除探讨垄断致损赔偿责任制度的性质外,国外学者④还对该制度的功能进行了许多探讨。按照加拿大知名反垄断专家斯宾塞·W. 沃勒(Spence W. Waller)的说法,垄断致损赔偿责任的适用确保了

---

① 作为理性的经济人,有意无意间都会以追求自己利益最大化为目标行事。
② Steven C. Salop & Lawrence J. White, Private Antitrust Litigation: An Introduction and Framework, in Lawrence J. White (ed.), *Private Antitrust Litigation: New Evidence, New Learning*, Massachusetts Institute of Technology Press, 1988, p. 38.
③ Paul D. Carrington & Trina Jones (eds.), *Law and Class in America: Trends Since the Cold War*, New York University Press, 2006, p. 32.
④ 需要注意的一点是,此处的"国外学者"以美国学者居多。尽管欧洲学者也对中国垄断致损赔偿责任制度进行了大量的研究,但欧洲学者研究的时间主要在2005年欧盟委员会发布《违反欧共体反垄断规则的损害赔偿诉讼绿皮书》之后。因此,对于美国垄断致损赔偿责任制度的研究主要还是美国学者的贡献最大。这些学者除了来自法学界外,还有不少来自经济学界(如前面所述的施蒂格勒、布坎南等人均是关注反垄断问题的著名经济学家)。

美国反垄断私人实施的高活跃度,进而使得美国反垄断执行体制比大陆法系国家的反垄断集中执行体制(即一元执行体制)更具稳定性。① 英国反垄断法学者戴维·J.格伯(David J. Gerber)在进行反垄断法比较研究中也谈道:"在美国,私人诉讼作为反垄断法最为重要的实施工具,法院通过对私人诉讼的判决来解释立法目的……尽管理论上垄断致损赔偿责任只是侵权损害赔偿责任的一种,但是由于垄断所致损害赔偿在反垄断实施中扮演的角色不仅仅是'补偿',而是具有特殊的政策之维。因此,与大陆法系传统国家不同,美国更依赖于判例对制定法立法目的和内容进行阐释。"②

美国的弗朗西斯科·德诺扎(Francesco Denozza)等人在《反垄断私人实施的补偿和威慑功能研究》一文中谈道:"对于垄断致损行为日趋复杂多样的现实,除了经验性的描述外,我们还需要深入分析具有民事法补偿功能和刑罚之威慑功能的垄断致损赔偿诉讼的客观情形到底是什么。"③ 可见,对于美国垄断致损赔偿责任制度的功能问题,国外学者的研究不但着眼于制度本身所具有的价值,对功能背后的运作机理也进行了相应的研究和探讨。

就美国垄断致损赔偿责任主体的研究而言,国外学者的研究主要集中在赔偿权利人适格的问题上。在美国垄断致损赔偿责任制度研究和实践中,专家学者和法官们甚至发明了"反垄断起诉资格"(Antitrust Standing)和"垄断性损害"(Antitrust Damage)④ 这两个专有名词来处理垄断致损赔偿责任的相关司法实践问题。其中,

---

① See U. S. Goverment Administrative Office, U. S. Government Printing Office 2006 Annual Report, Nov. 1, 2006, p. 409.
② David J. Gerber, *Global Competition: Law, Markets, and Globalization*, Oxford University Press, 2010, pp. 169-171.
③ Francesco Denozza & Luca Toffoletti, Compensation Function and Deterrence Effects of Private Actions for Damages: The Case of Antitrust Damage Suits, https://papers.ssrn.com/sol3/papers.cfm? abstract_id=1116324, last visited on Nov. 2, 2021.
④ "垄断性损害"是美国司法界用于检验垄断致损赔偿责任构成要件之"损害事实"的关键性词语,本书将在第三章第三部分之"损害事实的边界"详细分析。

反垄断起诉资格之所以在研究中的地位如此重要，根源在于垄断致损赔偿责任制度的特殊性，即由于反垄断法与民法的交叉，垄断致损赔偿责任的主体资格具有区别于一般民事侵权责任之主体资格的特殊性。事实上，美国联邦法院对于反垄断起诉资格的甄别标准较普通民事诉讼主体资格更高。具体而言，不同于普通民事侵权纠纷中原告只要证明自己因被侵权而遭受损害即可，在垄断致损赔偿诉讼中，原告只有证明其遭受的损害是由于垄断行为直接造成的，而非普通侵害，才具有真正的反垄断起诉资格，并进而成为垄断致损赔偿责任中真正的赔偿权利人。

此外，1968 年美国 Hanover Shoe Inc. v. United Shoe Machinery Corp. 案[①]（以下简称"Hanover 案"）所形成的"间接购买者规则"（indirect purchaser rule）也是国外学者研究美国垄断致损赔偿责任制度之赔偿权利人问题的一个热点。作为对转售中的垄断致损导致的受害人而言，间接购买者规则是对直接损害规则的加固。即对于间接购买者来说，即便有证据证明垄断者将垄断差价传导到了他身上，也无权获得损害赔偿。在美国，多数反垄断专家都赞成用间接购买者规则限制赔偿权利人的范畴。比如，英国年利达律师事务所（Linklaters LLP）全球竞争主管克里斯蒂安·阿尔伯恩（Christian Ahlborn）在其团队的研究中指出："相比间接购买者来说，进行直接购买行为的市场交易者这样的直接购买者更能准确、快速地发现垄断侵害行为的存在。"[②]

谈到损害事实问题，阿尔伯恩及其团队指出：反垄断法在概念和方法论上的不确定性使得如何清晰界定其目标变得更为重要，因为"假如你不能确信你在干什么，确信你为什么而干就显得尤为重要"。美国学者重视垄断致损赔偿责任制度的司法判例和制定法

---

① Hanover Shoe Inc. v. United Shoe Machinery Corp.，392 U. S. 481 (1968).
② Christian Ahlborn，David S. Evans & Atilano Jorge Padilla，Competition Policy in the New Economy: Is European Competition Law Up to the Challenge?，*European Competition Law Review*，Vol. 22，No. 5，2001，pp. 156-167.

价值的原因在于，竞争连接的是瞬息万变的市场，相比一般的民事侵权损害责任而言，垄断致损赔偿责任在认定时具有极大的弹性，而正确认识垄断致损赔偿责任的前提是理解该责任损害事实的具体情况。在垄断致损赔偿责任中，损害事实的结构将直接影响着垄断致损赔偿责任的解释，以及确定责任的因果关系的范围和证明程度。①

结合美国学者的研究成果和垄断致损赔偿责任典型案例来看，所谓损害事实的结构，主要讨论的是垄断侵害行为所侵害的权利和造成的损失情况。其中，垄断侵害行为侵害的是竞争自由权，而造成的损失则是基于微观经济学视野下的经济绩效损耗。克莱尔·德芬斯（Clare Deffense）教授明确提出，垄断致损赔偿的最初目的是"将第4项下的求偿范围限定于国会在制定反垄断法时最为关切的那些损害"②。

科斯说，他烦透了反垄断，因为如果价格上去了，法官们就说这是垄断；如果价格下去了，他们就说这是掠夺性定价；如果价格没什么变化，他们又说是在搞价格共谋。③ 科斯的话虽有一定的道理，但却将反垄断神秘化为全凭法官意志的产物，在一定程度上反映了作为经济学家的科斯对司法过程的理解存在不足。事实上，法官的行为并非完全任意的，法官对垄断行为的裁判是基于对国家竞争政策以及"竞争"概念本身不断深入地理解而作出的。相应地，美国学界在司法裁判的基础上，对垄断行为的认识也不断变化发展，形成了区分垄断行为的两种认识路径：第一，属于结果路径

---

① See Peter J. Donnie, Standing to Sue for Treble Damage Under Section 4 of the Clayton Act, *Columbia Law Review*, Vol. 64, 1964, p. 521.
② Clare Deffense, A Farewell to Arms: The Implementation of a Policy-Based Standing Analysis in Antitrust Treble Damages Actions, *Cal. L. Rev.*, Vol. 72, No. 3, 1984, pp. 437, 466.
③ 参见王先林：《超高定价反垄断规制的难点与经营者承诺制度的适用》，载《价格理论与实践》2014年第1期。

的本身违法原则;第二,属于行为路径的合理原则。① 有学者指出:"美国和欧盟法律系统都将一些特定类型的行为确认为本质性违法。在美国,这些行为被纳入'本身违法'的适用范围;在欧盟,对这些行为的规制方法被称为'基于形式的分析'。"② 申而言之,欧盟和美国在区分垄断行为的认识路径上,除"基于形式的分析"(form-based approach)对应本身违法原则外,"基于效果的分析"(effects-based approach)也是与合理原则相对应的。

关于过错,在美国垄断致损赔偿责任制度中一般并不是侵权责任构成之必备要件。只有在与"明知或故意"相连接的情况下,过错才会成为构成侵权责任不可分割的要素。③ 而对于位居垄断致损赔偿责任构成要件核心地位的法律因果关系来说,随着实践的不断发展,法官在本身违法原则、合理原则等基本原则的基础上,日益丰富了垄断所致损害赔偿制度的法律因果关系理论。在司法实践中,尤其是在法官运用合理原则时,"假定"在举证责任的设置中扮演着非常重要的角色,识别和评估初始经济学"假定"的有效性是法官分析具体市场行为对竞争可能造成影响的关键,即如何认定经济学假定的合理性成了法律问题。④

事实上,推动因果关系证明理论前进的主要是法官和学者对"竞争"含义的理解的变化与发展。1940 年之前,学者一般认为竞争是不存在市场支配力量的情形(瓦尔拉斯、帕累托和萨缪尔森等人是这种观点的推动者),于是在有关垄断致损赔偿责任的认定中,"证明滥用或掠夺性行为与压制竞争的意图之间存在因果关系"成为

---

① See Herbert Hovenkamp, *The Antitrust Enterprise: Principle and Execution*, Harvard University Press, 2008, p. 93.

② Daniel J. Gifford & Robert T. Kudrle, *The Atlantic Divide in Antitrust: An Examination of US and EU Competition Policy*, University of Chicago Press, 2015, p. 2.

③ See Maurice E. Stucke, Better Competition Advocacy, *St. John's L. Rev.*, Vol. 82, No. 3, 2008, p. 982.

④ See A. Gavil & S. Salop, Probability, Presumptions and Evidentiary Burdens in Antitrust Analysis: Revitalizing the Rule of Reason for Exclusionary Conduct, *University of Pennsylvania Law Review*, Jan. 21, 2020, https://ssrn.com/abstract=3523361, last visited on Feb. 13, 2023.

法院救济原告的基础。20世纪40—70年代,哈佛学派建立的市场"结构—行为—绩效"(structure-conduct-performance,也称"SCP范式")分析框架经过梅森、克拉克、贝恩等学者对竞争行为的不断深入分析,形成结构主义的完全竞争理论。法庭在处理竞争性损害赔偿时,开始从S(市场结构,如供应商的数量、进入市场的难易程度等)、C(市场参与者行为,如价格政策、广告策略等)、P(市场绩效,如效率和技术进步等)方面综合考察竞争与损害结果之间是否存在因果关系,以判断竞争性损害的存在与可救济程度。哈佛学派的完全竞争理论对垄断势力的发展起到了一定的扼制性作用,阻止了生产的高度集中。但是,20世纪70年代后期以来,经济学界展开对结构主义因果关系的批判,认为哈佛学派的完全竞争理论在本质上收紧了竞争与造成损害结果之间的因果关系链接,会严重削弱美国产业竞争力。芝加哥大学经济学教授施蒂格勒、德姆塞茨以及法学教授波斯纳等学者纷纷抨击哈佛学派理论上的逻辑缺陷,反对将纯粹竞争模型作为反垄断因果关系分析的依据,强调反垄断因果关系的分析必须与市场运行的效率标准相适应。这种思维的转向使得美国反垄断政策发生了很大的变化。比如,美国反垄断政策不再紧盯内部增长导致的市场集中、更少纠缠于降低交易费用或限制搭便车的捆绑协议等方面的问题。这种变化导致在司法实践中适用垄断致损赔偿制度时对垄断致损赔偿责任构成要件的理解和分析更为复杂,造成垄断致损赔偿责任日益超越传统的侵权损害赔偿的界限。因为与一般损害赔偿中因果关系的简单短期、纠纷双方对损害的认识较为清晰相比,垄断所产生的竞争性损害是一个复杂而长期的过程。市场本就是参与市场经营的企业所推动的一个竞争的过程,在这一过程中,竞争性市场不存在阻碍潜在参与主体进入市场的非市场障碍,市场不仅促使参与者学会如何最大限度地利用现有资源和效率更高的生产方式,竞争过程还会激发市场主体在利润激励下发现处理经济事务的更好方法。① 简言之，竞争本身就是一个动态发展的过程，而非静态的均衡条件或者状态。因此，与传统侵权损害赔偿不同，垄断致损赔偿制度中有关损害与行为之间是否存在因果关系的证明更具难度。同时，因果关系检测的标准以及基本原则在具体案例中的运用无疑要服务于论证损害具有竞争性质而展开，对"竞争"概念及其性质理解的差异自然会影响到垄断致损赔偿责任的实践（即影响着损害赔偿责任构成要件的证明）。在法官处理有关垄断致损赔偿的案件或者当事人之间以垄断所致损害赔偿为标的进行和解时，解释行为与损害结果之间是否存在直接联系的前提就是看法官怎么理解竞争、竞争特征及其性质。

此外，格里尔（Greer）教授从历史梳理的角度探讨了垄断致损赔偿责任构成要件中因果关系证明的问题：首先，在1890—1940年期间，法院在认定损害与侵害行为之间存在因果关系时，除了要求大的市场份额外，还要求有滥用的或掠夺性行为的证据来显示压制竞争的意图存在，即"证明滥用或掠夺性行为与压制竞争的意图之间存在因果关系"是法院适用垄断所致损害赔偿制度来救济原告的

---

① 关于上述对因果关系证明理论变迁的梳理，参见 E. Mason, Price and Production Policies of Large-scale Enterprise, *The American Economic Review*, Vol. 29, No. 1, 1939, pp. 61-74; J. M. Clark, Toward a Concept of Workable Competition, *The American Economic Review*, Vol. 30, No. 2, 1940, pp. 241-256; J. S. Bain, *Industrial Organization: A Treatise*, 2nd Ed., John Wiley, 1959; R. E. Caves, *American Industry: Structure, Conduct, Performance*, Prentice-Hall, 1967; G. L. Stigler, Perfect Competition, Historically Contemplated, *Journal of Political Economy*, Vol. 65, No. 1, 1957, pp. 1-17; G. J. Stigler, *The Organization of Industry*, Richard D. Irwin, 1968; G. J. Stigler, The Theory of Economic Regulation, *The Bell Journal of Economics and Management Science*, Vol. 2, No. 1, 1971, pp. 3-21; H. Demsetz, *The Market Concentration Doctrine: An Examination of Evidence and Discussion of Policy*, American Enterprise Institute-Hoover Institution Policy Studies, August 1973; H. Demsetz, Industry Structure, Market Rivalry, and Public Policy, *The Journal of Law and Economics*, Vol. 16, No. 1, 1973, pp. 1-9; H. Demsetz, Barriers to Entry, *The American Economic Review*, Vol. 72, No. 1, 1982, pp. 47-58; F. A. Hayek, *Studies in Philosophy, Politics and Economics*, University of Chicago Press, 1967; I. M. Kirzner, *Competition and Entrepreneurship*, University of Chicago Press, 1973; I. M. Kirzner, *Perception, Opportunity and Profit*, University of Chicago Press, 1979; I. M. Kirzner, *Discovery and the Capitalism Process*, University of Chicago Press, 1985.

基础。其次，20世纪40—70年代，由于经济危机和第二次世界大战（以下简称"二战"）对美国经济的双重打击，小企业的境况岌岌可危，因此在这个阶段法院并不要求"滥用的行为与抑制竞争的意图"存在因果关系，而只根据受害人受损程度是否超过一定限度（哪怕被告获得的超过一定限度的利益是"诚实劳动所得"）即可判断是否抑制竞争。最后，随着二战结束以及政府对小企业的扶持，自20世纪70年代以来，美国法院对垄断致损赔偿责任制度的法律因果关系的解释更趋于灵活，呈现出以法院的意志为转移，允许支配性企业有更多的侵犯行为而无须推断其抑制竞争的意图，从而使得垄断所致损害赔偿法律因果关系的张力和弹性更为强大。① 在垄断致损赔偿诉讼中，原告必须证明其遭受的损害与作为认定垄断致损赔偿责任之基础的竞争受阻之间存在因果关系。换言之，在垄断致损赔偿责任认定中，竞争受阻是举证因果责任链达成的关键要素。在垄断致损害赔偿制度的因果关系建构中，只有在实际受到的损害是"垄断性损害"（antitrust damage）而不仅仅是"事实上的损害"（damage-in-fact）时，才能落入垄断致损赔偿责任的保护范围。

国外学者对美国垄断致损赔偿责任的研究不仅仅集中在法律性质、制度功能以及责任构成要件方面，而且就赔偿的方式和范围等问题也进行了深入的研究和探讨。对于损害赔偿问题，在英美法系国家，法律实用主义精神的贯彻使得学者对垄断致损赔偿责任之损害赔偿的价值目标是"激励"还是"惩罚"存在争议。比如，威廉·布雷特（William Breit）教授领衔的研究团队看重垄断致损赔偿责任的"激励"效能。② 但是，波斯纳则持"惩罚"观点，并在其著作《反垄断法》中指出："一个救济体系的基本目标是威慑人们不敢违反法律。"不仅如此，波斯纳甚至质疑垄断所致损害赔偿之三倍赔偿数额的科学性，认为反垄断的救济措施不应一味固守其实没有多少道理的三倍惩罚金之类的传统措施，施加的罚金数额一定要考虑

---

① See D. F. Greer, *Business, Government and Society*, 3rd Ed., MacMillan, 1993, p. 148.

② See William Breit & Kenneth G. Elzinga, *Antitrust Penalty Reforms: An Economic Analysis*, American Enterprise Institute for Public Policy Research, 1986, p. 832.

到发现不正当竞争行为的概率。①

　　总之,从国外研究现状来看,国外学者对美国垄断致损赔偿责任制度的研究,一方面遵循着侵权法的一般理论,另一方面也随着他们对"竞争"概念及其性质理解的变化而调整着其对垄断致损赔偿责任制度的认识。其中,对"竞争"含义的解释是关系到损害赔偿是否构成的重大问题。因为同一般意义上的侵权损害赔偿相比,垄断性损害这一特殊的侵权行为具有更大的政策导向性和影响经济发展程度。除了对垄断致损赔偿责任之构成要件和损害赔偿的研究外,美国学者还对影响垄断致损赔偿责任制度实施的外部环境进行了不少探讨。比如,美国佛罗里达大学法学院教授丹尼尔·索科尔（Daniel Sokol）在阐述垄断致损赔偿责任制度极具复杂性的基础上,谈到法官在垄断致损赔偿责任制度的实施中应具有更为突出的法律素养:"由于因垄断行为引起的纠纷常常表现得十分复杂并有可能涉及各个行业领域,因此,最为有效的避免造成滥诉的方法就是对法官进行一定时期的培训,使其拥有更多的专业性知识,从而可以更好地对于某一起诉是否符合相应的条件进行预先判断,并在逐步的实践中建立起一套程序方面的规则用以规制私人诉讼权利的滥用。"②

(二) 国内研究状况

　　我国一方面受欧盟立法模式的影响,另一方面,由于我国仍处于经济转型的大时代背景下,在立法过程中,学界基本上把关注焦点集中在反垄断国家执法层面的构建（以执法机构设置、执法权限明确等内容为主）,而对垄断致损赔偿责任制度这种反垄断私人实施的渠道较少关注。如前所述,2022 年《反垄断法》只在第 60 条对垄断致损赔偿诉讼作了非常简单的规定,相当于承袭了 2008 年《反垄断法》的立法安排。而早在 2008 年《反垄断法》施行之际,有学者即指出,我国反垄断法的这个立法状况是"很难完成支撑私力实施

---

　　① 参见〔美〕理查德·A. 波斯纳:《反垄断法（第二版）》,孙秋宁译,中国政法大学出版社 2003 年版,第 1—21 页。
　　② 《中国竞争法律与政策研究报告》编写组编著:《中国竞争法律与政策研究报告（2012 年）》,法律出版社 2012 年版,第 225 页。

制度的重任"① 的：

第一，我国学界对垄断致损赔偿责任制度本身还没有一个完全明确的共识。学者在对"基于垄断行为或垄断意图所形成的对行业竞争者的损害应当承担的赔偿"进行界定时，还没有形成统一的称谓：有称"反垄断法损害赔偿责任"②的；有称"垄断致损赔偿责任"③的；有称"垄断赔偿责任"④的；在《反垄断法》颁布前，还有学者用"不正当竞争民事责任"指代不正当竞争行为导致的民事责任。⑤ 这种称谓混乱的现象在一定程度上造成了学术交流的障碍。因此，本书开门见山，直接使用"垄断致损赔偿责任"的称谓，主要是考虑到"antitrust damage"仅从字面直译为"反垄断法损害赔偿责任"不能全面反映其自身特征，所谓的反垄断法损害，在本质上就是一个垄断致损问题。不仅如此，笔者认为"垄断致损赔偿责任"也优于"垄断损害赔偿责任"的提法，因为前者更能突出垄断行为与损害事实之间必须存在因果关系，即损害事实系垄断行为所致。此外，该提法也点明了构成此类特殊侵权责任的特征所在。

第二，对垄断致损赔偿责任的构成要件问题，我国学界也缺乏比较深入的基础性研究。在戴宾、兰磊合著的《反垄断法民事救济制度比较研究》一书中，两位作者考察了美国、加拿大、欧盟、英国、德国和中国台湾地区的反垄断民事救济的现状，分析了民事救济的作用等内容，但论述多为介绍性的；在论证损害赔偿问题时，仍沿袭着一般民事责任的程序性路径，着墨于赔偿范围、赔偿额计

---

① 时建中：《我国〈反垄断法〉的特色制度、亮点制度及重大不足》，载《法学家》2008年第1期。
② "反垄断法损害赔偿责任"为我国学界较为主流的称谓，搜索中国知网数据库可以发现，2009年以来以"反垄断法损害赔偿责任"为主题的文章有30篇左右。
③ "垄断致损赔偿责任"的提法也是较为常见的，搜索中国知网数据库可以发现，2009年以来以"垄断致损赔偿责任"为主题的文章有10篇左右。
④ 周燕：《垄断损害赔偿制度研究》，宁波大学法学院2012年硕士学位论文，第1页；郭毅：《垄断损害赔偿制度与民事损害赔偿制度的分野——兼评〈反垄断法〉第50条》，载《中国农业银行武汉培训学院学报》2009年第3期。
⑤ 参见刘士国主编：《侵权责任法若干问题研究》，山东人民出版社2004年版，第377—414页。

算以及赔偿性质的惩罚性三个方面。① 事实上，在垄断致损赔偿责任制度中，赔偿范围、赔偿额计算的前提——垄断行为与损害之间的因果关系才是研究垄断致损赔偿责任制度的关键所在。王健教授在《反垄断法的私人执行——基本原理与外国法制》一书中着重于对域外反垄断私人实施的价值梳理和法制度变迁的历史说明，就美国垄断致损赔偿责任的分析只讲了三倍赔偿的价值问题。② 此外，王传辉的《反垄断的经济学分析》③、李俊峰的《反垄断法的私人实施》④两书尽管较为系统地介绍了美国反垄断的基本制度，但王传辉的研究限于经济学对反垄断的整体影响，对反垄断私人实施的垄断致损赔偿责任制度的研究着墨甚少，立足的是对以国家为后盾的反垄断公共执法的研究；而李俊峰所作的关于反垄断私人实施的研究，主要着重于对私人实施反垄断诉讼中的程序问题进行宽泛的探讨。

就垄断致损赔偿责任制度的实践问题，王健教授持"私人当事人证明违法行为是很困难的"的论点。⑤ 王晓晔教授提出："如果允许消费者作为间接购买者提起诉讼，对于个人来讲，代价太大，成本太高。在这种情况下，可以借鉴美国的做法，引入集团诉讼制度。"⑥ 郑鹏程教授认为："我国反垄断法的私人实施面临受害人数众多，原告资格难以确认，被告违法行为难以证明，损害赔偿数额难以计算等诸多难题。"⑦ 可以说，以上学者都看到了垄断致损赔偿责任制度中包括因果关系证明、原被告适格等方面的内容是该制度实

---

① 参见戴宾、兰磊：《反垄断法民事救济制度比较研究》，法律出版社2010年版，第14页。
② 参见王健：《反垄断法的私人执行——基本原理与外国法制》，法律出版社2008年版，第35页。
③ 参见王传辉：《反垄断的经济学分析》，中国人民大学出版社2004年版，第16页。
④ 参见李俊峰：《反垄断法的私人实施》，中国法制出版社2009年版，第47页。
⑤ 参见王健：《关于推进我国反垄断私人诉讼的思考》，载《法商研究》2010年第3期。
⑥ 转引自袁定波：《反垄断民事官司面临众多"说不清"专家献策》，央视网，2008年10月28日，http://news.cctv.com/law/20081028/103447.shtml，2013年5月2日访问。
⑦ 郑鹏程：《反垄断法私人实施之难题及其克服：一个前瞻性探讨》，载《法学家》2010年第3期。

施的难点所在。但是，他们将问题的处理寄托在程序法的完善上，这明显是不够全面的。事实上，相比程序法层面的不足，实体法内容上的不完善以及配套制度的不健全才是制约我国垄断致损赔偿责任制度发展的瓶颈，而这些方面的研究在国内恰恰做得不够。

值得一提的是，我国学者对消费者提起反垄断民事诉讼的问题表现出浓厚的兴趣。比如，毛小飞的《析我国反垄断民事救济中的消费者权益保护机制》① 以及陈承堂的《反垄断法中的间接购买者规则研究》② 等文章均对美国司法实践中形成的用于排除消费者之赔偿权利人资格的间接购买者规则进行了批判，认为我国应当摒弃美国间接购买者规则的适用，将消费者纳入赔偿权利人范围之内。笔者认为，以上两位作者的这种认识存在一定偏差。美国作为实用主义法学的重镇，将消费者排除在赔偿权利人之外的做法是具有现实合理性的：它既考虑到了具体规则与制度整体的连接性，又注意到了以最佳效益原则来处理法律价值中的效率与公平间的冲突。

第三，尽管国内已有学者从公共政策学角度研究美国反垄断法，但是脱离法律制度本身、只谈论政策的做法明显是舍本逐末的。比如，吴玉岭的《扼制市场之恶——美国反垄断政策解读》一书在对美国反垄断法律与政策精心梳理的基础上，从公共政策的角度对美国反垄断政策影响美国反垄断法的产生、发展以及制约因素进行了独到思考："反垄断政策其经济目的就是保护竞争、促进经济效率、增进消费者福利；政治目的是阻止经济力量过分集中而产生对政治和社会的控制，保护中小经营者的竞争自由。所以它在全部经济政策中处于最高地位，是一个涉及面最广、影响力最深的系统工程。"③ 但是，作者并没有对美国的反垄断政策和反垄断法律法规之间的关系进行探讨，显得单薄片面。

总之，目前国内尚无关于美国垄断致损赔偿责任制度研究的专

---

① 参见毛晓飞：《析我国反垄断民事救济中的消费者利益保护机制》，载《法律适用》2013年第2期。
② 参见陈承堂：《反垄断法中的间接购买者规则研究》，载《政治与法律》2008年第3期。
③ 吴玉岭：《扼制市场之恶——美国反垄断政策解读》，南京大学出版社2007年版，第31页。

著,相关的论文也寥寥可数。具体而言,对于美国垄断致损赔偿责任制度的研究,学界目前存在以下不足:

第一,重视不够。我国学界的反垄断研究侧重于对欧盟的反垄断执法制度进行研究,对美国垄断致损赔偿责任制度的重视不够。事实上,欧盟在实践中已经开始注意从美国垄断致损赔偿责任制度中汲取养分,并逐渐从反垄断公共执法一家独大的格局转向反垄断公共执法与私人实施并举的二元体制的轨道上。因此,对于美国已经发展出的世界上最为成熟的垄断致损赔偿责任制度,我们应当坚持博采众长的原则,多加探索。

第二,对程序法的关注重于对实体法的认识。现有的研究多半集中在诸如证据证明力、侵害行为分类等程序法内容的探讨上,对于整个垄断致损赔偿责任制度缺乏实体法论证。一般地,"是什么"是认识的基础,没有了实体法上的深入研究,所谓的"怎么办"就会不得要领。可以说,实体法与程序法互为表里,没有实体法的完善和发展,程序法就是无本之木,对司法的有效实践无法起到理想作用。因此,对垄断致损赔偿责任制度进行全面研究势在必行。

第三,侧重学科的分块研究,缺少交叉学科的综合理解。从我国垄断致损赔偿责任研究的现状来看,研究者基本上是经济法学者,这种现状极容易导致研究的片面性。垄断致损赔偿责任实质上是民事责任的一种,是侵权责任的具体表现形式,因此,脱离侵权法基本原理的指导,是很难在研究中得到全景性认知的。

三、研究的主要内容

有感于现有研究的不足,笔者在前人研究成果的基础上撰写本书,试图洋为中用,为我国垄断致损赔偿责任制度的完善尽绵薄之力。总体说来,本书试图从实体法的角度对美国垄断致损赔偿责任制度进行研究,以期达到两个目标:第一,明晰当下我国对美国反垄断民事责任认识中较为模糊的地带;第二,为我国处理垄断致损赔偿责任问题提供一种新思路。具体来说,本书的研究框架大致如下：

本书以垄断致损赔偿责任制度的源流和功能为切入点，从美国垄断致损赔偿责任制度的立法和司法变迁出发，探析垄断致损赔偿责任制度的性质和特征，并在此基础上对垄断致损赔偿责任制度的功能进行探讨，即除了对赔偿权利人进行补偿与激励和对赔偿义务人进行惩罚与预防外，垄断致损赔偿责任制度还具有弥补反垄断执法不足的特殊功能。同时，本书集中分析了垄断致损赔偿责任构成要件的各要素：第一，垄断致损赔偿责任的主体（赔偿权利人、赔偿义务人）的基础和结构；第二，损害事实的概念、特征和结构；第三，垄断行为及主观过错；第四，由于因果关系作为认定垄断致损赔偿责任的前提，是垄断致损赔偿责任体系的核心，本书着重探讨了垄断致损赔偿责任之法律因果关系检测变迁以及影响因果关系证明的市场要素，并从美国反垄断政策的学理分析出发，阐述了反垄断政策对因果关系证明的正向引导和制约（即反垄断政策对垄断侵害行为的有条件豁免）的具体情形。

除探讨美国垄断致损赔偿责任制度中责任构成要件外，本书还对责任制度中的救济——损害赔偿进行了详尽分析。可以说，作为美国垄断致损赔偿责任制度中与反垄断公共执法并驾齐驱的私人实施渠道，其成功在很大程度上要归功于赔偿罚则的贯彻对公众维权所具有的强大激励作用。本书从损害赔偿方法的价值目标及基本原则出发，在对损害赔偿额计算的标准和方式展开论述的基础上，对美国垄断致损赔偿责任制度下三倍赔偿的新发展进行了探讨。

美国垄断致损赔偿责任制度的先进理论和成熟实践经验，对我国垄断致损赔偿责任制度有着积极的借鉴意义。因此，在检讨我国有关垄断致损赔偿制度实践中存在不足的基础上，本书最后一章提出了我国借鉴美国垄断致损赔偿责任制度的思路，即在明确垄断致损赔偿责任作为侵权责任一种特殊表现形式的基础上，吸收美国垄断致损赔偿责任构成要件的有益成分，不断完善有关损害赔偿额的计算方式和计算标准的配套机制，对三倍赔偿罚则进行转化吸收，激发垄断行为受害人的维权意识。此外，提升裁判者素质，发挥其应对反垄断实体法不确定性的积极作用，并且注重反垄断政策对垄

断致损赔偿责任实践的指导性,也是美国垄断致损赔偿责任制度给我们的有益启示。其中,本书研究的重点和难点主要有三个方面:

1. 垄断致损赔偿责任之构成要件的分析

侵权责任构成要件是指侵权行为人承担民事责任所应具备的条件。[①] 在美国这样的英美法系国家,并不存在大陆法系国家那么严谨的学理体系,美国学者威廉·L. 普罗瑟(William L. Prosser)甚至对大陆法系传统国家在民法典中确立所谓侵权行为归责原则的做法提出批评,认为大陆法系国家过分抽象的法典化处理事实上扩大了法官解释被诉行为性质的自由裁量权,与法治的原则是不相适应的。[②] 然而,理论上的否定有时候必须向现实作出一定的妥协,毕竟包括法官、律师在内的法律工作者需要一个概念性的框架进行司法活动。即对于侵权行为,法律工作者需要类似"构成要件"这种理论上的归纳来保障司法过程中有一套固定且方便使用的法律语言进行交流。而美国垄断致损赔偿责任虽以制定法为发端,但通过典型案例来实现制度发展的现实,使得其垄断致损赔偿责任构成要件理论早已散落在具有判例法地位的典型案例的判决之中。因此,在谈及美国垄断致损赔偿责任构成要件时,我们探讨的实际上是从判例中寻找而来的一种仿效大陆法系侵权责任构成要件的原则性框架。

2. 垄断致损赔偿责任中损害计算的原理探讨

损害计算的原理是支撑赔偿的关键,诸如计算方式、认定标准这些事关损害计算合理与否的因素,都是极为重要的研究内容。要充分认识损害计算原理,就必须从有关损害计算的美国判例中不断比较、不断归纳,需要的是一种透过现象看本质的努力和细心。同时,对于典型判例已经形成的计算方式又不可形成僵化认识,并且必须注意计算方式因为经济发展而产生的变化。一句话,对损害计算的原理进行严谨探讨是一个艰难的过程,需要恰到好处地运用好归纳法和演绎法。

---

① 参见屈茂辉主编:《中国民法》,法律出版社 2009 年版,第 619 页。
② See William L. Prosser, *Handbook of the Law of Torts*, 3rd Ed., West Publishing Co., 1964, p.19.

3. 完善我国垄断致损赔偿责任制度不足的对策

从立法上来说，我国新旧《反垄断法》对垄断致损赔偿责任的规定都过于宽泛，只是一种原则性的说明。据此，在司法实践中私人实施反垄断诉讼很难自行完成举证责任，这在很大程度上就是由于垄断致损赔偿责任制度的立法抽象性过强导致的。就赔偿罚则而言，我国垄断致损赔偿责任制度缺乏损害计算方式和损害计算标准等方面的制度规范，在很大程度上导致法官在案件处理中自由裁量权过大。不仅如此，司法实践中关于因果关系证明也没有形成共识，不同的法院有其自己裁判的逻辑，"同案不同判"现象不在少数。总之，我国垄断致损赔偿责任制度中存在的问题多种多样，要仔细分析出其中的不足并非一个小工程，需要在耐心甄别后，结合前人的研究以及新的知识进行处理。这一过程无疑是艰巨的，解决的途径唯有"认真"二字。

认识到不足是提出对策来进行完善的前提。面对我国垄断致损赔偿责任制度的诸多不足，需要的是对美国经验的恰当"扬弃"。对此，本书在以下三个方面作出了努力：第一，从垄断致损赔偿责任制度构成要件体系的搭建和损害赔偿机制的构建入手，以期完善垄断致损赔偿责任制度内部建构；第二，对改善垄断致损赔偿责任制度实施的外部环境（包括法官自由裁量权的规范以及反垄断政策的运用）提出建议；第三，通过探讨如何协调垄断致损赔偿责任实施与反垄断行政执法的关系，提出促进二者协调的一些建议，以期在反垄断整个系统内形成一种互帮互补的循环，共同为市场竞争有序发展服务。

四、研究方法和可能的创新

（一）研究方法

方法具有通向正确道路之含义。研究目标之达成，离不开研究方法的得当运用。具体来说，本书对于美国垄断致损赔偿责任制度的研究，主要采用以下方法：

1. 案例分析法

在美国，尽管垄断致损赔偿责任制度首先是以制定法的姿态示人的，但对于其他国家反垄断法规所共有的因原则性过强而产生的不确定性，美国恰恰是通过司法判例的发展来加以克服的。从美国垄断致损赔偿责任制度的发展脉络可以看出，国会将解释《谢尔曼法》《克莱顿法》（Clayton Act）等反垄断法律法规中的"垄断行为"的关键性权力交给了联邦法院。法院的司法判决（尤其是具有典型意义的判决）不但发展出了垄断致损赔偿责任因果关系的两大法律原则（本身违法原则和合理原则），而且还提供了损害事实、垄断行为等垄断致损赔偿责任构成要件的界定的说明。不仅如此，损害赔偿中损害计算方式和损害认定标准也是在案例中不断完善和发展的。因此，案例分析法是保障本书顺利研究的重要手段。

2. 比较研究的方法

"比较法作为一种方法，比那种面向一国国内的法学能够提供范围更为广阔的解决模式。这是因为世界上种种法律体系能够提供更多的、在它们分别发展中形成的丰富多彩的解决办法，不是那种处于本国法律体系的界限之内，即便是最富有想象力的法学家在其短促的一生能够想到的。"[①] 本书对美国垄断致损赔偿责任制度的研究本身就是对比较研究的方法所具有之"博采众长"功能的最大运用。毕竟"我国《反垄断法》因采取'粗线条立法模式'而致其文本规范归于原则，给法的实施带来诸多不确定性"[②]的现实已经确确实实地影响到了我国垄断致损赔偿责任的司法实践。因此，对垄断致损赔偿责任制度进行比较研究，能够为我国垄断致损赔偿责任制度的完善提供一种新思路。

3. 其他分析手段和方法

基于研究对象的性质，本书还使用了法社会学的实证研究和微

---

① 〔德〕K. 茨威格特、H. 克茨：《比较法总论》，潘汉典等译，法律出版社2003年版，第22—24页。

② 金善明：《反垄断司法解释的范式与路径》，载《环球法律评论》2013年第4期。

观经济学的数理分析手段，同时还结合诠释学的方法，以求达到论证的全面性。

之所以将美国垄断致损赔偿责任制度放置于法社会学和微观经济学的框架下研究，进而寻找有益于我国相应领域所需要的"养分"，其原因主要在于：法社会学中以定量研究为手段的经验科学以及微观经济学的数理分析能够反映出美国垄断致损赔偿责任制度在社会价值观念和法律体系同时处于发展变化过程中的基本形态。正如有学者谈到的："法律社会学这一学科强调法律与社会整体及其内部各种要素之间的关系和作用，把法学分析建立在通过观察、实验和统计所获得经验材料的基础之上。"① 考虑到垄断致损赔偿责任制度与国家竞争政策之间存在极为紧密关系的现实，借鉴美国在分析垄断致损赔偿责任时的观察和统计的思路与方法，不但对美国的法律实证主义具有操作上的介绍意义，同时也能给我们在处理类似问题上提供一种新型的分析路径。而微观经济学的数理分析能够让我们以一种更为开放的视角来审视垄断致损赔偿责任的核心要素——竞争的本质，进而有益于我们理解垄断致损赔偿责任的制度设计原理。

不仅如此，本书的研究还注重运用诠释学的观点来弥补实证研究和数理分析的不足。毕竟在诠释论的方法下，解释能够打破实证研究中纯粹的观察局限性和数理分析中理想状态的绝对性，从而通过理解来把握更深层次的现实。本书试图进入美国垄断致损赔偿责任的变迁历史内部，站在比实证研究更为宏观的视角，从历史发展的高度来分析制度设计背后的价值取舍。毕竟如拉伦茨所言："不管是在实践的领域，还是在理论上的领域，法学涉及的主要是价值导向的思考方式。"② 法律是由语言建构的，而法律语言的意义又是由其用途界定的。因此，研究美国垄断致损赔偿责任的现实，仍需要回到其价值意义的阐释中，实现价值与事实的统一。

---

① 赵震江、季卫东、齐海滨：《论法律社会学的意义与研究框架》，载《社会学研究》1988 年第 3 期。
② 〔德〕卡尔·拉伦茨：《法学方法论》，陈爱娥译，商务印书馆 2003 年版，第 101 页。

（二）可能的创新

源于拉丁语的"创新"表述的是一种以新思维、新发明和新描述为特征的概念化过程，其原意有三层含义：第一，更新；第二，改变；第三，形成。在笔者看来，本书的论述正是沿着"创新"的原意展开的一种思想推进的旅程。虽然在写作之初就陈述本书的创新之处本身就是一个悖论，特别是在社会科学研究中，并不能一开始就确立研究的结论。因此，所谓论述的"创新"于社会科学领域而言，更多的是在于研究对象的新颖性、研究方法和研究视野的新渠道以及研究目标的新定位。

总的说来，本书最大的创新在于，在承认英美法系和大陆法系存在差异的基础上，跳出两大法系划分的思维定式，进行跨法系的比较研究。传统理论认为，对于法律这种具体的社会科学，大陆法系坚持以理性主义为出发点，以演绎哲学为支撑建构起体系完备、概念严谨的法学大厦；而英美法系下的研究则秉承经验主义的思路，以归纳哲学为柱石发展出实用主义的判例族群。相对说来，理性主义对应着演绎推理，而经验主义则以归纳推理见长。然而，本质上，演绎推理与归纳推理所产生的结论区别不大，[①] 两者只是在法律科学的本质问题上存在不同认识。换言之，在大陆法系与英美法系两种语境下，学者们都承认法律是一个封闭的体系，司法判决能够从预先存在的前提中演绎出来。只是在这种共识的基础上，两大法系国家研究的侧重点存在差异。具体说来，在大陆法系国家，法学研究所关注的核心问题一直是以法典编纂为中心展开的立法实践。正如米歇尔·福柯（Michel Foucault）所言，这种立法中心主义的实践充分发挥了形式理性主义的功能。[②] 而在英美法系国家，遵循先例制度的要求正好反映了经验主义下以归纳为中心的非正式规则之治。

二战后，哲学的发展促成了英美法系国家法学方法论的变革。

[①] 从根本上说，演绎推理与归纳推理都是智识推理的产物，二者之间的不同主要是思考模式的差异而已。

[②] See Michel Foucault, *The Order of Things*, *An Archaeology of the Human Sciences*, Tavistock Publications, 1970, p. 63.

在哲学上，波普尔推翻了传统实证主义一直以来所秉持的基本信条——科学始于从实际中得出的观察数据，人们能够运用逻辑手段从观察数据中得到关于事实本质的一般法则。在波普尔看来，"科学理论不可能完全得到证明或证实，然而它是可检验的……科学陈述的客观性就在于他们能被主体间相互检验。"[①] 也就是说，科学的客观性并不在于研究对象的客观性，而是来源于研究方法的客观性。科学理论实际上只是为了解决问题而作出的暂时的推测，并不能被经验事实证明，不管这些经验事实有多重要。科学陈述是开放的，等待研究者不断证伪的，只有在证伪过程中才能够不断"加固"科学真理。

波普尔的分析对于法学研究也是极具启发性的，它提醒我们，法学的研究应当既是理性主义的，也是经验主义的。法学研究的深入与发展必须在一定程度上打破传统思维下条条框框的束缚，用理性主义与经验主义相结合的方法来探讨。在进行具体法律制度研究时，只有将其回溯到具体历史场景中，才能真正探讨出现实社会对法律是一种什么样的需要，法律又以怎样的姿态回应现实的呼声。本书的写作在很大程度上正是基于波普尔的启示——用理性主义与经验主义相结合的方法来探讨美国垄断致损赔偿责任制度的变迁和发展。具体说来，笔者认为本书可能的创新之处有以下三点：

第一，本书尝试以大陆法系的侵权责任构成要件理论建构一个解释美国垄断致损赔偿责任制度的分析框架。从一定意义上看，美国垄断致损赔偿责任制度，既符合英美法系下侵权责任之"侵害人有过错、侵害他人受法律保护的利益的行为、造成他人损失"的基本框架要求，又具有大陆法系下侵权责任构成要件的特质——侵权行为、损害事实和前面两者之间因果关系。因此，结合美国反垄断法的相关规定，对美国垄断致损赔偿诉讼中的重要案例进行归纳、抽象，并整理出垄断致损赔偿责任构成要件体系是有益的尝试。但是，这种尝试并非为了总结出构成要件体系背后的普适性归责原则，

[①] 〔英〕K. R. 波珀：《科学发现的逻辑》，查汝强、邱仁宗译，科学出版社1986年版，第18—19页。

而只是出于实践的考虑：一方面，为法律界人士提供一套较为固定且方便使用的法律语言，用于认识客观世界和促进司法实践；另一方面，为我国垄断致损赔偿责任制度的洋为中用法律移植道路提供一种欧盟法之外的可能性。

第二，本书可能在研究内容上有所创新。尽管国内早有学者探讨过美国反垄断法，但研究主要限于对美国反垄断法发展中的特定阶段或特定研究学派进行介绍，而对诸如垄断致损赔偿责任制度一类的反垄断之具体制度缺乏整体性、全面性的探讨。事实上，靠单纯的规范分析或者经济学研究的介绍只会导致研究流于形式。有鉴于此，笔者通过阅读大量美国文献，较为充分地梳理了美国垄断致损赔偿责任制度的立法和司法变迁史，并在此基础上对美国垄断致损赔偿责任制度的源流、功能、含义和责任构成要件以及损害赔偿方法等内容进行了体系化研究。此外，对于我国垄断致损赔偿责任制度的欠发达现状，学者多从经济法角度进行建言献策，而本书则试图在较为全面分析美国垄断致损赔偿责任制度的基础上，结合我国垄断致损赔偿责任制度欠发达的现状，提出借鉴美国经验的建议，以期提高垄断致损赔偿责任制度在反垄断中的效用。

第三，本书可能在研究方法上有所创新。本书除了采用法学上传统的规范研究方法外，还运用了比较研究和案例分析的方法，并尝试引入微观经济学的研究手段，试图用法学外部视角（微观经济学）和法学内部视角（规范分析、比较研究和案例分析）对垄断致损赔偿责任制度进行整体化研究。希望通过这种拓宽研究视角的尝试，为我国垄断致损赔偿责任制度的完善提供一定的参考。

第一章
美国垄断致损赔偿责任制度概述

要深入认识美国垄断致损赔偿责任制度，就必须梳理美国联邦反垄断法律和政策的沿革与变迁，并结合美国垄断致损赔偿责任制度的司法实践来寻找答案。

一、美国垄断致损赔偿责任制度的变迁

作为英美法系的主要国家，美国的法律制度源于英国，但又根据自身政治经济和文化特点作了较多的改变，形成了独具特色的法律制度。美国的垄断致损赔偿责任制度，就是在以制定法为基础、兼以联邦法院判例补益的实践中逐步形成的有美国特色且对世界垄断致损赔偿实践产生深远影响的一种法律制度。

（一）美国垄断致损赔偿责任制度的立法变迁

法律责任的基础即规范行为的法律的各种形式。一般来说，大陆法系国家对法律形式的梳理是体系化的，而英美法系国家关于法律形式的梳理却多为松散的。从法学学习的方法论来讲，大陆法系国家更为重视指导个人从事各种生产和生活活动的法律形式的规范，这也是作为法律基础学科的法理学强调法律渊源的重要原因所在。所谓法律渊源（法律形式），是指那些来源不同（制定法与非制定法、立法机关制定与政府制定等）因而具有法的不同效力意义和作用的法的外在表现形式。尽管美国是传统的英美法系国家，但就垄断致损赔偿责任制度而言，美国国会制定的成文法却发挥着基础性作用。而了解美国垄断致损赔偿责任的制度变迁，无疑能够深化我们对垄断致损赔偿责任的理解。

19世纪80年代以后，美国在经济大发展的过程中，经历了几个经济周期的萧条，在若干产业中产生了以价格控制为主要形式的恶性竞争，垄断在石油、肉类加工、糖类、煤炭、烟草等加工工业不断兴起，对初级产品生产者的农民以及实力较弱的小企业主造成巨大损害。1881年3月，《芝加哥论坛报》首席评论员亨利·德马雷斯特·劳埃德在《亚特兰大月刊》上发表了题为"行业的统治者们"的文章，文中列举了很多事例：国家殡葬事务协会采取秘密的手段来提升灵柩价格和减少灵柩供应量；西部无烟煤协会决定削减产量以防"取暖原料过多"……他断言：美国任何一个市场里的强势竞争者们都已经通过各种形式组织成为共同体，其目的在于通过削减产量来提升价格，同时将实力不强的小企业主驱逐出市场之外。正是在这种情况下，美国公众呼吁政府投入确保自由市场竞争的运动中，而被大企业者压迫的小企业主以及行业的新加入者也纷纷加入维护自由竞争的抗争中。这种抗争促成了1890年7月2日谢尔曼参议员的提案以仅有一票反对的结果在国会被通过成为法律。概而言之，当时《谢尔曼法》的颁布正是基于"保护因垄断行为受到侵害的小企业主"的初衷。作为美国反垄断最为基础的手段，垄断致损赔偿责任制度被明确规定在《谢尔曼法》第7条："任何因反垄断法所禁止的事项而遭受财产或营业损害的人，可在被告居住的、被发现或有代理机构的地区向美国联邦法院提起诉讼，不论损害大小，一律给予其损害额的三倍赔偿及诉讼费和合理的律师费。"在世界范围内，《谢尔曼法》是第一次以制定法的形式明确私人发起垄断致损赔偿诉讼的法律依据。然而，《谢尔曼法》仅包含8个过于原则的法条，这使得其在开始实施的十几年并没有取得良好的效果。对此，美国政要们逐渐意识到，要确保反垄断里程碑——《谢尔曼法》发挥真正作用，离不开小企业者对反垄断的参与。换言之，要改变该法形同虚设的现状，最直接的办法就是加大实施力度，将广大被大企业垄断行为伤害的小企业者吸纳到反对"非正义性限制贸易"的反垄断实施中。

很多时候人们往往只注意到《克莱顿法》对《谢尔曼法》的补益，事实上，1908年美国国会通过的《罗宾逊-帕特曼法》（Robinson-Patman Act）已经开始了对《谢尔曼法》的完善，即将价格歧视划分为一级价格歧视和二级价格歧视。其中，一级价格歧视指的是卖者实行价格歧视的目标是直接损害其竞争对手（低于成本定价的掠夺性定价是最为极端的例子之一），不用掠夺性方式损害竞争对手的其他非严重性歧视归入同等的一级价格歧视范畴，也应当受到相应处罚；二级价格歧视则主要出现在买方市场发生竞争损害的情形下，即取得优惠低价的买者将具有超过竞争对手的优势，从而可能非法打击本行业内的其他竞争对手。

1914年，美国国会通过《克莱顿法》，细化了《谢尔曼法》有关违反竞争行为的定义，规定只有当企业"潜在地限制了竞争或试图制造垄断时"，价格歧视、捆绑销售、排他性交易协议等做法才是违法的。相比《谢尔曼法》的笼统，《克莱顿法》更为细致的规定真正起到了鼓励小企业者投入反垄断实施以监督竞争的作用。更重要的是，该法第4条规定："因反垄断法所禁止之行为而导致营业或财产遭受损失的任何人，不论损失数额大小，都得以向侵害人之住所地、行为地或者其代理人之所在地的法院诉求三倍于损害的赔偿。"可以说，《克莱顿法》第4条的规定进一步细化了《谢尔曼法》第7条的规定，并扩大了垄断致损赔偿责任制度的适用范围，对垄断侵害行为受害人的损失情况不作要求，提倡"只要有损害就可以得到救济"。[①] 不仅如此，考虑到私人实施垄断致损赔偿诉讼的不易，《克莱顿法》第5条（a）款还首次规定了有利于垄断侵害行为受害人请求赔偿救济的"后续诉讼制度"（follow-on actions），即垄断侵害行为受害人可以借助反垄断执法机关的调查结果和处理决定对侵害人的垄断侵害行为提出损害赔偿要求。不过，反垄断执法机关的处理决定并不成为受害人提起垄断致损赔偿诉讼的前置程序，并且如果侵害人提起诉讼后，反垄断执法机关又发起反垄断调查的，则侵害人的诉讼时效形成中止。

然而，《克莱顿法》第4条作为《谢尔曼法》第7条的具体化，并没有即刻就对垄断致损赔偿责任制度的司法实施产生推动力。因为《克莱顿法》中每一条具体列举的禁止性行为后都添加了"如果

---

① 在《克莱顿法》出台之前，《谢尔曼法》规定，一切应承担垄断致损赔偿责任的违法行为必须来源于《谢尔曼法》的规定。

其结果实质上减少竞争或旨在形成对商业的垄断"这样的限制性条件。这种立法上的不足，一方面是受到当时国家竞争政策的影响，另一方面是由于垄断致损赔偿责任制度的目标在于维护竞争自由，而非保护特定市场主体的市场行为。

事实上，就美国反垄断法律法规来说，除了上述的三大法律外，还有与《克莱顿法》同年通过的《联邦贸易委员会法》。虽然该法的核心目标在于成立一个具有实施调查和裁决职权的特别行政机构，但该法也包含一个宣告"不公平竞争方法"不合法的条款，即第5条（a）款第1项规定："形成或使用于影响市场的不公平竞争方法、欺骗性行为及惯例，均属非法。"

此外，由于《谢尔曼法》没有包括详细明确的反兼并条款，导致只有兼并企业具有获得相当可观的垄断力量时，法院才能裁决兼并违法。因此，《克莱顿法》试图改变对兼并调控不力的情形，在第7条中规定了"商业性企业不得直接或间接地通过获得另一个商业企业全部的或是部分的股票或股份资产，从而弱化买卖双方间的竞争；或是以此方式来限制任何部分或地区的商业活动；或是产生其他任何的垄断性后果，以损害同行业间的公平竞争"。然而因为时代的局限性，《克莱顿法》并没有预见到，兼并者通过购股收购的方式是能够逃脱《克莱顿法》的监管的。为此，美国国会1950年通过的《塞勒-基福弗法》相关条款将《克莱顿法》第7条修改为："商业性公司不得直接或间接地通过获得另一个商业性公司的全部或部分股票或其他股份财产；并且当购股收购的结果有可能较大地减弱竞争或形成垄断时，这种收购不得实施。"

总之，美国是典型的英美法系国家，并不存在体系明晰的各部门法分支。具体到垄断致损赔偿责任制度上，虽然从法理上说垄断致损赔偿责任属于特殊侵权民事责任，但它却成长于美国反垄断实施系统并已成为其不可分割的一部分。从美国垄断致损赔偿诉讼的司法实践来看，《谢尔曼法》是私人实施垄断致损赔偿的最主要依据；《克莱顿法》紧随其后，也在私人实施垄断致损赔偿中发挥着重要作用。这两部奠基石一般的联邦法律，是美国司法实践中垄断致损赔偿责任的基本依据，调控着垄断致损赔偿责任的适用范围。对此，怀特教授依据美国司法实践的统计数据，将垄断致损赔偿诉讼中适用到《谢尔曼法》和《克莱顿法》具体法条的占比总结如下：[1]

表1-1 美国垄断致损赔偿诉讼的主要法律依据分布[2]

《谢尔曼法》第1条	74.9%
《谢尔曼法》第2条	46.5%
《谢尔曼法》中的原则部分	7.4%
《克莱顿法》第2条	18.1%
《克莱顿法》第3条	11.1%
《克莱顿法》第7条	6.1%
《克莱顿法》第8条	0.6%
《克莱顿法》中的其他条款	26.0%
《克莱顿法》中的原则部分	6.3%
其他反垄断法律法规	14.3%
其他非反垄断法律法规	18.6%

通过上表对美国联邦反垄断法规的梳理可以看出，联邦法律涉及垄断致损赔偿责任的制度主要集中在《谢尔曼法》，《克莱顿法》的第2条、第3条、第7条以及第8条的规定里。美国虽然沿袭了英美法系的传统，却以制定法形式规定垄断致损赔偿责任制度，体现了国家就垄断问题进行全盘统筹的政策需要。但是，这些法律法规的用语基本上是原则性超过规范性的。因此，要真正理解实践中的垄断致损赔偿责任制度，除了熟悉上述反垄断法律法规外，还必须通过历史回溯的方法，从有关美国垄断致损赔偿责任制度的重要法院裁决里找到在司法实践中发展起来的具体规则。

---

[1] See Lawrence J. White (ed.), *Private Antitrust Litigation：New Evidence，New Learning*，Massachusetts Institute of Technology Press，1988，p. 6.

[2] 需要注意的是，表中的百分比总数之所以超出100%，是因为在一起私人实施的垄断致损赔偿诉讼中，原告提起诉讼的理由可能不仅仅来源于某一部法律中的某个特定法条的规定。

(二) 美国垄断致损赔偿责任制度的实践变迁

1. 垄断致损赔偿责任制度的初期实践

由于《谢尔曼法》中关于垄断致损赔偿责任制度的规定只是一种"粗线条立法模式",仅为反垄断实施描绘了一个比较笼统的立法意图,立法者将处理限制竞争的垄断行为的大部分工作留给了作为司法实践主体的法官来完成。事实上,从《谢尔曼法》实施的情况来看,在其颁布后的很长一段时间里,整个法律似乎就是完全被忽略的。只有少数法院在处理国家出面指控的案件中对《谢尔曼法》进行了解释,而且解释的焦点主要集中在是否应当从字面上对该法进行理解从而禁止所有的商业限制性行为,或是按照具体情况仅仅限制那些不合理的商业限制性行为。相应地,反垄断私人实施并没有因为《谢尔曼法》第7条的规定而得以充分实践。而以垄断致损赔偿责任为主的反垄断私人实施的缺位,导致《谢尔曼法》成了一部形同虚设的法律。

正如前文所述,后来的《克莱顿法》在本质上对《谢尔曼法》颁布以后一直悬而未决的反垄断定位问题的认识仍然较为模糊。换言之,在美国反垄断法实施初期,立法者虽然已经意识到保护小企业者合法竞争权的重要性,但在理论上、实践中并没有厘清、解决反垄断法所保护的"竞争"的性质,即当发生利益冲突时,反垄断法到底应该保护谁的利益以及反垄断法保护利益的宗旨是什么等一系列关系到垄断致损赔偿责任性质、功能等问题仍较为模糊。

立法上的不足,恰恰是通过司法实践的展开得到弥补的。可以说,从反垄断法实施开始,美国司法者在处理垄断致损赔偿诉讼时就是围绕着"维持交易自由"进行裁判的。比如,1911年,美国最高法院在 Dr. Miles Medical Co. v. John D. Park & Sons Co. 案[①](以下简称"Dr. Miles案")中首次认定"控制转售价格"违反了《谢尔曼法》第1条关于本身违法原则的规定:"任何契约,以垄断形式或其他形式的联合、共谋,用来限制州际或与外国之间的贸易

----

① Dr. Miles Medical Co. v. John D. Park & Sons Co., 220 U.S. 373 (1911).

或商业，都是非法的。"所谓"控制转售价格"（resale price maintenance，又称"转售价格维持"或"纵向价格限制"），是指厂商或者经销商通过合同对下游销售商销售产品的价格保留控制权的经营模式。由于控制转售价格可能发生在包括生产商、多级经销商以及零售商三大层面的多级产业链条上，因此一个控制转售价格的协议可能引起非常复杂的竞争效果。在 Dr. Miles 案中，美国最高法院认为，控制转售价格这一行为本身就是违法的，如此纵向限制本质上让生产商或高级别的经销商在产品所有权转移之后仍然保留了对产品价格的控制权，而产品处分权又是以价格控制为基础的，对于处分权的限制必然导致对交易自由的侵害。

美国最高法院 1911 年在 Dr. Miles 案中的模糊表达直到 1945 年 United States v. Aluminum Company of American 案[1]（以下简称"Aluminum Co. 案"）才变得清晰起来。在 Aluminum Co. 案中，美国最高法院的裁判为垄断致损赔偿责任的价值定位提供了明晰的法理基础。该案大法官汉德指出："市场份额的多少并不是证明垄断的唯一充分必要条件，'对竞争对手的某种排除'才是垄断行为的有力证据。"汉德大法官在该案中的观点对之后的垄断致损赔偿实践产生了巨大影响——"对竞争对手的某种排除"成为私人（特别是小企业者）起诉大公司的垄断行为以获得损害赔偿的重要诉因。

此外，在 1962 年 Brown Shoe Co., Inc. v. United States 案[2]（以下简称"Brown Shoe 案"）中，美国最高法院在判决陈述中指出："法律保护的是竞争，而不是竞争者。"进一步明确了反垄断的目标，为垄断致损赔偿责任制度的司法实践打下了更为坚实的基础——在市场竞争中，公平竞争的竞争者是法律所支持的对象，而不正当竞争损害他人公平竞争权益的市场参与者应当为其违法行为所造成的损害进行赔偿。

2. 垄断致损赔偿责任制度的壮大

20 世纪 70 年代以来，私人实施反垄断诉讼的大发展，不但使得

---

[1] United States v. Aluminum Company of American, 148 F. 2d 416 (2d Cir. 1945).
[2] Brown Shoe Co., Inc. v. United States, 370 U. S. 294, 344 (1962).

《谢尔曼法》等反垄断法规中有关"竞争"的含义得到了充实，而且还促进了垄断致损赔偿责任的丰富和完善。

虽然在1945年Aluminum Co.案以及1962年Brown Shoe案的处理中，美国最高法院明确了反垄断法目标为"保护竞争而非竞争者"。然而，将该目标落实到垄断致损赔偿责任制度的，则是美国联邦第十巡回法院在处理Telex Corp. v. IBM Corp.案[①]时实现的。在该案中，作为制造商的Telex Corp.希望为IBM Corp.的电脑提供边缘性的设备（外围设备），它起诉IBM Corp.已经通过核心程序块完全垄断了与其电脑相适应的可插入的外围设备市场，对己方造成损害。法庭认为案件的焦点在于："正确的市场范围是只包含了与IBM电脑核心程序块相适应的可插入外围设备，还是不限于能与IBM电脑核心程序块相适应的可插入外围设备外的全部外围设备？"在初审法庭上，法官就"市场范围"给出了一个狭义的定义，认为对于IBM电脑核心程序块的拥有者来讲，非可插入外围设备与可插入外围设备之间没有合理的可替换性。简言之，不同外围设备之间的交叉弹性较低。然而，上诉法院则将考量的重点集中在市场的供给而非需求上。上诉法院法官调查后认为，其他设备制造商可以很容易地研发出与IBM电脑核心程序块兼容的外围设备。据此，上诉法院法官认为，IBM Corp.的生产行为并没有对Telex Corp.的市场活动造成损害；作为市场活动参与者，Telex Corp.主张的在经营中由于其他企业的合理市场行为所产生的损害，并不在垄断所致损害赔偿的范围之内。

作为私人实施垄断致损赔偿诉讼的重点案例，Telex Corp. v. IBM Corp.案明确了垄断致损赔偿责任的功能——维护市场竞争的公平、自由权。对于没有系统成文法传统的美国来说，这种先例的确立事实上为后来的垄断致损赔偿责任在司法中的操作，尤其是在因果关系论证问题上，提供了一种最为基本的证明要求——竞争中，只有是对竞争本身而非对竞争者造成的损害才是受到法律保护的。换言之，从这一案例的处理中可以明确地看出，垄断致损赔偿责任

---

① Telex Corp. v. IBM Corp., 510 F. 2d 894 (10th Cir. 1975).

的侵权客体是公平自由的竞争权。

3. 垄断致损赔偿责任制度的完善

Telex Corp. v. IBM Corp. 案明确了垄断致损赔偿责任的侵权客体是"公平自由的竞争权",为垄断致损赔偿责任的完善起到了铺垫作用。两年后,Brunswick Corp. v. Pueblo Bowl-O-Mat 案①(以下简称"Brunswick Corp. 案")的处理标志着垄断致损赔偿责任在责任构成要件和因果关系的法律论证上得到了新完善。一方面,Brunswick Corp. 案开创了美国最高法院审理私人实施垄断致损赔偿责任案件的先河,在该案判决陈述中第一次明确了垄断致损赔偿责任制度的要义——反垄断法意图阻止的损害即源自被告的非法行为。② 具体来说,要么相关非法行为具有抑制竞争的反竞争效果,要么相关非法行为导致的反竞争行为具有反竞争效果。简言之,垄断导致的损害应当属于"所指控的非法行为……可能导致的特定损失"。另一方面,从最高法院对 Brunswick Corp. 案的审判陈述中可以看出,自垄断致损赔偿责任成型之日起,它在"违法行为与损害之间的因果关系"方面就显现出不同于一般侵权责任的要求和准则。大致来说,在一般侵权责任的处理中,证明违法行为与损害之间具有近因关系是整个侵权责任追究中的关键问题;而在垄断致损赔偿责任中,这类侵权责任因为被置于反垄断法的特殊法律之维下,全部因果关系甚至其他责任构成要素的关联都必须纳入美国反垄断基本法律《谢尔曼法》中的两大根本性原则——本身违法原则和合理原则之下。当侵害竞争的行为被证明属于本身违法原则适用范畴时,受害人的举证责任相对来说就比较简单;而当垄断性损害属于合理原则适用范畴时,对于此类特殊侵权,当事人的证明责任就复杂得多。③

在 NCAA v. Board of Regents of University of Oklahoma 案④

---

① Brunswick Corp. v. Pueblo Bowl-O-Mat, Inc., 429 U. S. 477 (1977).

② 关于 Brunswick Corp. 案之于"垄断性损害"问题的地位和价值,本书将在第三章"损害事实"之"损害事实的边界"部分进行详细探讨。

③ 关于"因果关系的证明",本书将在第五章的相关部分展开论述。

④ NCAA v. Board of Regents of University of Oklahoma, 468 U. S. (1984).

中，NCAA作为美国全国大学体育协会，是由大约850个拥有体育项目的学院和大学成员组成的民间社团管理组织，负责制定比赛规则、业余标准、吸收新成员的标准等事宜。1981年，NCAA同两家电视机构（美国广播公司和哥伦比亚广播公司）签订合同，在合同中限定了能够被电视转播的比赛总数、每支队伍的转播次数以及每支球队每场电视转播所能得到的报酬数量等事宜。与此同时，主要成员大学则绕开NCAA，与美国全国广播公司就其参与的比赛电视转播进行了新协商。NCAA为了防止成员学校全部私自转向与全国广播公司的合作，宣布将对与全国广播公司合作的成员学校采取纪律制裁。作为对NCAA这一威胁的回应，主要成员大学的球队对NCAA提起了垄断所致损害赔偿诉讼。初审法院认为，NCAA的比赛电视转播计划是串谋定价的表现，属于《谢尔曼法》直接禁止的行为，按照本身违法原则，从其行为的存在即可认定垄断的存在，法院可以不问NCAA实施这种行为的目的和后果，直接判决其为非法。而最高法院却认为，由于体育作为一种提供服务的行业，与一般的生产性行业具有不同之处。例如，在钢铁业中各厂商间的行为就不需要协调；而在体育运动中，诸如通过协会协调球队间的行为以便安排比赛、制定标准这样的横向限制并不总是有害的。因此，在体育行业即便被告进行了横向的串谋定价活动，也不能简单地将其归入本身违法原则之下。相反，应当按照合理原则的要求，从被告实施限制竞争行为的目的、后果以及行为人的市场份额等因素判断其行为是否违反法定义务的要求。虽然本案中最高法院驳斥了初审法院在证明链中运用反垄断法之本身违法原则的错误性，但是，最高法院并未机械地适用合理原则进行分析，而是在分析中发展出合理原则的适用条件——当辩护理由是基于"竞争本身不是合理的"这一假设之上的时候，合理原则并不能给予支持。事实上，在制定反垄断成文法的过程中，美国国会已经认识到反垄断法有关实体性规范较少且极其抽象的现实，为了应对这种"法条没有具体规定禁止行为"的情形，国会实际上授予联邦法院新的司法权——基于但不限于反垄断先例的一般目的，联邦法院可以依现实创造出新的反垄断普通法。①

4. 垄断致损赔偿责任制度的新发展

二战结束后的 20 年中，美国的政治和经济方面都出现一种"不信任经济力量的集中"的趋势，反垄断实施的核心都集中在保护中小企业的利益上，并试图通过反垄断法等一系列制度机制运作，为中小企业者创造与大企业平等竞争的机会。然而，这种现象占统治地位并不代表其具有绝对性的权威。早在 1964 年，即垄断致损赔偿责任吸纳"市场集中与垄断收益存在必然关联"观点作为法律论证基础时，芝加哥大学经济学家施蒂格勒教授就已撰文指出，对卖方（甚至在那些几乎没有竞争对手的行业）来说，超越竞争水平的提价行为是非常困难的。后来，经济学学者进行的跟踪实证研究也进一步削弱了有关"市场集中与垄断收益之间存在关联性"的观点。特别是耶鲁大学法学院教授罗伯特·H. 博克（Robert H. Bork）于 1978 年出版了《反垄断的悖论》一书，在梳理包括私人提起垄断致损赔偿在内的反垄断诉讼案件的基础上得出结论："对每一起诉讼中因减少竞争而导致的经济损害以及因更高的竞争效率而导致的收益进行评估，不但远远超出了法官的能力，而且对任何人（哪怕是最具才能的经济学家）来说都是不可能的。从威廉姆森的研究成果可以看到，即便是较小的成本降低也能够抵消在整体效率方面的大幅度价格提高。因此，当一方面反垄断法对竞争效率的追求是如此迫切，而另一方面精确实证分析的前景又是如此遥不可及的时候，那种将反垄断责任建立在对具体个案实证分析基础之上的方法应当在司法实践中加以限制，甚至是反对。"②

可以说，以博克教授具有影响力的学术观点为开端，在随后的几十年里，包括私人实施垄断致损赔偿在内的美国反垄断实施因为对"竞争"含义认识的新发展而产生了必然的新变化。例如，在

---

① See Ernest Gellhorn, William E. Kovacic & Stephen Calins, *Antitrust Law and Economics*, 5th Ed., Thomson West, 2004, p. 25.

② Robert H. Bork, *The Antitrust Paradox*, Simon & Schuster, 1978, pp. 288-297.

Eastman Kodak Co. v. Image Technical Serices, Inc., et al. 案[①]中,柯达(Kodak)公司销售的产品范围包括成套办公设备、相关服务以及设备的部件。不仅如此,柯达公司还为非柯达品牌的成套设备之外的办公设备提供与柯达成套设备的维修部件之间没有相容性的其他设备。除了产品的区分生产外,柯达公司在市场运作方面还采取了这样一个市场策略,即"只对购买柯达产品或者是接受柯达服务的用户提供维修部件"。如此一来,对于提供维修柯达设备的独立性服务机构而言,很难有机会同柯达公司就"柯达机械维修"进行有效竞争。基于这样的现实,独立性服务机构控告柯达公司的市场行为已经造成垄断,或者说柯达公司有意图垄断柯达设备的维修部件市场和维修服务市场。独立性服务机构举证证明柯达公司控制着100%的维修部件市场以及80%—95%的维修服务市场,并证明柯达公司的经营对独立性服务机构造成了经营上的损失。严格说来,本案认定是否存在垄断致损赔偿责任的一个关键在于"柯达公司在办公设备产品市场(主市场)上是否具有市场力",如果柯达公司的确具有这种市场力,那么在维修部件以及服务问题上,柯达公司就违反了《谢尔曼法》第2条的规定,从而使其市场行为同原告诉称的损害之间存在的因果关系成为可能。

对于本案中事关垄断致损赔偿责任是否成立的关键问题,第一,最高法院承认单一品牌的单一商品能够落入反垄断目标之相关市场以内,即对于本案中柯达产品的使用者而言,其维修选择权仅限于那些提供柯达维修部件以及服务的公司范围内。第二,柯达公司在售后市场中任何试图形成垄断的努力都取决于其在办公设备产品市场(主市场)的地位。事实上,柯达公司正是抓住这一关键问题进行辩解:对于售后市场的消费者,只要市场上存在办公设备产品(主产品)的可用替代品,那么维修服务、部件就没有被单独列出来,因为它们是主产品市场的延伸。而独立性服务机构就此给出的理由则是:主产品的潜在消费者在售后市场中并不会从价格更实惠

---

① Eastman Kodak Co. v. Image Technical Serices, Inc., et al., 504 U.S. 451 (1992).

的生产者那里购买维修部件；而已经购买了主市场产品的消费者则会在时机成熟时购买新的升级产品。换言之，从经济学的角度来讲，原告的论据就是——柯达公司在维修部件、维修服务市场具有高市场份额，因为主产品市场中的高需求交叉弹性能够扩大柯达公司的实际市场力。

为了证明市场力在售后市场同样存在，在甄别了主产品的潜在消费者、主产品的购买者使用其他替代性主产品困难的信息后，法院认为，超级诱惑性的售后服务、维修部件价格只有在潜在消费者确实获得[①]"关于主产品在其整个生命周期中的完全价值"的信息后，潜在消费者购买主产品的行为才能划入受到市场力影响的一类。此外，哪怕是已经购买了主产品的消费者也不可能因为售后市场价格的诱惑而不计成本地投入替代性主产品生产商的怀抱。实际上，由于信息和替代品的获取均存在一个价格问题，即使在主产品在市场中不具有市场力的情况下，相关企业同样有可能在售后市场中实行垄断经营。可以说，就市场力分析问题，最高法院的处理事实上将信息和替代品获取的花销纳入分析范围之内。同时，尽管本案法官将信息和替代品获取的花销分开论述，但两者本质上非常相似：均是消费者为避免陷入整个产品价格周期中的高位而进行的"投资"。显然，这项投资越高，消费者越理性，销售者的价格竞争就越发无力，从而消费者可以选择较为低价的销售者。

美国最高法院的这些分析表明，在处理垄断致损赔偿诉讼时，除了证明损害与侵害行为之间具有因果关系外，更为要紧的是证明侵害行为是违反《谢尔曼法》《克莱顿法》等反垄断法律法规有关抑制竞争的规则的。即与一般侵权责任不同的是，在垄断致损赔偿责任中，行为违法性证明是后续的行为与结果之间具有因果关系的基本前提。而这种司法思路的变化恰恰符合博克教授的观点，即不是把反垄断责任的处理建立在对具体个案实证分析的基础之上，而是以一种更为全面的视角来考察行为违法性的问题。

[①] 由生活经验可知，寻找潜在消费者的过程极有可能需要花费不菲的金钱以及巨大的精力。

二、美国垄断致损赔偿责任的性质和特征

(一) 美国垄断致损赔偿责任的性质

由于法律和司法制度的基本功能是解决纠纷,且这种功能并不单单为具有专业技能的法律工作者所独有,因此很多人会基于这一常识推断出:在英美法系传统国家法律的概念或者含义是宽泛而灵活的。事实上,这种推断是对英美法系传统国家法律制度不求甚解的想当然,因为不论是大陆法系传统的国家还是英美法系传统的国家,其法学传统都仍然是一种至少可溯至奥斯丁的分析法学传统,即奥斯丁在《法理学的范围》一书中所主张的:"每一条法律或规则(就能恰当地给予这一术语最为广泛的含义而言),是一个命令,或者,恰当指称的法律或规则,是一种命令。"① 根据奥斯丁的理论,任何一种实在法都是由特定的主权者针对其统治下的某个人或者某些人制定的,实在法最为本质的特征在于其强制性或命令性,法律被当作一种主权者的命令,一般包含义务和制裁两项基本要素。奥斯丁分析法学的最大价值在于明晰了应然的法的特征。但是,应然的法并不能等同于实然的法,面对鲜活、纷繁的法律现象,法学理论总是灰色的。因此,为了能够令人信服地描述、解释、评价实然的法的特征,学者们总是通过不断积累知识并作理性反思,以期能全面地回应实然的法的要求。

关于美国垄断致损赔偿责任制度的特征,首要问题在于通过对美国垄断致损赔偿责任制度的变迁史进行梳理,明确有关垄断致损赔偿责任的概念,毕竟任何事物的概念都是描述其特征的基础所在。

具体地,"垄断致损赔偿责任"(compensation of antitrust damage),顾名思义,指的是基于垄断行为或垄断意图所形成的对行业竞争者的损害所应当承担的赔偿责任。早在美国建国前,"垄断"和

---

① 〔英〕约翰·奥斯丁:《法理学的范围》,刘星译,中国法制出版社2002年版,第3页。

第一章
美国垄断致损赔偿责任制度概述

"垄断者"之类的词汇就已经存在,并且可以一直追溯到伊丽莎白一世时代的英格兰,不过其含义并不是我们今天所关注的"垄断",而是指女王授予社会中某些成员经营某些商品或服务的特许权。当时,获得特许者可以坐收垄断之利,同时女王也可从被特许者那里获得特许权发放费。这种授予特许权人占有本该属于工商阶层通过自由竞争就能获取的利润,引起了普通民众的不满。对于大部分从英格兰移民而来的美国人而言,他们背井离乡很大程度上就是因为对自由的向往和对特权的厌恶。因此,尽管在美国联邦《宪法》中没有涉及垄断问题,但有些州在宪法中却明文规定禁止垄断。比如,1776年《马里兰州宪法》规定:"垄断是可憎的,与自由政府的精神相抵触……应当予以避免。"可以说,美国人对垄断的警惕是一种与生俱来的情感,国会在制定《谢尔曼法》时,考虑反垄断的操作问题就很自然地注意到依靠市场竞争主体力量的重要性。

美国著名法制史学者卡林顿教授等人在梳理美国联邦反垄断法发展脉络时谈道:"制定《谢尔曼法》时反垄断公共执法体制孱弱,国会意识到,反垄断法的执行必须依靠私人提起诉讼,私人诉讼能在条文不多且较为含糊的《谢尔曼法》中得到确立,说明了它作为'侵权'(tort)的一种形态,能够保障垄断侵扰的企业主按照《谢尔曼法》的规定请求法院获得赔偿。"[①] 对此,怀特教授等人也强调:"从美国私人实施垄断致损赔偿诉讼的实际来看,所谓的垄断致损赔偿责任就是基于市场竞争行为而产生的有害于竞争秩序且对相关私人权益造成损失时,要求责任人承担赔偿权益受损者所损失的合理利益的侵权责任。"[②] 因此,从源头上来讲,垄断致损赔偿责任仍然属于民事侵权责任的分支和范畴,其责任形式仍然可被提炼为"侵权行为—损害—责任"的基本模型。在英语中,"侵权行为"一词为"tort",源自拉丁文"tortus",原意为"扭曲""弯曲",也用于将某

---

① Paul D. Carrington & Trina Jones (eds.), Law and Class in America: Trends Since the Cold War, New York University Press, 2006, p. 32.
② Steven C. Salop & Lawrence J. White, Private Antitrust Litigation: An Introduction and Framework, in Lawrence J. White (ed.), Private Antitrust Litigation: New Evidence, New Learning, Massachusetts Institute of Technology Press, 1988, p. 38.

人的手臂或腿砍掉的情形，后该词逐渐演化为"过错"的意思。在英美法系国家，时至今日围绕着对"过错"（wrong）的不同认识，关于侵权行为仍然有过错说和违反法定义务说两种分歧极大的学说。这种争论不可避免地影响到美国学者对垄断致损赔偿责任的理解：

第一，过错说以"过错"为本，认为侵权行为就是一种过错。英国学者弗莱明指出："侵权行为是一种民事过错。对于这种过错，法院以损害赔偿的诉讼形式提供补救。"美国学者莫里斯也认为："简单概括侵权行为的话，可以说它是私法上的过错。"① 将其落实到垄断致损赔偿责任认定中，所谓的"过错"就只有本身违法的垄断行为一种情形。因此，过错说是无法完全解释垄断致损赔偿责任的特征的。

第二，违反法定义务说认为，与违反当事人约定的合同责任义务不同，侵权行为是一种违反法定义务的行为。《布莱克法律大辞典》和《牛津法律大辞典》均采用了违反法定义务说的思路，将侵权行为认定在违反了非当事人约定的法律义务的范畴内。因此，以违反法定义务说对垄断致损赔偿责任进行解读即强调垄断行为的违法性。

事实上，上述两种学说对包括垄断致损赔偿责任在内的侵权行为的认识只是不断接近本质的努力，正如英国著名学者迈尔斯所说："概而言之，没有抽象的侵权法，只有具体的侵权法，即一揽子可依一定条件对之提起诉讼的作为或不作为。任何加以进一步概括的尝试，不管按纯粹理论的观点看来是怎样的饶有趣味，要拿来作为实践的指南都是极不可靠的。"② 因为人们的认识总是随着对客观世界不断深入理解而发展的，特别是现代化大工业的出现和发展促成了侵权行为在本质、种类、范围等诸多方面的深化与细分。在这一意义上，垄断致损赔偿责任的出现和发展就是侵权行为随着现代社会之竞争不断加速变革的一种反映。总之，美国垄断致损赔偿责任制度吸取了过错说与违反法定义务说的双重养分，同时遵循了"法律

---

① 王利明主编：《民法·侵权行为法》，中国人民大学出版社1993年版，第11页。
② 转引自王家福主编：《中国民法学·民法债权》，法律出版社1999年版，第409页。

责任是指对违反法律上的义务关系或侵犯法定权益的违法行为所做出的否定性评价和谴责"[1]的原理：所谓的垄断致损赔偿责任，就是对违反了《谢尔曼法》《克莱顿法》《联邦贸易委员会法》以及《塞勒-基福弗法》等规定的诸多维护正当竞争秩序的法定义务、侵犯平等有效竞争权的违法行为作出的否定性评价和制裁。

（二）美国垄断致损赔偿责任的特征

一般而言，性质指的是事物的根本属性，特征则指事物所具有的特点，是一个事物区别于其他事物的地方。特征是性质的外化。从美国垄断致损赔偿责任制度的侵权法本质出发，可以归纳出垄断致损赔偿责任具有三大特征：

第一，被侵害的责任主体具有广泛性甚至不确定性。一般侵权行为的受害人多为确定的特定的人，但是在垄断侵权行为中，受害人既包括特定的人，也包括不特定的人。之所以在垄断侵权中会存在损害不特定人的情形，其根源在于社会经济活动之间存在着普遍而复杂的相互联系与作用。简而言之，垄断性损害具有"涟漪效应"（Ripple Effect），它不但直接作用于多个和多种利益相关者，而且还会像涟漪一样向周围渐次传递，即垄断性损害所危及的对象可能是一个产业链条的上下游经营者甚至其他不同产业领域的经营者。[2]

第二，侵害行为具有非传统化和多样化的特征。传统的侵权行为一般集中在人身、名誉以及逐渐兴起的环境领域内，而造成垄断性损害的垄断行为却不同于传统的侵权行为：（1）竞争自由权作为垄断侵害行为所侵害的法益，[3]并不属于传统化的民事权益范畴。侵害竞争自由权表面上具有侵害财产权之特征，但它事实上还同时反

---

[1] 赵震江、付子堂：《现代法理学》，北京大学出版社1999年版，第480页。

[2] 从根本上说，消费者是垄断行为的终极受害者，因为被垄断行为推高的成本最终都要由消费者进行买单。然而，在美国，不但理论界对消费者是否为适格的垄断致损赔偿诉讼的原告存在争议，司法实务界在处理垄断赔偿诉讼时，亦将消费者受损归为其他责任的范畴。

[3] 对于垄断致损赔偿责任所保护的法益的属性，本书将在第七章第一部分"完善垄断致损赔偿责任构成要件体系"部分详细分析。

映出经营自由被限制的人身性特征。(2)侵害行为的多样化,指的是垄断行为的表现形式多种多样,比如联合抵制、串通招投标、搭售、提高定价、独家交易、价格歧视、掠夺性定价等做法。(3)侵害行为造成的损害既可能是直接损害,① 也可能是间接损害。②

第三,责任构成要件理论的抽象性极强,实践中需要判例法的支撑。与大陆法系的侵权责任规范采用一般条款或限制性一般条款的模式不同,英美法系的侵权责任规范本身尽管存在一般性的概括条款,但在"救济先于权利"的传统思维支配下,现实中各类侵权案件的司法解决需要判例法和制定法的共同作用。美国垄断致损赔偿责任制度就是非常明显的例子。从前文对美国垄断致损赔偿责任制度变迁史的梳理中可以看出,由于英美法系的传统以及保持灵活性与稳定性统一的需要,垄断致损赔偿责任制度尽管有制定法依据在先,但制定法大致上呈现出简略甚至有意使用模糊性表述的事实,导致垄断致损赔偿责任制度中的许多可操作性规则都是通过判例法建立起来的。对此,有学者认为,美国反垄断法始于成文法,但却随着法院的判决以一种类似普通法的方式不断演进。③ 其中,最为明显的就是美国法官在司法实践中发展出的判别垄断行为与损害事实之间是否存在因果关系的两大原则——本身违法原则和合理原则。

总之,美国垄断致损赔偿责任构成要件体系,既符合英美法系下"侵害人有过错、侵害他人受法律保护的利益的行为、造成他人损失"的一般侵权责任基本框架要求,又具有大陆法系下侵权责任构成要件的特质——侵权行为、损害事实以及两者之间因果关系。此外,美国垄断致损赔偿责任制度除了受侵权法统领外,还有赖于《谢尔曼法》《克莱顿法》等反垄断法律法规的制约。具有如此特征的垄断致损赔偿责任制度可谓独树一帜:一方面,过错成为责任构

---

① 比如,垄断企业以超高价直接向消费者出售商品或服务的行为,就属于"直接损害"一类。

② 比如,垄断企业以超高价向一级批发商出售商品,一级批发商再将经济损失层层转嫁给零售商,这一类的行为则属于"间接损害"。

③ See A. Douglas Melamed, The American Express Case: Back to the Future, June 15, 2019, p. 1, https://ssrn.com/abstract=3407652, last visited on Feb. 9, 2023.

成要件中可有可无的要素;① 另一方面，强调侵害行为对《谢尔曼法》《克莱顿法》等反垄断法律法规的违反，使其突破了一般侵权责任只需要遵守侵权法规范的范畴，进入公法与私法交叉领域。简而言之，美国垄断致损赔偿责任是一种市场经济高度发展后所形成的独特的侵权责任形式。②

三、美国垄断致损赔偿责任的功能

所谓功能，指的是"事物或方法所发挥的有利的作用"③。换言之，功能强调的是对象能够满足主体某种需求的一种属性。通说认为，任何民事责任制度之设立，均有其欲达成之目的，对此通常以"民事责任之功能"为题进行讨论。美国垄断致损赔偿责任制度的功能当然也在此之列。

需要注意的一点是，垄断致损赔偿责任的前提多是《谢尔曼法》《克莱顿法》等公法基础。因此，垄断致损赔偿责任与一般侵权民事责任不同，已跨越了一般侵权民事责任的界限。垄断致损赔偿责任制度的这一特点，使得不少人在认识垄断致损赔偿责任性质问题上产生模糊，我国即有学者将美国垄断致损赔偿责任制度纳入惩罚性赔偿制度的范畴，将欧盟的反垄断制度纳入补偿性赔偿制度范畴。④事实上，从侵权行为法的本质来说，惩罚与补偿都是在侵权责任道德论基础上生成的两大目标，任何侵权责任的实现，对侵害人为惩罚，对受害人则为补偿。因此，无论将垄断致损赔偿责任归为惩罚

---

① 这里的"可有可无"，强调的是过错在垄断致损赔偿责任构成要件体系中不是那种必不可少的要素，而仅仅是认定一部分垄断致损赔偿责任成立的构成要件。
② 需要注意的是，包括本书在内的一切通过对美国垄断致损赔偿诉讼的重要案例进行归纳、抽象与整理的"垄断致损赔偿责任构成要件"并非为了总结出构成要件背后的普适性归责原则，上述努力只是出于实践的考虑，即为法律界人士提供一套较为固定且方便使用的法律语言，用于认识客观世界和促进司法实践。
③ 《现代汉语词典（修订本）》，商务印书馆1998年版，第438页。
④ 参见郭毅：《垄断损害赔偿制度与民事损害赔偿制度的分野——兼评〈反垄断法〉第50条》，载《中国农业银行武汉培训学院学报》2009年第3期。

性赔偿还是补偿性赔偿，都是对侵权责任本质的认识不到位。持惩罚性赔偿观点者认为，社会互动是史前便大量存在的，这些大量存在的社会互动必须受到社会公开形成的规则和标准的影响与指引。从这个角度来说，惩罚的优点在于能够将行为人行为的基本规则界定在产生风险的社会互动上。与此同时，补偿主要关注的则是特定情形下的特定当事人以及他们所蒙受的不幸的弥补问题。

笔者认为，惩罚与补偿是赔偿责任制度的两个方面，并不能单独地用来完整解释行为为何能为法律所约束的前提问题——在纯道德论的视角下，民事责任无法解释造成损害的破坏竞争行为两端的双边结构，即受害人与侵害人之间的关系问题。因为从逻辑上来说，如果民事责任服务于道德的话，侵害人与受害人之间的关系必须具有先在的道德意义。但事实上，一般侵权发生时，侵害人与受害人之间道德意义上的连接尚且极为勉强，更不用说作为特殊侵权的垄断致损赔偿责任了。因此，要弥补纯道德论对包括垄断致损赔偿责任在内的特殊侵权责任的解释的不圆满性，必须跳出单纯的由侵权行为及其当事人所形成的惩罚与补偿的双边结构。

美国实证主义学派的鼻祖、创立美国传统侵权行为理论的霍姆斯在《法律的道路》一书中提出："法律是一种实现特定公共目标的机制。"从实证主义的角度第一次弥补了将惩罚与补偿两大纯道德论进行分野的理论的不足。具体来说，侵权行为法是从阻止最有害、最浪费的社会行为以及赔偿受害人的角度出发来规定并实施的公共行为标准。侵权之诉的私人性以赋予当事人一种依法求偿权的形式求得更为及时、便捷或者说更低成本的对违反公共准则行为的惩罚。换言之，霍姆斯对侵权行为的理解从本质上较为圆满地解释了垄断致损赔偿责任是侵权行为的特性，即垄断致损赔偿责任是执行公共准则的一种私法上的手段。这种实证法学的理解，在并未抛弃侵权行为法原理之道德论的惩罚过错、弥补损害两大前提下，阐明了侵权行为基本原则和实践特色（受害人依法对损害进行求偿）之间的关系。

在霍姆斯之后，兰德斯、波斯纳运用现代经济学概念和解释模式进一步完善了霍姆斯有关侵权行为理论的实证法体系，明确提出

"效益"的观念,将侵权责任与社会福利最大化联系在一起,促成垄断致损赔偿责任制度发展出其独具的"对反垄断行政执法不足进行补益"的功能。

(一) 对赔偿权利人的补偿与激励

一般地,法律救济是指公民、法人或者其他组织认为自己的人身权、财产权因行政机关的行政行为或者其他单位、个人的行为而受到侵害,依照法律规定向有权受理的国家机关告诉并要求解决予以补救,有关国家机关受理并作出具有法律效力的裁判活动。在本质上,垄断致损赔偿诉讼的实践就是垄断行为受害人寻求国家有权机关进行补救的过程。古希腊哲学家亚里士多德将正义分为分配正义和矫正正义,其中分配正义关注的是在社会成员之间进行权利与义务、责任配置的问题,而矫正正义反映的是人们之间的平等性问题。损害与赔偿的平等性就是矫正正义的一个内容,即赔偿必须与损害的程度相当,有多少损害就进行多少赔偿,强调的是公平补偿损害的要旨。

补偿损害是民事责任最为基本的功能,作为一切民事赔偿所共有的主要功能,"补偿"又被称为"复原",用曾世雄教授的话来说就是"为众所熟悉且未曾遭到质疑之功能"①。作为特殊侵权民事责任,垄断致损赔偿责任具有补偿之功能也是其应有之义。进一步来讲,补偿之存在即为激励之动力。在美国垄断致损赔偿责任制度之三倍赔偿下,受害人的利益能够得到的恢复和补救的数额是损害数额的三倍,这种大于等额补偿的机制无疑具有"激励"受害人的作用,是鼓励受害人主动诉讼的动力所在。与此同时,如果用以威慑被告的赔偿金额度高于侵害行为的社会成本,那么对于原告的激励作用实际上极有可能导致"滥诉"的出现。因为私人可能为了获取高额赔偿金而竞相充当原告,用自己的资源不断发起指控。对此,美国反垄断学者波林斯基(Polinsky)指出:"可能存在的'滥诉'问题,不应当成为对垄断所致损害赔偿的激励功能进行全盘否认的

---

① 曾世雄:《损害赔偿法原理》,中国政法大学出版社2001年版,第7页。

理由。以垄断致损赔偿责任为主的反垄断私人实施对反垄断公共执法具有不可或缺的补充作用。私人实施与公共执法在各自的适用范围内发挥着各自的独特作用。在实施法律获得的报酬高于实施成本的领域，哪怕获得的报酬太高可能导致法律实施过度的弊病，私人通过垄断所致损害赔偿的诉求实施反垄断法的价值也会得到最大体现；而当违法者支付的赔偿金远远低于实施成本时，就特别需要由国家来负责实施。"①

笔者认为，在美国学者的研究中，不管是担忧垄断致损赔偿责任制度在实施中可能出现的激励过度，还是支持该制度激励功能的，其共同的立论前提都在于垄断致损赔偿责任制度具有激励功能这一事实。按照沃勒教授的说法，垄断致损赔偿责任的适用确保了美国反垄断私人实施非常活跃，进而促进美国反垄断执行体制相比其他大陆法系国家的反垄断集中执行体制（即一元执行体制）更具稳定性。②

（二）对赔偿义务人的惩罚与预防

有学者认为："自由行为是人的本质的展现，财产利用的享有同样是基于人性的要求。没有财产的自由与没有自由的财产同样可怕。对侵害行为人利益的剥夺，都是对行为的一种惩罚，只不过是在量的规定性上有差别。因此，哪怕侵害人刚好填补了受害人的损失，对其也构成惩罚。数额的高低，只是惩罚的程度有所差别，并不影响到惩罚本身的性质。"③ 笔者虽然不同意这种将"惩罚"概念泛化的观点，但仅就"将侵害人利益的收缴看作惩罚"这一点来讲，民法赔偿的功能甚至从一开始就具有报应惩罚的元素。

具体到垄断致损赔偿责任制度问题上，作为赔偿的一种，它在结构上是具有双边性的，即一方面是对受害人予以赔偿，另一方面

---

① A. M. Polinsky, Detrebling Verses Decoupling Antitrust Damages: Lessons from the Theory of Enforcements, *Georgetown Law Journal*, Vol. 74, No. 4, 1986, p. 1234.

② See Spence W. Waller, The Future of Private Rights of Action in Antitrust, *Loyola Consumer Law Review*, Vol. 295, No. 16, 2004, p. 300.

③ 王旭亮：《民法世界里的罪与罚——惩罚性赔偿的法理阐述》，载《研究生法学》2006年第5期。

则是通过向侵害人判付高于实际损害数额的赔偿实现对其所作所为之报应。甚至可以说，民法世界中的道德评价在很大程度上是可以通过类似垄断致损赔偿责任制度中三倍赔偿这种具有惩罚性质的方式来实现的。因为对于受害人利益的补偿来源于对侵害人利益的强制剥夺，这种强制剥夺本身就是一种惩罚的外化。

就垄断致损赔偿责任制度的预防功能而言，它与刑罚的防卫目的是相一致的。毕竟在传统民法上，损害赔偿的一般原则是无损害则无赔偿，赔偿的目的在于填补受害人遭受的损害。这种以补偿为核心的赔偿模式并不具有吓阻不法企图者实施侵权行为的能量。因此，在垄断致损赔偿责任制度中采取三倍赔偿规则可以较好地补充传统民法以补偿为落脚点的赔偿制度在预防功能上的不足。一般情况下，当民法中的填补性损害赔偿的吓阻程度较高时，往往不需要高于实质损害数额的赔偿制度。反之，当填补性损害赔偿的吓阻力微乎其微时，科以高出实际损害数额的赔偿就是非常必要的。具体到垄断致损赔偿问题上，一般情况下挑起破坏市场竞争自由、有序秩序的往往是市场中的有力主体，填补性的损害赔偿对其基本上没有什么经济压力可言。换言之，倘若只按照其对被损害的市场主体造成的损害数额照价作赔的话，那么侵犯他人的成本相较其通过违法获得的利益而言就是可忽略不计的。因此，垄断致损赔偿责任制度在基本观念上与人们在社会生活中趋利避害的观念是一致的，它具有天然的预防功能。

实际上，具有威慑功能的法律往往是惩罚类反垄断政策的倒影，这种倒影的目标主要是为了阻止未来的类似非法行为。毕竟对于不同的人，通过垄断致损赔偿诉讼进行威慑的最佳水平所显示效果并不相同。正如德诺扎教授在《反垄断私人实施的补偿和威慑功能研究》一文中谈到的："对于垄断致损行为日趋复杂多样的现实，除了经验性的描述外，我们还需要深入分析具有民事法补偿功能和刑罚之威慑功能的垄断致损赔偿诉讼的客观情形到底是什么。"[1]

---

[1] Francesco Denozza & Luca Toffoletti, Compensation Function and Deterrence Effects of Private Actions for Damages: The Case of Antitrust Damage Suits, https://papers.ssrn.com/sol3/papers.cfm? abstract_id=1116324, last visited on Nov. 2, 2021.

一般地，一切对社会上不良活动的否定政策都意味着以一定的国家暴力机构为后盾的监管机构的选择。从可知的人类实践来看，对于监管机构的选择至少可以分成三个不同的层次：第一层次是对界定行为"非法"的定义进行选择，这种选择影响到适用制裁的可能性和阻却违法行为发生的必要程度；第二层次在于风险管理，因为认定"行为不受欢迎"本身是存在风险的，若认定过于严苛，则可能对市场自由竞争造成负向引导；第三层次是选择的后果，即对非法行为人的威慑能否对受害人产生有益作用。不用说，任何第一层次的选择都会对其他两个层次产生影响。同时，补偿和威慑不存在相互干扰，更不能彼此替代。

上述否定政策是一整套可以设想的规则，必须具有完善的内部一致性。同时，任何制度要发挥制定人预设的功能就必须考虑到三个方面的因素：首先，第一层次的选择会受到人们有关公平/公正观念的影响；其次，第二层次的选择基于效率的考虑；最后，第三层次关于后果的选择，会受报应正义的制约。具体到垄断致损赔偿责任功能来说，其功能发挥同样需要考虑两个方面的问题：（1）有关威慑的风险管理；（2）预防能够管理威慑可能具有的风险，进而达成大致安全的管理后果。

具体地，威慑与预防互补的前提在于，为了回避可能产生的风险，威慑应当具有三大目标：（1）通过个案的成本效益分析后，阻止某些行为是必要的；（2）阻止那些从中获取利益的违法行为的花费不大于政府罚没所需要的证明费用；（3）防止某些行为在价值上产生负面影响，即行为当罚性必须是普遍的，否则当某些行为在别的领域或主体的操持下可以被认为是中性的甚至是有益的时候，威慑便是不合时宜的，预防也是无法实现的。

（三）对反垄断行政执法不足的补益

通说认为，反垄断执法指的是依照法律赋予反垄断职权的公权力行政机构具体所承担的对市场竞争中限制竞争的行为展开调查并作出处理决定的行政执法活动。这种依职权发起的反垄断执法具有权威性和主动性两大特征。

第一章
美国垄断致损赔偿责任制度概述

反垄断执法合理性的背景在于"假定市场竞争中的难题能够依靠自上而下的国家管理来依法解决"。在本质上,反垄断执法是"国家—控制"范式在市场竞争领域的投映,其确立的一个必要条件在于:人们发现在市场竞争中存在着理性与欲望、价值与事实、个体与群体、个人自由与公共秩序之间的冲突。"一个难题的固有意义虽然没有标准,但是肯定有一个解。"① 反垄断执法在很大程度上就是国家主动寻求的对于克服市场不良竞争的"解"。但事实上,反垄断执法这个"解"因为"政府失灵"的存在而不可能是完美的、毫无瑕疵的。

"政府失灵"又称"政府失败"或"政府缺陷",为英文"government failure"一词的中文译文。另外,英文中还有"nonmarket failure"一词,中文译为"非市场失灵""非市场失败"或"非市场缺陷",在有关政府失灵理论中几乎是与前者等同的概念。与市场会由于一些理想化的假设并不具备而失灵一样,政府也同样会以相同的原因产生失灵,并且这种"政府失灵"同样会出现在以国家公权力行使为特征的反垄断执法中。

凯恩斯经济学中隐含着政府是"道德人"的假设,即政府永远是大公无私的,在市场失灵时,政府代表公众利益恢复市场功能,使社会福利最大化。然而,假定政治家和官员是毫无私利的社会利益的代表实际上并不可靠,正如在市场竞争环境下同一行业的全部经营者都作出实现自身利益最大化的努力,政府部门及官员也是追求自身利益最大化的"经济人"。但是,其工作的动力无非是诸如获取更大的权力和更高的威望,争取本部门预算和规模的最大化,减轻工作负担等考虑。一方面,政府部门及官员所具有的"经济人"特质只是导致"政府失灵"的部分原因;另一方面的原因则在于,利益集团的操纵使公共政策偏离社会利益,导致"政府失灵"。委托代理理论假定选民以投票的形式参与政治决策过程,强调选民对政府行为制约的必要性与制约的方法——政府的公共政策即使并非全

---

① 〔美〕T. S. 库恩:《科学革命的结构》,李宝恒、纪树立译,上海科学技术出版社1980年版,第31页。

体选民直接投票选择的,也是由选民选出的代表投票决定的,这些代表为了能再次当选,在很大程度上不得不受选民意愿的约束。但在现实中,在市场中处于绝对优势地位的利益集团往往具有操控政府、影响公共政策偏离社会公共利益的强大力量。这也是《谢尔曼法》的提议者、共和党参议员约翰·谢尔曼在国会辩论时指出"如果我们不愿意屈从于作为政治权利存在的皇帝,我们也不应该屈从于一个能阻止竞争、固定商品价格的贸易独裁者"① 的原因。

垄断致损赔偿责任制度的实施不但能抑制反垄断执法反应不够迅速的缺点,还能避免反垄断执法资源的浪费。很多时候,反垄断执法不但复杂且涉及面广,执法部门从启动立案程序到最后作出行政决定往往耗时甚多。在这种情况下,往往只有那些影响巨大的垄断行为才能进入反垄断执法机关的视野,而对于一些不太明显的垄断致损问题,执法机关一方面不可能具有和受害人一样敏感的触角,另一方面也会出于成本收益的考虑暂时放下简单案件的处理转而专注于复杂大案的调查。比如,美国司法部起诉微软公司这一反垄断执法就耗时三年多才达成和解协议。波斯纳在谈到美国反垄断执法存在的问题时就一针见血地指出:"联邦政府对反垄断执法机构的拨款是吝啬的,由于受预算的约束,反垄断机构提起的案件渊源少于按照反垄断法现行规定能够胜诉的案件,他们尽量把自己的执法活动限定于比较严重的垄断违法行为上。"②

总之,反垄断执法因为"政府失灵"而存在的诸多不足,恰恰可以通过垄断致损赔偿责任制度的实施而得到弥补。前面说过,垄断致损赔偿责任具有补偿、激励的功能,出于自身利益考虑的垄断侵害行为受害人往往能比反垄断执法机构更主动、更积极地投身于权利救济中。

---

① 〔美〕查里斯·R.吉斯特:《美国垄断史——帝国的缔造者和他们的敌人(从杰伊·古尔德到比尔·盖茨)》,傅浩等译,经济科学出版社2004年版,第3页。
② Richard A. Posner, *Antitrurst Law*, Chicago University Press, 1976, p.345.

第一章
美国垄断致损赔偿责任制度概述

小　结

　　由于单从侵权责任性质中符合纯道德论思维角度的过错说与违反法定义务说无法完整概括垄断致损赔偿责任这一特殊侵权民事责任形式的性质，垄断致损赔偿责任作为执行公共准则的一种私法手段，必须从更为包容和多元的认识角度来理解其公法与私法交叉之特质。笔者认为，将垄断致损赔偿责任界定为"基于市场竞争行为而产生的有害于竞争秩序且对相关私人权益造成损失时，要求责任人承担赔偿权益受损者所损失的合理利益的民事侵权责任"似乎是较为妥当的。作为一种特殊侵权民事责任形式，垄断致损赔偿责任具有侵害对象的广泛性甚至不确定性、侵害方式的非传统化和多样化两大特征。美国法学教授威廉姆·科瓦契奇（William E. Kovacic）借电脑操作打过一个非常形象的比喻："反垄断法系统有三项基础性的构成要素：作为'操作系统'的法律法规；以（两大）分析方法和实施程序形式所存在的各种'应用'；在实施法律法规及其他规则的过程中所积累起来的'专门知识'。"[①] 也就是说，反垄断法这一"操作系统"上如果欠缺包括本身违法原则、合理原则等因果关系证明的分析路径在内的各种应用APP，以及实施反垄断法过程中所积累的专门知识（如经济学知识），那么垄断致损赔偿责任制度就只能是书本上的制度，无法在现实中发挥维护竞争公平自由的反垄断价值目标。

　　除了认识美国垄断致损赔偿责任制度的性质，梳理美国垄断致损赔偿责任制度的立法和司法变迁史，能够使我们更好地理解英美法系传统的美国就垄断致损赔偿责任问题，哪怕制定出了成文法，在司法实践中也仍然兼顾成文法条与判例法的连接性。

　　此外，从垄断致损赔偿责任制度在美国的变迁中，我们可以看

---

① William E. Kovacic, The United States and Its Future Influence on Global Competition Policy, *George Mason Law Review*, Vol. 22, No. 5. 2015, p.1161.

到垄断致损赔偿责任制度的强大生命力就蕴藏在其独具的社会功能里。从化解纠纷的角度来说，该项制度不但能对受害人进行补偿与激励，而且还能对侵害人进行惩罚以及预防社会不良垄断侵害行为发生；从社会治理角度来说，它能够弥补以公权力为代表的反垄断执法因"政府失灵"而可能出现的不足。

第二章
垄断致损赔偿责任的主体

亚当·斯密（Adam Smith）认为："由于每个个人都努力把他的资本尽可能用来支持国内产业……他通常既不打算促进公共的利益，也不知道他自己是在什么程度上促进那种利益。……他只是盘算他自己的安全；由于他管理产业的方式目的在于使其生产物的价值能达到最大程度，他所盘算的也只是他自己的利益。在这场合，像在其他许多场合一样，他受着一只看不见的手的指导，去尽力达到一个并非他本意想要达到的目的。也并不因为事非出于本意，就对社会有害。他追求自己的利益，往往使他能比在真正出于本意的情况下更有效地促进社会的利益。"① 垄断致损赔偿责任制度的出现，就是专门对市场主体在竞争中为利己而有损他人权益所进行的否定评价。

一、赔偿关系人基础

所谓赔偿关系人基础，主要指的是美国司法实践中有关垄断致损赔偿责任制度下原、被告的来源、地位以及范围等内容，解决的是市场主体在何种情况下会成为垄断致损赔偿责任中的侵害人或受害人。事实上，在美国，包括垄断致损赔偿责任在内的法律实践都离不开公司人格化这一公司诉讼地位的前提理论。包括民主化和自由化的公司人格化，是确定垄断致损赔偿责任的侵害人或受害人的前提所在。有学者认为："民主化主要是指从特许公司制向一般公司法的转变，而自由化则是指公司从最初被视为人造之物到后来被承

---

① 〔英〕亚当·斯密：《国民财富的性质和原因的研究（下卷）》，郭大力、王亚南译，商务印书馆2009年版，第30页。

认是自然实体所带来的法律观念及实践的变化。"①

同大陆法系的法治思路不同，在美国建国之初，Head & Amory v. Providence Insurance Co. 案②确立了公司为州议会法令创设物的原则。该案法官认为，"公司必须由州议会通过"。该案所论证的授予论在法理上一直居于统治地位——认为公司的性质是州议会法令的创造物，公司权利仅限于议会授权的范围，议会也因此对公司活动保留管控权。1815 年，美国最高法院大法官斯托里（Story）在 Terrett 案③的判决中第一次区别了公共公司和私人公司，为维护私人公司的发展奠定了新的法律基础。他认为，公共公司的特许状可以由州议会取消或者修改，但是私人公司应当享有自然法和宪法的保护，即私人公司的财产和权利在公司许可状颁布后就应当不受议会的随意干预。在 4 年后的 Dartmouth College 案④中，马歇尔（Marshall）大法官以公司特许状是合同为由裁定州议会无权更改特许状，这意味着私人公司有不受政府管制的权利，公司产权保护得到加强。1837 年，美国最高法院在 Charles River Bridge 案⑤的判决中又否决了公司特许状的排他性。从此，受政府特许状管控的公司逐渐为一般公司所取代。最终，美国《宪法》第十四修正案直接用于公司创制才使得授予论完全为自然实体论所取代，公司的自由度和民主度为此大大提升。

可以说，1868 年通过的美国《宪法》第十四修正案是美国公司法的一个转折点，其第 1 款规定："凡在美国出生或归化美国的人，均为合众国的和他们居住州的公民。任何一州，都不得制定或实施限制合众国公民的特权或豁免权的任何法律；不经正当法律程序，不得剥夺任何人的生命、自由或财产；对于其在管辖范围内的任何人，不得拒绝给予法律的平等保护。"简言之，将该修正案用于公司

---

① 韩铁：《试论美国公司法向民主化和自由化方向的历史性演变》，载《美国研究》2003 年第 4 期。
② Head & Amory v. Providence Insurance Co., 6 U.S. 2 Cranch 127 (1804).
③ Terrett v. Taylor, 13 U.S., 9 Cranch 43 (1815).
④ Trustees of Dartmouth College v. Woodward, 17 U.S. 518 (1819).
⑤ Proprietors of Charles River Bridge v. Proprietors of Warren Bridge, 36 U.S. 420 (1837).

保护，促成了公司人格化，改变了公司性质和地位，为公司权益的保障提供了宪法依据。这种变革的一个直接影响就是公司发展进入一个非常活跃的时期，公司的运作不再受政府的管控，公司的经营活动方式便出现了天翻地覆的变化。但是，这种变化也恰恰为巨型企业的垄断性扩张埋下了伏笔。"法律在服务于经济方面'创造性过了头'，有放任公司滥用权力、忽视公共利益的倾向。"① 美国《宪法》第十四修正案对公司人格化的绝对肯定，导致公司滥用市场支配地位的垄断性行为越来越多。不仅如此，19世纪末20世纪初是美国最高法院一个非常保守的时期，司法裁决对大公司垄断行为的姑息也有一定责任。很多时候，最高法院通过宪法解释将"不经正当法律程序，不得剥夺任何人的生命、自由或财产"用于调整企业与政府的关系，且在司法裁判中明显地站在企业一边，反对政府对企业进行适度的经济调控和干预。可以说，美国《宪法》第十四修正案摇身一变成了为公司对抗政府干预的保护伞。在这一保护伞的纵容下，美国公司在数量和规模上迅速膨胀，公司垄断和各种投机活动层出不穷。这种情形引起了美国法学界的警惕，毕竟任何国家都不存在如美国当时那般不受限制的公司权力。于是，怎样在不违背美国《宪法》第十四修正案的前提下控制大公司继续没有限制地利用公司人格化牟取暴利，成了摆在政治家面前的重大课题。从某种程度上讲，在第7条中规定垄断致损赔偿责任制度的《谢尔曼法》就是国会议员们充分考虑了美国《宪法》第十四修正案后的理性选择，即公司都具有平等人格，理应得到平等保护，当有公司滥用其人格权损害其他公司权益时，受害人应当有权通过正当理由以正当程序请求司法审查，对被损害的平等权益进行修复。

二、赔偿关系人结构

如前所述，公司人格化一个最大的好处就是便于人们认识公司

---

① 〔美〕伯纳德·施瓦茨：《美国法律史》，王军等译，法律出版社2007年版，第141页。

行为。正如人的行为可能造成损害后果一般，公司的行为也可能造成损害。垄断致损赔偿责任制度的理论基础就在于滥用市场权利的公司应对其行为向被其侵害的其他市场主体负责。其中，造成损害的是侵害人，在垄断致损赔偿责任中可称为"赔偿义务人"；而因为侵害人的行为遭受损害的是受害人，即赔偿权利人。就垄断致损赔偿责任制度而言，强调损害赔偿关系人的基本结构，即赔偿权利人和赔偿义务人所组成的有机整体是非常必要的。

（一）赔偿权利人

对于垄断致损赔偿责任的赔偿权利人，我国学界存在一种误区，认为"只要是因垄断行为受有损失的主体，不管其是竞争者、中间商、零售商，还是消费者，均可成为求偿权利人"[①]。的确，明确非法垄断行为侵犯他人利益所应承担的民事赔偿责任是美国反垄断法律法规的一项重要指针。但是，美国垄断致损赔偿责任制度下的"赔偿权利人"并非一种宽泛的抽象概念，从美国司法实践的历史变迁中不但可以看出，受害人主体主要集中于直接受到损害的市场参与者的情形，而且在垄断致损赔偿诉讼中，美国还有专门的法言法语"反垄断起诉资格"来限制赔偿权利人的诉权。

事实上，在美国民事司法实践中，只有垄断致损赔偿诉讼才会涉及起诉资格的问题。尽管英美法系传统国家的学者持有一种普遍的认识，认为法律和司法制度的基本职能是解决纠纷，但事实上这个职能并不为司法实践所专有，它也属于父母、教师、牧师、雇主等人。英美法系这种强调参与性的法律传统，并不是提倡权利救济的无序性，就拿本书研究的对象美国来讲，根据美国《宪法》第 3 条有关司法中公民起诉资格要件的规定来看，在美国任何民事诉讼的发起都不可以是公民或法人组织的一时心血来潮。相反，要提起一个诉讼，原告就必须证明："第一，他已遭受到一个：（1）具体的和特定化的；（2）实际的或即将发生的，而不是推测的或者是假定

[①] 易有禄：《〈反垄断法〉第 50 条之司法适用与立法完善》，载《甘肃政法学院学报》2009 年第 3 期。

的'实际损害'。第二，这种损害与被告被质疑的行为之间具有必然确实的联系。第三，通过有利判决来救济这种损害的可能性是客观的，而非肆意揣测的。"

按照美国宪法的基本精神以及从美国垄断致损赔偿责任制度司法实施的情况来看，在美国垄断致损赔偿诉讼中，只有直接受到侵害人行为损害的市场参与者才是适格的赔偿权利人。

1. 直接损害规则——判断赔偿权利人是否适格的标准

(1) 直接损害规则的形成

一般认为，《克莱顿法》第4条是美国垄断致损赔偿责任完善的标志。但是，该法条规定的仅仅是垄断致损赔偿责任构成要件中的损害、侵害人以及由于这一因果关系存在而能够赔偿的大致数额（三倍赔偿）。简言之，美国垄断致损赔偿责任是一种留白的规范。仔细划分的话，《克莱顿法》第4条规定的赔偿权利人范围包括直接受到损害的市场参与者和接受商品、服务的消费者两大类。而从美国垄断致损赔偿责任制度实施的现实来看，直接受到损害的市场参与者作为垄断致损赔偿责任的赔偿权利人是常见的情形，消费者作为赔偿权利人的情况则是通过其他法律依据得到救济的。事实上，赔偿权利人的适格问题，即"什么样的受害人具有垄断致损赔偿责任的主体资格"更多是在司法实践中得到明确的。具体来说，要成为符合《克莱顿法》第4条的适格赔偿权利人，原告必须证明其在营业或者财产上所遭受的损害与赔偿义务人的垄断行为之间存在合理的因果关系。易言之，赔偿权利人遭受的损害必须是一个反垄断法律上的损害，即这种对法律权利的侵犯有别于赔偿权利人作为普通民众所遭受的损害。不仅如此，"市场竞争本身是一个优胜劣汰的残酷过程"作为众所周知的常识，要求法律必须将垄断致损赔偿权利人控制在适度的"涟漪效应"范围内。这就是美国垄断致损赔偿责任在司法实践中形成的对赔偿权利人进行合理约束的直接损害规则。据此，原告仅仅证明其由于垄断行为而遭受营业或财产的损害是不够的，还必须证明自己所遭受损害是由垄断行为直接造成的。

1910年，美国联邦第三巡回法院处理的Loeb案①首开了"赔偿权利人受到的损害必须是直接损害"的先河。在该案中，原告Loeb是在被告Eastman Kodak Co.市场扩张中受损退出市场的一家公司的股东。按照当时公司法的基本原理，只有公司而非公司内部股东可以提出诉讼以求就公司所遭受的损害获得赔偿。本来，以这条公司法基本原理就可以否定"原告具有适格的赔偿权利人的主体资格"，但是，法庭在考虑到垄断致损赔偿诉讼与普通公司法诉讼在法理上的巨大差异后，从反垄断法律法规的精神出发给出了一个划时代的裁决理由：从《克莱顿法》第4条的立法原意来看，当垄断侵害行为带来的损害能以公司名义的诉讼加以纠正时，单个股东起诉就是没有必要的，即原告不能获得赔偿救济的原因在于其作为股东受到的损害是"间接的、遥远的并且是附带的"，被告的违法行为针对的是公司本身而非股东个人。按照这一案例所确立的原则，股东、供货商、特许人、出租人、许可人一般不具有垄断致损赔偿责任的主体资格，因为他们受到的损害与垄断侵害行为并不具有直接关系，垄断致损赔偿责任主体的范围不应被无限扩大。

　　此外，美国联邦第九巡回法院在处理Conference of Studio Unions et al. v. Loew's Inc.案②时也再次重申了垄断致损赔偿责任之原告起诉资格问题。在该案中，多个小电影公司雇员共同指控几家大型动画片制作公司相互联合成立联盟，对诸如他们所在的小电影公司进行压制，损害公平竞争的市场环境。第九巡回法院驳回了小电影公司雇员的上诉请求，认为"股东、债权人、董事、公司职员不能就他们因竞争企业的垄断行为遭受的损害寻求垄断致损赔偿。垄断致损赔偿针对的是进行市场活动的企业或其他实体，而不是赔偿在实体中工作的个人或与实体具有利害关系的个人……只有那些在特定的产业竞争条件中处于危险区域内的市场经营体才具有垄断致损赔偿责任的受害人主体资格"。第九巡回法院审理该案的奥尔法官反复强调，垄断致损赔偿针对的限制竞争性共谋必须是直接作用

---

① Loeb v. Eastman Kodak Co., 183 F. 704 (3d Cir. 1910).
② Conference of Studio Unions et al. v. Loew's Inc. et al., 193 F. 2d 51 (9th Cir. 1952).

于公司且造成公司损害的,至于间接性、附带性或偶然性的损害,不在垄断致损赔偿责任的保护范围之内。

(2) 直接损害规则的新发展

20世纪50年代以后,美国司法界逐渐将直接损害规则视为垄断致损赔偿责任赔偿权利人适格与否的必要条件。比如,1955年,美国联邦第二巡回法院在审理 Productive Inventions, Inc. v. Trico Prods. Corp. 案[1]时就明确宣布:"那些只是偶然成为垄断违法行为损害到的人士没有要求三倍损害赔偿的起诉资格;只有那些为垄断违法行为所直接针对的对象或直接损害的人才可以要求救济。"换言之,直接损害规则事实上对赔偿权利人资格进行了相应限制,将遭受损害的消费者(以及提供消费者消费的供应商)、被许可人的许可方、经销商的特许人、雇员的雇主以及承租人的出租人这五大类市场活动相关主体排除在赔偿权利人范围之外。

不仅如此,在美国垄断致损赔偿诉讼实践中,直接损害规则还被不断细化出更方便判断赔偿权利人资格的标准:第一,目标区域标准,即要求受到直接损害的受害人必须在垄断侵害行为能够触及的范围内。例如,加州洛杉矶的汉堡卖家与阿拉斯加的汉堡卖家的销售目标区域存在巨大差异,阿拉斯加的汉堡卖家在营业额低迷的时候就不能对洛杉矶的汉堡卖家发起垄断致损赔偿诉讼。第二,权衡标准,又称"间接购买者规则",即分销链中的间接购买者并非适格的赔偿权利人。比如,在 Illinois Brick Co. v. Illinois 案[2](以下简称"Illinois Brick Co. 案")中,主审法官认为:"虽然直接购买者已经转嫁了垄断违法行为者的过高要价,但间接购买者无权要求垄断违法行为实施者承担垄断致损赔偿责任……因为对间接购买者和直接购买者进行双重救济的风险太大,这样无疑会对垄断行为者加重处罚,这种加重处罚不利于市场竞争的长远发展。"第三,利益范围标准,即只有直接利益相关者才能是赔偿权利人。例如,在

---

[1] Productive Inventions, Inc. v. Trico Prods. Corp., 224 F. 2d 678 (2d Cir. 1955).
[2] Illinois Brick Co. v. Illinois, 431 U. S. 720 (1977).

Hawaii v. Standard Oil Co. of California 案①中，法庭认为，当垄断违法行为造成某一个州的经济损害时，州政府以公民监护人身份提出垄断致损赔偿诉讼是不可取的，因为在这种情况下垄断行为造成的损害仅仅反映了该州公民可以寻求救济损失的可能性。

总之，作为垄断致损赔偿责任制度中判别赔偿权利人是否适格的标准，直接损害规则的确立和发展对美国宪法规定的民事诉讼起诉资格作出了范围收紧的解释。垄断致损赔偿责任的赔偿权利人并不包括受损市场主体的股东、供货商、特许人、出租人、许可人等公司内部职员，因为他们受到的损害只是侵害行为损害的元素。而间接性、附带性或偶然性的损害不在垄断致损赔偿责任的保护范围之内，赔偿权利人仅限于被其他公司行为直接作用且造成损害的公司本身。但是，当适格的公司被损害到退出市场时，原公司的法定代表人等实际负责人可以成为赔偿权利人，替公司讨回公道。

2. 间接购买者排除原则

《克莱顿法》第 4 条规定："因反垄断法所禁止之行为而导致营业或财产遭受损失的任何人，不论损失数额大小，都得以向侵害人之住所地、行为地或者其代理人之所在地的法院诉求三倍于损害的赔偿。"从字面看，《克莱顿法》的这条规定重申了《谢尔曼法》第 7 条之 "有关赔偿权利人可以是受到垄断行为侵害的任何人" 的内容。而在实践中，在判例中确立的间接购买者规则决定了赔偿权利人并不包括间接购买者。易言之，包括消费者在内的间接购买者并不是适格的垄断致损赔偿权利人。

所谓间接购买者，指的是没有直接从垄断行为者手中买到因垄断而推高价格的产品或服务的个人或组织。按照间接购买者规则的要求，对于间接购买者来说，即便有证据证明垄断行为者将垄断差价传导到他/它身上，也无权获得损害赔偿。

间接购买者规则是在美国最高法院对两个案件处理的基础上确立的：第一个案件是 1968 年的 Hanover 案；② 第二个案件是 1977 年

---

① Hawaii v. Standard Oil Co. of California，405 U. S. 251（1972）.
② Hanover Shoe Inc. v. United Shoe Machinery Corp.，392 U. S. 481（1968）.

的 Illinois Brick Co. 案。①

1968 年，美国最高法院在处理 Hanover 案时肯定了直接购买者的诉权。在该案中，原告 Hanover 鞋业公司诉称，被告联合鞋业机械公司利用其市场权力，对其生产的一些复杂且重要的制鞋机采取只租不售的经营方式造成了事实上的垄断。被告则辩称其提供的租赁方式能够让包括原告在内的用户支付少量租金即可获得与购买设备进行生产一样的利润，这种情况并不会损害到原告的利益。不仅如此，被告还提出了"损害转嫁抗辩"——就算真的因为租赁设备而导致原告成本上涨，它也会将上涨的成本转嫁到消费者身上，以保障自身不受损失。但是，最高法院大法官在裁判中驳回了被告提出的"损害转嫁抗辩"，认为向客户转嫁损失的可能性与计算垄断行为造成的损害之间没有关联。一方面，最高法院驳回被告提出的损害转嫁抗辩是对直接损害规则的遵守。另一方面，该案件的处理也为间接购买者规则的形成打下了良好基础。具体而言，在类似案件中，如果法院因作为间接购买者的消费者才是垄断行为的最终受害人就认可转嫁抗辩的话，一方面，作为直接购买者的其他市场主体，其反垄断的积极性就会受到打击；另一方面，对消费者这种间接购买者而言，只有对他们所受损失的情况一个环节一个环节地进行具体计算，才可能真正理清垄断行为到底是在哪个环节侵害了其合法利益。

在 1977 年的 Illinois Brick Co. 案中，美国最高法院进一步否定了间接购买者的起诉资格，目的就在于防止经营者因同一垄断行为被除直接受害人之外的间接购买者（尤其是消费者）进行多次反复起诉。在该案中，一审原告伊利诺伊州政府并未直接从伊利诺伊砖块公司购买混凝土砖块，而是从与伊利诺伊砖块公司签订建筑合同的承包商处购买砖块。该州政府认为自己实际承担了伊利诺伊砖块公司出售砖块时向承包商施加的垄断价格，因此有权依据《克莱顿法》第 4 条对该公司提起赔偿损害的请求。美国最高法院在上诉审中遵循了 Hanover 案的先例，认为只有直接购买者才是适当的原告，

---

① Illinois Brick Co. v. Illinos, 431 U.S. 720 (1977).

并有权就垄断性损害提起垄断致损赔偿责任之诉。事实上，间接购买者证明其所遭受的全部或部分过高索价造成的损害是十分困难的。

笔者认为，间接购买者规则本质上是对转售中可能出现的垄断致损在适用直接损害规则时的一种加固。例如，上下游市场主体之间进行原料或者产品的买卖，如果发生垄断差价致损，那么不论直接购买者是否将垄断差价部分或全部地传递给间接购买者（包括消费者），间接购买者都无权就垄断差价造成的损害提起诉讼，赔偿权利人能且仅能是直接购买者。否则，对于赔偿义务人而言，无异于使其面临多重赔偿——直接购买者起诉垄断致损，一次三倍赔偿；间接购买者起诉垄断致损，再来一次三倍赔偿……如此一来，无疑会加重赔偿义务人的负担。

毋庸置疑的是，间接购买者规则剥夺了包括消费者在内的广大间接购买者的起诉资格，使其丧失了就垄断性损害获取法律救济的可能性。可以说，间接购买者规则的本质就是美国司法裁判者在法律的效率与公平两大价值出现冲突时，依照最佳效益原则来解决价值冲突而作出的选择。这种选择符合反垄断法的目标——包括垄断致损赔偿责任制度在内的反垄断法律法规所要维护的价值在于竞争自由，法律法规的适用并不针对任何的具体市场主体，惩罚只是手段，而不是目的。对此，波斯纳曾一针见血地归纳过，美国反垄断法的复杂立法可以简化为一句话："禁止针对市场竞争的一切不合理限制。"

（二）赔偿义务人

从理论上来说，赔偿义务人原则上非常单一，属于较为单纯的理论问题。在理论上，垄断致损赔偿责任中的赔偿义务人，即破坏市场竞争之消极自由的市场经营者，它讲的就是侵害人的问题。然而，具体到司法实践中，垄断致损责任中的赔偿义务人却存在复杂的一面。例如，共同实施垄断侵害行为应承担的责任与一般侵权民事责任在"共同侵害时，是否存在连带责任"问题上存在很大差异。换言之，美国垄断致损赔偿责任制度关于赔偿义务人间连带责任的处理与一般侵权民事责任中赔偿义务人间连带责任的处理大相径庭。

第二章
垄断致损赔偿责任的主体

在一般侵权民事责任中，适用连带责任的目的是迫使共同参与侵权行为的各个参与者就同一侵害行为支付相应的赔偿。但是，在美国垄断致损赔偿责任诉讼中，对于共同实施垄断侵害行为的侵害人却不适用连带责任。1981 年，美国最高法院在 Texas Industries，Inc. v. Radcliff Materials，Inc. 案[①]中再次重申了垄断致损赔偿责任不适用连带责任的原则："在垄断致损赔偿责任中侵害人诉讼主体资格的问题上，无论反垄断法规还是联邦普通法，都没有允许连带责任的赔偿模式。"最高法院认为，在一个垄断致损赔偿诉讼中，即使还有其他同谋参与了被告对原告造成的垄断侵害行为，由被告支付全部赔偿也能达成垄断致损赔偿责任之目标。尽管不适用连带责任会导致非被告的侵害行为人逃脱法律的制裁，但是，这种担心在实现垄断致损赔偿责任价值面前是微不足道的。美国最高法院在处理该案时作了专门强调："限制承认（赔偿义务人）是综合考量的最优选择，虽然在某种程度上，垄断违法行为是多个行为主体共同作用的后果，但是相对于直接责任人，对连带责任主体行为具有'垄断违法性'的认识通常是推测性的，并且这种推测在因果关系的证明上是较为困难的；此外，一旦全部闸门一起打开……将会引发过度的杀伤力，最终对赔偿权利人的救济不但会超过美国国会立法之初的设想，而且还会对市场良性竞争产生负面影响，这同垄断致损赔偿责任制度的价值亦背道而驰。"

总之，美国垄断致损赔偿责任制度在赔偿义务人方面是限制适用连带责任的。虽然不适用连带责任会导致因为诉讼分离而不能对参与侵害行为的全部侵害人形成公平对待，并可能导致被告承担比连带责任中更重的惩罚（适用连带责任时，侵害人能够共同分担赔偿义务）。但是，垄断致损赔偿责任排斥追究侵害人连带责任，一方面可以减轻作为诉讼原告的赔偿权利人的举证责任压力；另一方面，原告可对侵害人进行随机性选择，起诉的可能大大增加。可以说，它能够鼓励受害人对法律救济的追求，同时也能够加重侵害人被随

---

① Texas Industries，Inc. v. Radcliff Materials，Inc.，451 U.S. 630，101 S. Ct. 2061 (1981).

机选取来制裁的心理压力。这种对赔偿义务人范围的特殊限制，对于促成垄断致损赔偿责任制度的目的——维护市场有序自由竞争之价值无疑能够起到积极作用。

小 结

美国《宪法》第十四修正案对公司人格化的保护，使得公司可以摆脱政府的不恰当限制，但同时也可能使得实力强悍的公司利用市场地位排挤打压中小型企业。《谢尔曼法》在某种程度上就是为了消除公司人格化的不良作用而产生的，特别是规定了垄断致损赔偿责任制度雏形的《谢尔曼法》第 7 条，赋予受到垄断侵害行为侵扰的受损企业以赔偿权利主体的身份，可通过正当程序以司法裁判的方式得到救济。其中，对于垄断致损赔偿责任的赔偿权利人问题，美国在司法实践中通过判例细化了《克莱顿法》第 4 条的宽泛规定，通过 Loeb 案形成直接损害规则，用于明确赔偿权利人的范围；通过 Hanover 案形成间接购买者规则，将消费者排除在赔偿权利人的范畴之外。而对于垄断致损赔偿责任的赔偿义务人来讲，即使存在现实的共同垄断侵害行为，但出于打击垄断和保障市场活力的双重考虑，在美国垄断致损赔偿责任的司法实践中，对多个赔偿义务人共存的情形并不适用连带责任。

第三章
损害事实

法国著名比较法学家达维德曾说："法学常常只是把先在哲学或是政治等其他方面表现出来的观念和趋向在法的方面反映出来。"①从本质上来说，"损害事实"也是哲学与政治在法学上的一种投影。其中，在哲学方面表现为对损害事实所映射出的市场主体竞争自由权利被侵害的事实进行诠释；在政治方面表现为对损害事实造成的市场主体效率的减损进行经济分析。

一、损害事实的概念

损害事实的客观存在是确定垄断致损赔偿责任的首要且必要条件。法律不惩罚意向，亦不惩罚没有造成否定性后果的行为。在司法实践中，要确定行为人是否应当承担垄断致损赔偿责任，首要的问题就在于辨别有无损害事实的发生。可以说，损害事实的存在，对于垄断致损赔偿责任的构成具有决定性意义。哪怕是在当下美国反垄断法实施中，以和解为主的协商解决趋势的发展使得垄断致损赔偿责任显得模糊起来。但是，无论是严格地执行垄断致损赔偿责任还是当事人之间进行简易和解，垄断致损赔偿责任本身的关键要素——损害事实都仍然是处理问题的关键所在。

所谓的损害事实，是指一定的行为致使权利主体的人身权利、财产权利以及其他利益受到侵害，并造成财产利益、非财产利益的减少或灭失的客观事实。"损害"（damage）一词源于拉丁文"*damnum*"，作为侵权责任法的核心概念之一，它是侵权责任构成的客观要件。比较法研究的结果表明，即使在大陆法系传统的欧洲，也几

---

① 〔法〕勒内·达维德：《当代主要法律体系》，漆竹生译，上海译文出版社1984年版，第80页。

乎没有哪个国家的民法典对"损害"作过精确定义。德国著名侵权法学者冯·巴尔认为:"总体来说,如果能够在一般意义上使用'损害'这一概念,那么它仅仅指那些不使人遭受它已经成为义务内容的不利后果。"①

进一步来说,关于"损害"的概念,大陆法系国家一般有利益说和组织说两种不同的解读。其中,利益说认为,损害是指财产或法益所受到的不利益;而组织说又分为真实损害说和直接损害说,其主旨都在于法律主体引起财产构成成分被剥夺、被毁损或人身受伤害所受的损失。英美法系国家则仅在一个大致范围内通过个案方式对"损害"加以具体化。可以说,大陆法系追求体系严谨的这种努力是人类理解客观世界的有益尝试,但事实上却极难概括出客观世界的全貌。相反,沿袭英美法系传统的美国,对"损害"的概念仅用一个单词"damage"来说明。在美国《侵权法重述——纲要》第一章"侵权法重述常用词语释义"中,学者将"损害事实"界定为:"'损害'一词被用来指称某人因任何原因所遭受的任何实际存在的损失或损害。"② 这种看似简单的概述,却能在司法实践中对具体的侵权责任起到总揽全局的效果。

损害具有事实方面和法律方面两重特征。其中,事实方面强调的是损害的客观真实性与不利性,它要求:(1)损害事实是实际发生的受害人一方财产或其他受侵权责任法保护的民事权利、利益方面的不利后果。(2)损害事实是确定或者相对确定的,这就要求主张侵权责任法上的救济的赔偿权利人不仅有义务证明损害客观存在,而且有义务证明损害的种类、范围和程度。法律方面强调的则是损害必须具有法律上的可救济性。但是,并非一切侵害行为造成的任何事实上的损害都可以得到侵权责任法的救济,救济哪些损害、以何种方式进行救济等内容都是通过具体的法律加以规范的。对于"可救济的损害"的理解,主要着力于以下几点:(1)法律是否将这

---

① 〔德〕克雷斯蒂安·冯·巴尔:《欧洲比较侵权行为法(下卷)》,焦美华译,张新宝审校,法律出版社2001年版,第3页。
② 〔美〕肯尼斯·S.亚伯拉罕、阿尔伯特·C.泰特选编:《侵权法重述——纲要》,许传玺、石宏等译,法律出版社2006年版,第4页。

一损害事实列入可以补救的范围;(2)补救方法的可能性问题。实践中,有些损害事实可以通过适当的补救方法使受到损害的合法权益完全恢复原状,有些则不然。对于不同的损害事实,受害人只能在法律提供的补救方法范围内寻求赔偿或其他补救措施。

就垄断性损害而言,它既是市场主体公平、自由竞争权上所受到的不利益,同时又是因为不正当竞争行为而导致的财产方面的损失。从这一角度来讲,垄断性损害在本质上是利益说与组织说的结合,具有如下特征:

1. 损害是侵害市场竞争消极自由所导致的客观后果

市场主体在竞争中的积极自由不能超越必要的限度,对市场整体的消极自由造成损害。这是维持市场有序、良性发展所必需的。当市场经营者突破市场竞争消极自由的限制、侵犯了行业内其他经营者的正当竞争权并导致损害事实发生时,就应当受到法律的消极评价。如果行为人对行业内其他行为人所造成的侵害并没有越过市场竞争消极自由的界限,那么即使事实上造成了一定的损害,也不能构成垄断致损赔偿责任。简言之,在垄断所致损害赔偿因果关系的建构中,实际受到的损害只能是垄断性损害而非事实上的损害,只有因为损害市场竞争中消极自由而导致的垄断性损害才是垄断致损赔偿责任救济的对象。相反,市场主体因其他市场参与者正当竞争所遭受的利润损失这种事实上的损害,则不在垄断致损赔偿责任制度的救济范围之内。

2. 损害是确定性与不确定性的统一

损害的确定性是指损害事实是真实存在的,是客观上能够被认定的。而损害的不确定性则主要强调损失的具体数值很难确定的现实。在一般侵权民事责任下,损害往往是可"度量"的。比如,在人身侵权责任中,医药费、误工费等方面都是有一定标准且可度量的。而在垄断致损赔偿责任下,证明损害存在也是责任成立的前提,但损害的范围和程度却是一个极难精确计算的问题。也正是由于垄断致损赔偿责任中的损害是确定性与不确定性的统一,三倍赔偿作为垄断致损赔偿责任的罚则才显得合情合理。

3. 损害具有法律上的补救性

侵权责任具有补偿的功能。换言之，唯有当损害具有法律上的补救意义时，侵权责任才是可以被实践的民事责任。就垄断致损赔偿责任而言，其行为人的侵害行为所造成的损害是符合两方面的特性的：一方面，所造成的损害具有补救的必要。比如，侵害人扰乱市场竞争的消极自由，通过掠夺性定价手段驱逐受害的市场经营者，其直接后果往往就是导致受害人的产品、服务无人问津。在这种情况下，受害人因产品、服务滞销遭受的损害当然有必要得到补救。另一方面，损害必须有补救的可能。垄断致损赔偿责任所要求的损害不一定是客观上所发生的一切损害，而是在必要范围内的并且能够被补救的损害。

4. 损害具有法律上的惩罚性

损害具有法律上的补救性，要求的是对垄断致损受害人的实际损失给予"等值"赔偿。而损害具有法律上的惩罚性则聚焦在大于受害人受损范围之外的赔偿额度和内容。不仅如此，从美国反垄断实施的历史沿革中可以看出，垄断致损赔偿责任的兴起很大程度上是基于《克莱顿法》中有关三倍赔偿的规定对《谢尔曼法》第 7 条的完善而发展起来的。在制度兴起之后，最为紧迫的任务就是通过三倍赔偿的利益激励机制，刺激私人实施反垄断的热情，形成对破坏市场竞争消极自由的垄断性行为的及时有效监控，同时也能兼顾对垄断侵害人进行威慑的作用。

总之，对于美国垄断致损赔偿责任而言，其构成要件中的"损害结果"是指，在法律上的补救性与惩罚性相结合的侵害市场竞争消极自由所导致的客观侵害后果；"损害事实"则具有确定性与不确定性统一的特征。

二、损害事实的结构

损害事实由两个要素构成：一是权利被侵害，二是权利被侵害而造成的利益受到损失的客观后果。一个损害事实必须完整地具备被侵害的权利和受损失的利益这两个要素,才是符合侵权责任构成要件要求的。事实上,就美国的反垄断实践而言,虽然它并没有对损害事实的构成要素进行教科书般的总结,但在司法实践中对于损害事实仍然是按照其概念进行结构分析的。

(一) 被侵害的权利

在垄断致损赔偿责任制度中,被侵害的权利是市场竞争自由权。对于诸如"市场竞争自由权"这样的抽象概念的理解,波普尔认为:"所有道德决定都涉及某种或他种事实,特别是涉及某种社会生活事实时道德是具有可变性的。可以说,所有(可以改变的)社会生活事实都可能让我们做出许多不同的决定。这证明了,各种决定从来不可能从这些事实或是从对这些事实的某种描述中推导出来。我们的决定必须符合事实背后的自然规律(包括有关人类生理与心理的自然规律)……制定某项决定,采用某种规范或标准,这是事实。但是已被采纳的这项规范或标准,并不是一个事实。绝大多数人同意'你不可偷窃'属于规范体系,这是一个社会事实。但'你不可偷窃'这条规范并非一个事实,而且永远不能从描述事实的命题里推证出来。"[①] 因此,在透过竞争自由的衡平来谈论垄断致损赔偿责任中被侵害的权利时,哲学与经济分析的运用在英美法系的美国垄断致损法律制度大框架下显得生动而真实。正如黑格尔所说的:"关于世界应该是什么样的,我们还有必要提及一点。无论在任何情况下,哲学都来得太迟。等到其形成过程完成之后,思想出现之时,现状都已经是支离破碎并干涸了……当哲学描述变得越来越苍白之时,生命的形态也已经变老。哲学一旦变得苍白,它就不能够被复原,而只能被理解。密涅瓦的猫头鹰便会在此时展翅高飞。"[②] 在垄断致损赔偿责任中,对于损害事实构成之市场竞争自由权被侵害的解释,哲学伦理对制度的理解需要经济学的分析进行辅助。

---

① 〔英〕K. R. 波普尔:《开放社会及其敌人》,郑一明等译,中国社会科学出版社 1999 年版,第 128 页。

② 〔德〕黑格尔:《法哲学原理》,范扬、张企泰译,商务印书馆 1961 年版,第 82 页。

1. 市场竞争中两类竞争的衡平

要理解"竞争自由",必须先对"自由"进行诠释。正如亚布拉罕·林肯认为"世界上从不曾有过对自由一次的精当定义"一样,在不同的时空语境下,"自由"一词是具有不同含义的。比如,自由主义大师哈耶克就以自由的主体、客体为标准将其分为"个人(人身)自由、公民自由、政治自由、物质自由"等情况。① 而英国学者伯林则从市场运行中自由行使的意愿和对他人的影响为出发点,将自由划分为积极自由和消极自由。②

与一般学者对自由的论述着重于以政治权益为出发点不同,伯林提出的自由具有积极和消极两个层面事实上更符合黑格尔所倡导的在具体语境中理解"自由"这一哲学命题。因为自由具有积极和消极两个层面的特质,将自由纳入一种动态交互的时空下,可为理解和诠释市场运作提供最佳视角。正如伯林所言,积极自由是自我实现意义上的自由,而消极自由则是回答了"在什么样的限度以内,某一个主体(一个人或者一群人)在不受到别人干涉的前提下,可以或应当被容许做他所能做的事或成为他所能成为的角色"的问题。从这一角度来说,伯林的观点是对霍布斯哲学在市场经济中的完善,即将哲学中的"自由"融入法学操作所形成的"消极自由"的一种总结。霍布斯认为:"'自由'这一词语,按照确切的意义来说,就是外界障碍不存在的状态。这种障碍往往会使人们失去一部分做自己所要做的事情的力量,但却不能妨碍按照自己的判断和理性所指出的方式运用的力量。"③ 实际上,霍布斯观点中的"外界障碍"已经包含侵权法"不得为违反法定义务或者损害他人合理权益"之要义。

对消极自由的重视是人类从启蒙时代走向资本主义大发展过程中的一种必然。在启蒙时代,以政治权益为主的积极自由得到不断

---

① 〔英〕弗里德利希·冯·哈耶克:《自由秩序原理(上)》,邓正来译,生活·读书·新知三联书店1997年版,第3—14页。
② 〔英〕伯林:《两种自由概念》,陈晓林译,载刘军宁等编:《市场逻辑与国家观念》,生活·读书·新知三联书店1995年版,第200—201页。
③ 〔英〕霍布斯:《利维坦》,黎思复等译,商务印书馆1985年版,第97页。

完善，民主法治确保了个人本位特色的积极自由的实现。然而，随着民主法治的普遍确立，思想家和政治家们的思考重点逐渐转向了"如何在既存的民主体制下保持个人的自由"①。这种转向的本质就是从积极自由到消极自由的递进，要求自由必须在一定限制下发展，即哲人所说的，自由是戴着镣铐的舞蹈。在这种情形下，消极自由被日益提到重要的甚至超过积极自由的地位上来。美国反垄断法律和政策的诞生便是消极自由的一种胜利，其主旨在于防止市场内过分积极自由的经营和销售损坏到整个自由市场终极目标的实现。从垄断致损赔偿责任制度在美国的兴起来看，国家赋予自由竞争市场主体相互监督、共同维护有序市场运行所需要的消极自由。

博登海默认为："如果人们对自由理想不仅具有肯定性成分而且还具有否定性成分这一事实不予充分的认识，那么关于自由的讨论就不可能是全面的。"的确，积极自由能够发挥社会成员的创造性和进取性，并通过竞争的形态促进社会的不断发展。但是，博登海默也进一步指出："自由不只是排除外部约束和免受专断控制，而且还包括在服务于被称为人类文明的伟大事业中发挥个人的天赋和习得之技术的机会。在这个意义上，自由可以被描述为一种条件，亦即形构一个目的、借助有组织的文化手段使该目的转变为行之有效的行动并对这种行动的结构充满乐趣所必要的和充分的条件。"② 就市场竞争自由而言，从市场参与者的行为来看，积极自由代表着一种经营者个体的开拓性，而消极自由强调的则是一种市场整体的稳定性。两种不同自由的特性决定了在给定时空内二者存在紧张关系，毕竟积极自由的过度发挥必然会妨碍社会整体的消极自由的实现。

"经济学将人看作在资源稀缺状态限制下，理性地追求自身利益（用个人得到的满足程度即效用来衡量）最大化的个人，即经济人。"③ 而法学则将人看作一定社群中相互连接且共同维护社群稳定

---

① 〔法〕托克维尔：《论美国的民主（上卷）》，董果良译，商务印书馆1989年版，第287—291页。
② 〔美〕E. 博登海默：《法理学：法律哲学与法律方法》，邓正来译，中国政法大学出版社1999年版，第283页。
③ 何勤华主编：《西方法学流派撮要》，中国政法大学出版社2003年版，第224页。

的个人。有学者指出："一个有效率的制度最根本特征在于它能够提供一组有关权利、责任和义务的规则，能为一切创造性的生产性活动提供最大的空间，每个人都不是去想方设法通过占得别人的便宜来增进自己的利益，而是想方设法通过提高效率，并由此实现自己的利益最大化。"① 类似观点表明了垄断致损赔偿责任正当性的来源：一方面，在维护自由公平竞争的前提下，各生产者享有技术进步、经营革新的积极自由；另一方面，各生产者又必须将自我积极自由实现的程度维持在不损害市场竞争消极自由的范围内，通过维持市场竞争的有效性，实现社会较为均衡的发展状态。毕竟在市场自由竞争中，除了实现人们自我利益的最大化，还需要维持一定程度的社会稳定化。换言之，消极自由侧重于社会安全的实现，正如博登海默所言："安全具有一张两面神似的面容。一种更合理的稳定生活状况是必要的，否则杂乱无序会使社会四分五裂。"② 因此，垄断致损赔偿责任实际上体现了法律对于积极自由所应保持的警惕和对消极自由的维护，这也是实现社会安全的需要。

2. 被侵害的竞争自由权

通过本书第一章对美国垄断致损赔偿责任制度生成、完善与发展的历史演变的探讨，我们已经知道垄断致损赔偿责任的目标反映着《谢尔曼法》等一系列反垄断法规对竞争自由的态度，在1945年Aluminum Co. 案中，美国最高法院有关"保护竞争而非竞争者"的阐述，即表明垄断致损赔偿责任在本质上是为了实现竞争中积极自由与消极自由的统一。倘若说哲学思辨中对消极自由和积极自由的诠释是开启认识的大门，那么在进入大门后对于特定客观现实的理解，只有借助数理等实证研究手段才能更为准确地描述客观现实的状态。事实上，所谓学问，其任务就是描述经验中的事物和事件，就是"解释"这些事件，即借助一些普遍规律来描述它们。在没有回答"是什么"的问题之前，无法精确解答"是怎样"的问题。因

---

① 樊纲：《渐进之路：对经济改革的经济学分析》，中国社会科学出版社1993年版，第21页。

② 〔美〕E. 博登海默：《法理学：法律哲学与法律方法》，邓正来译，中国政法大学出版社1999年版，第296页。

此，从这个角度来说，就竞争自由的探讨是不能只停留在用语言所表达的思辨的概述中的，还需要将现实世界的情况以数学函数的形式来说明市场行为以及行为所产生的经济现象。

微观经济学告诉我们，在一个市场竞争机制中，生产者集中精力进行生产，并力图使其生产的产品和服务在成本最小化的前提下最大化满足消费者的需求，是市场竞争中积极自由的基本表征。至于竞争的消极自由，主要是指市场竞争中积极自由状态下的生产者在市场运作中促进市场良性发展的价格定位、产量控制以及生产、资源分配等行为，而非恶性争夺。

进一步来讲，在谈论市场竞争是积极自由与消极自由相统一的问题时，一般会从考虑完全竞争理论下的积极自由开始。从市场机制的运作过程来看，竞争程度的层次是一个沿着完全竞争逐步发展为完全垄断的"连续流带"（continuum）。其中，要实现一个市场的完全竞争，必须满足如下条件：（1）市场中有足够多的生产者和消费者；（2）不存在任何足够强大的单凭自身行为就能够影响市场价格的生产者；（3）市场上的产品都是同质的，并且每种产品都具有可替代性；（4）不存在市场进入壁垒；（5）没有任何对提高生产率的限制；（6）生产者和消费者具有通畅的消息来源，能够知悉全部相关的市场因素。完全竞争的特征在于每个生产者与消费者都具有完全独立的个人决定能力，即每个市场参与主体在进行市场行为选择过程中都具有充分的积极自由。可以说，在完全竞争的条件下，竞争中的积极自由得到最大限度的发挥：市场上同一行业中的众多企业为生存而引发的竞争压力，使得每一个企业都倾向于朝着平均总成本最小的方向安排生产。在这种情况下，企业获取的仅为"普通"（也可以称为"基本"）竞争利润而非超竞争利润；新的企业也会基于普通利润的驱使进入市场，使得产品价格保持在平均总成本附近。同时，新市场进入者的参与可能导致本行业中使用的某些原料供不应求或者供过于求，进而影响到市场平均总成本，使得市场中新的平均总成本不同于先前的平均总成本。

然而，建立在积极自由基础上的完全竞争在现实中是不存在的。换言之，市场主体各自能力的差异以及市场本身运作周期性所积累起来的产能过剩等现实必然使得市场主体分流。其中，经营良好的企业通过其建立的庞大销售渠道和生产中技术手段的提高，往往能够获得规模经济效益。但是，它们在追求规模经济效益的过程中甚至在取得规模经济效益之后，往往会损害小企业者在市场参与竞争的积极自由。在完全竞争理论下，对所有的企业来说，同样的边际成本会达到同样的产量，不同的边际成本会产生不同的市场份额。假设某行业仅有两家企业竞争，当企业 1 成功降低其边际成本，使得本公司边际成本低于企业 2 时，即 c_1 小于 c_2，$a-c_1$ 大于 $a-c_2$，且 q_1 大于 q_2，则利润最大化的条件要求：

$$\begin{pmatrix} 2b & b \\ b & 2b \end{pmatrix} \begin{pmatrix} q_1 \\ q_2 \end{pmatrix} = \begin{pmatrix} a-c_1 \\ a-c_2 \end{pmatrix}$$

从而

$$q_1 = \frac{a-c_1-(c_1-c_2)}{3b}$$

$$q_2 = \frac{a-c_2+(c_1-c_2)}{3b}$$

$$Q = q_1 + q_2 = \frac{(a-c_1)+(a-c_2)}{3b}$$

这样，企业 1 由于降低边际成本而获得更高的市场份额。

接下来，假定没有固定成本，将单个企业的产量水平带入利润方程式，则可得到：

$$\Pi_1 = (p-c_1)q_1 = \frac{1}{b}\left[\frac{a-c_1-(c_1-c_2)}{3}\right]^2$$

$$\Pi_2 = (p-c_2)q_2 = \frac{1}{b}\left[\frac{a-c_2+(c_1-c_2)}{3}\right]^2$$

相应地，随着企业 1 的边际成本降低会出现：

$$\partial \Pi_1 / \partial c_1 = -4q_1/3 < 0$$

$$\partial \Pi_2 / \partial c_2 = 2q_2 > 0$$

也就是说，企业 1 的利润增加，而企业 2 的利润减少了。在垄断致损赔偿责任中，这种情况意味着企业 1 的行为事实上造成企业 2 的损失；就企业 2 本身来说，该行为损害的是其参与市场竞争的积极自由；对于整个市场秩序来说，企业 1 的行为妨碍了市场竞争中消极自由的实现。

需要注意的一点是，把价格定位于将缺乏效率的竞争对手排斥在市场之外的水平本身就是竞争所期望的结果之一。不过，这只是市场竞争积极自由的目标。因为若是用定价策略等手段来排斥同样的或更具效率的竞争对手的行为，对于侵害人来说其目的在于将商业竞争对手驱逐出去，然后再将价格提高到垄断水平。事实上，这种掠夺性的竞争手段不但会给受害人造成损害，而且从长远来看也必将损害消费者权益，进而违背市场竞争中关于消极自由的目标。美国有学者认为，20世纪90年代中期以来，美国两党都一致认为消费者福利是反垄断审查的标准。在这一标准下，以有效促进产出扩张为特征的积极竞争是可以接受的，而对效率较低的竞争对手的伤害则没有法律后果。[1]

因此，就垄断致损赔偿责任制度而言，构建损害事实的一个基本支点即在于对竞争自由权（特别是竞争消极自由权）的维护。正如美国著名反垄断法学教授博克所言："法律不可能以通过强制慢者变得更快的方式来达到结果的平等，但法律可以通过使较快者后退的方式来达到结果的相对平等。"[2] 垄断致损赔偿责任在美国反垄断实施中的运用就是从维护市场竞争消极自由的角度出发，为市场运行提供一种相对合理的竞争氛围，以促进整个市场的有序发展的。因此，在垄断致损赔偿责任制度中，"侵害竞争自由权"就是损害事实上"权利被侵害"的要素的具体表达。

（二）受损失的利益

垄断致损赔偿责任制度的实施，从理想状态来说就是为了避免垄断行为侵害市场竞争权而导致利益受损。因权利被侵害而造成的利益受损，作为竞争自由权受侵害而导致的客观结果，在本质上亦可表达为"因竞争自由权受损而带来的经济绩效的损耗"。实际上，所谓"经济绩效（效率）"，是适用于衡量产业完成其符合社会利益

---

[1] See Alden F. Abbott, *The Globalization of Antitrust: History and Prospects*, Mercatus Research, Mercatus Center at George Mason University, 2021, p. 6.

[2] Robert H. Bork, *The Antitrust Paradox*, Simon & Schuster, 1978, p. 297.

的任务的概念。同时，要评价垄断致损中权利被侵害而造成的利益受损，就需要有一个观念上的工具用以计算垄断可能带来的利益受损情况。

比如，图3-1显示了微观经济学上一个价格为P_m、产量为Q_m的垄断均衡。为简单起见，假定平均成本AC（$Average\ Cost$）是不变的，等于边际成本MC（$Marginal\ Cost$）。当垄断者选择了产量Q_m，即边际收益MR（$Marginal\ Revenue$）等于边际成本MC的经营模式时，利润或者说生产者剩余则等于价格减去平均成本乘以产量的值（长方形区域P_mP_cCB的面积），消费者剩余则为三角形区域AP_mB的面积。

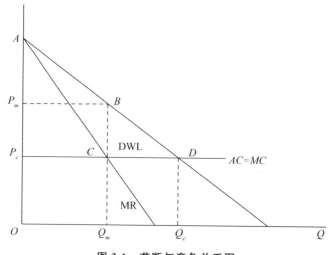

图3-1 垄断与竞争关系图

进一步地，在图3-1中，当市场主体不考虑竞争消极自由的维护，以自己强大的市场力量索取垄断价格时，无谓损失DWL（$Dead\ Weight\ Loss$）等于三角形区域BCD的面积；如果现实的市场运作中需求曲线正好是理想状态下的直线的话，三角形区域BCD的面积大约等于$(P_M-P_c)(Q_m-Q_c)/2$。但是，由于现实市场运作往往不能达到理想状态中的完美，假设市场经营者的索取价格为P^*，Q^*是在此基础上达到的需求水平，那么DWL就约等于$(P^*-P_c)(Q^*-Q_c)/2$。由于P^*和Q^*是实际的价格和数量，从理论上讲我们可以到不同的企业收集 P^* 和 Q^* 值。然而，由于 P^* 和 Q^* 值的产生是以相关企业的边际成本为前提的，在实践中非常难以获取。因此，为了研究垄断致损赔偿责任在维护市场竞争中消极自由的同时并不损害经济效益（尤其是社会整体经济效益）的实现这一问题，美国学者作出了很大的努力。其中，基斯·考林（Keith Cowling）和丹尼斯·C. 缪勒（Dennis C. Mueller）的研究具有重大意义，两人在 1978 年发表的《垄断力量的社会成本》一文中，[1] 从假定市场主体在经营中达到利润最大化着手，以 η 代表市场需求弹性系数的绝对值、d 代表价格与成本的差额、MC 代表边际成本，则市场竞争主体利润最大化的价格 P^* 应当满足以下关系：

$$(P^* - \mathrm{MC})/P^* = 1/\eta \qquad \text{（公式 1）}$$

用语言表达就是，企业设定的销售价格必须使价格与成本差额的倒数等于企业的需求弹性。其中，由于市场竞争贯彻积极自由而使特定竞争性产业中的 η 无限大，即 $P^* = \mathrm{MC}$，因此 DWL 是可以用 $\eta d^2 P^* Q^*/2$ 来测算的，[2] 即：

$$\frac{(P^* - P_c)(Q_c - Q^*)}{2} = \frac{\eta d^2 P^* Q^*}{2} \qquad \text{（公式 2）}$$

若用 MC 代替公式 1 中的 P_c，当 $d = (P^* - \mathrm{MC})/P^*$ 时，则 $1/\eta = d$。在这种情况下，可得到：

$$\mathrm{DWL} \cong \frac{1}{2} \eta d^2 P^* Q^* = \frac{1}{2}(1/d) d^2 P^* Q^* = \frac{1}{2} d P^* Q^* \qquad \text{（公式 3）}$$

在上述公式 3 中，再用 d 替换 $(P^* - \mathrm{MC})/P^*$，则：

$$\mathrm{DWL} \cong \frac{1}{2}\left(\frac{P^* - \mathrm{MC}}{P^*}\right) P^* Q^* = \frac{1}{2}(P^* - \mathrm{MC}) Q^* = \frac{1}{2} \Pi^* \qquad \text{（公式 4）}$$

其中，Π^* 是企业利润的代表，$\Pi^* = (P^* - \mathrm{AC}) Q^*$，AC 是平

---

[1] See Keith Cowling & Dennis C. Mueller, The Social Costs of Monopoly Power, *The Economic Journal*, Vol. 88, No. 352, 1978, pp. 727-748.

[2] See Arnold C. Harberger, Monopoly and Resource Allocation, *The American Economic Review*, Vol. 44, No. 2, 1954, pp. 77-87.

均成本，即在公式 4 最后一个步骤进行边际成本不变的假设，则可得出 MC＝AC。公式发明者考林和缪勒运用这个计算公式，假设企业正常的资本收益率的平均值为 12％，并从会计利润中减去正常的利润来计算 Π^* 值。通过收集并处理 1963—1966 年期间美国 734 家企业利润（Π^*）的数据，计算得出 DWL 约为 GNP（Gross National Product）的 5％；如果把企业广告花费也作为抑制市场竞争消极自由的资源，则 DWL 的测算值更是高达 GNP 的 16％。但是，将所有的广告花费都纳入资源浪费中实际上意味着所有的广告花费都是没有社会价值的。这显然与现实不符，毕竟一些广告虽然对行业内的竞争者造成损害，但同时也减少了消费者的搜寻成本，因此将广告费用全部纳入资源浪费的范围是数学统计中的一种极端情况。综合考量下，可以得出关于行业内企业抑制市场竞争消极自由所造成的社会福利损失的范围一般是在 GNP 的 5％—16％之间。

由上可见，能深入了解由于企业妨碍市场竞争消极自由所带来的福利损失的范围是十分重要的。但是，正如上面的公式计算也只能收集有限时间段内有限的行业数据资料一样，要完全估算市场内各行业所造成的社会福利损失也是一个不可能完成的任务。当然，从特定时间段内一定行业的社会福利损失结果来看，只要所得的 GNP 高于 1％，垄断致损赔偿责任的存在就是有意义的。因为从计算的结果可以清晰地看到：如果不存在垄断致损赔偿责任最大限度地调动市场竞争参与主体自觉捍卫市场竞争的消极自由的努力，垄断的损失可能就要比 16％更大。

三、损害事实的种类及边界

（一）损害事实的种类

所谓损害事实的种类，指的是基于损害事实的不同特征进行分类后产生的一种学术认识。美国学界对损害事实的种类区分是杂糅到损害计算中的。但是，从学术探讨的角度，基于归纳的方法论运用，仍然可以将美国垄断侵权责任中的损害作如下分类：

第一，财产上的损害与非财产上的损害。其中，财产上的损害，指的是垄断行为所造成的赔偿权利人财产上的损害，凡一切财产上不利的变动均属于财产上的损害的范畴，它不但包括财产的积极减少，还包括财产的消极不增加。而非财产上的损害主要针对的是市场主体的侵害行为并没造成其他市场主体经营减产的后果时，但损害竞争自由权的情形。

第二，所受损害和所失利益之分。所受损害又称"直接损失"，指的是赔偿权利人现有财产因为赔偿义务人侵害行为而造成财富的减少，也就是赔偿义务人侵害行为侵害赔偿义务人财产权利致使其现有财产直接受到损失的情形。所失利益又称"间接损失"，指的是赔偿权利人因为赔偿义务人侵害而导致可得利益的丧失，即应当得到的利益因为受到侵害行为侵害而没有得到。它有三个特征：一是损失的是一种未来的可得利益，而不是既得利益。在侵害行为实施时，赔偿权利人只具有取得财产的可能性，尚未获得现实的财产利益；二是这种丧失的未来利益是具有实际意义的，不是假想出来的；三是这种可得利益必须是一定范围内的，即侵权行为直接影响所及的范围，超出这个范围则不能被认定为间接损失。

在美国垄断致损赔偿责任制度中，从损害事实的分类来看，它兼具财产上的损害（所受损害）和非财产性损害（所失利益）的特征。《谢尔曼法》第 7 条规定私人可就"任何因反垄断法所禁止的事项而遭受财产或营业损害"提起三倍赔偿诉讼，《克莱顿法》第 4 条重复了这一规定的内容。在司法实践中，美国最高法院在 Hanover 案[①]中再次明确了垄断致损赔偿责任制度中的损害事实必须是直接损害。最高法院在解释为什么损害事实仅限于直接损害时谈道：之所以不对间接购买者的损害进行赔偿，一个重要原因在于，对众多原告进行赔偿会影响反垄断实施的效率，因为它必然需要按照受到侵害的损害与侵害行为的"远近"在所有受害人之间分配赔偿金，这样过于烦琐的工作同反垄断的目标背道而驰。

---

① Hanover Shoe Co. v. United Shoe Machinery Corp.，392 U. S. 481（1968）.

此外，美国垄断致损赔偿责任中的损害事实兼具财产上的损害（所受损害）和非财产性损害（所失利益）的特征，并不排斥其在有些司法案件的处理中将间接损害纳入赔偿范围的可能。比如，在1993年的Lower Lake Erie Iron Ore案①中，美国联邦第三巡回法院就认定间接损害属于垄断致损赔偿责任中的损害事实。在该案中，钢铁厂起诉铁路公司因为控制了卸货渠道而采用落后的运输方式运送铁矿石。由于这种老式的运输装卸设备费用高，因此钢铁厂事实上因为铁路公司垄断卸货渠道而支付了过多的运输成本，而这往往会给该钢铁厂造成损失并可能进而导致其最终在市场竞争中处于劣势。联邦第三巡回法院认为，在该案中虽然钢铁厂所受损失是间接的，但是这种损失是由于铁路公司对铁矿石排他性运输的垄断而造成的真实存在的损失，因此这种损失应当得到赔偿。

（二）损害事实的边界

垄断致损赔偿责任中的损害事实与一般侵权民事责任中的损害事实之最大不同在于，除了损害的客观性之外，垄断致损赔偿责任中的损害事实还必须被限制在垄断性损害的范围之内。本书第二章在梳理美国垄断致损赔偿责任制度发展史过程时讨论过美国垄断致损赔偿责任制度的目标在于保护竞争而非竞争者，可以说，垄断致损赔偿责任损害事实的边界就是为了落实保护竞争而非竞争者的目标。

在1977年的Brunswick Corp.案②中，法庭明确提出了"垄断性损害"的概念。在本案中原告（三个不同地区的保龄球中心）对被告（美国当时最大的保龄球设备制造商之一和最大的保龄球中心运营商）提起垄断致损赔偿诉讼，声称被告收购本地区内各竞争性保龄球中心保龄球设备的行为可能大幅减少竞争甚至导致垄断，认为该种行为违反了《克莱顿法》第7条的规定，并且对原告造成了相当的损害。为此，原告依照《克莱顿法》第4条规定向法院寻求三倍赔偿、禁止被告收购的禁令以及其他救济。在本案初审中，原

---

① Lower Lake Erie Iron Ore, 998 F. 2d 1144 (3d Cir. 1993).
② Brunswick Corp. v. Pueblo Bowl-O-Mat, Inc., 429 U. S. 477 (1977).

告除了证明被告有能力抑制规模较小的竞争对手进入市场竞争，即被告的行为与小规模竞争者之间的损害存在联系之外，还进一步论证了"被告的行为若被禁止，则原告的利润将增加"的可能性。为此，初审陪审团裁定原告胜诉，并能够依照《克莱顿法》第 4 条获得赔偿。二审阶段，虽然上诉法院基本认同初审原告的诉因和证明过程，但同时也指出了初审法院在审理中的一些不足，即证明损害与赔偿之间因果关系链的过程存在一定的不充分性，故而否定了初审法院的裁判。初审原告为此向最高法院提起上诉。最高法院在综合了初审法院和上诉法院审理的情况后，将案件的着力点从"该收购的影响是否会产生《克莱顿法》第 7 条'实质上减少竞争'的情形中解放出来"，首先考虑的是《克莱顿法》第 4 条对救济范围的规定。对于最高法院来说，问题不在于该收购是否违反了《克莱顿法》第 7 条，而在于初审原告声称的损害是否为收购行为所造成的。理清了案件的争议焦点后，最高法院大法官认为，初审原告主张的利润损失与收购行为之间不具有法律上的因果关系，不管该市场新进入者的规模或市场力量如何，初审原告都会遭受利润损失。不仅如此，从更一般意义上来讲，初审原告受到的损害是正常的市场竞争加剧后其市场力量下降的后果。若对这类损害进行垄断致损赔偿救济，则在本质上混淆了"对竞争者造成的损害与对竞争造成的损害之间的差别"。

　　总之，本案中美国最高法院对垄断致损赔偿责任中损害事实的边界进行了非常明确的说明——垄断致损赔偿责任只救济垄断性损害，市场良性竞争中出现的优胜劣汰则不在垄断致损赔偿责任的损害事实范围之内。不仅如此，最高法院还再次重申了垄断致损赔偿诉讼的论证要点："在垄断所致损害赔偿诉讼中，原告寻求三倍损害赔偿的诉求必须证明的内容包括：（1）损害的形成与市场上非法的不正当竞争行为之间存在因果关系；（2）原告必须就其所受损害的类型和程度进行举证说明；（3）原告还应当证明不正当竞争造成的损害与反垄断法的宗旨相违背，有害于公平自由竞争的市场效果。"[①]

---

　　① 美国最高法院在 Brunswick Corp. 案中对主张垄断致损赔偿责任必须证明的三个要求的重申，事实上是对垄断致损赔偿责任构成要件之因果关系证明的一种诠释。对此，本书将在第五章展开论述。

小　　结

　　现代侵权法本质上是救济法,着眼于为受害人提供补救并在一定程度上对侵害人进行制裁。无损害即无救济,在损害赔偿责任确定中,损害事实的发生是责任存在的前提。相应地,在垄断致损赔偿责任中,损害事实也是基础性的构成要件。一方面,它明确了受法律保护之自由竞争权的范围以及利益受损失的程度;另一方面,它是使得反垄断私人实施与公共执法相区别开来的基础。

　　垄断致损赔偿责任制度下的损害事实认定,体现了国家对侵害市场竞争之消极自由行为的否定性评价,这种否定性评价主要针对垄断侵害行为所导致的财产损失。而采用法律解释学和微观经济学的手段分析损害事实,能够明确垄断性损害事实的概念、性质、边界和种类,使之与其他侵权责任相区别开来,从而有利于垄断致损赔偿责任制度的理论发展,并促进该制度司法实践的不断深化。

第四章
垄断行为与过错

在侵权责任中,侵害行为往往与行为人的过错紧密相连。具体到美国垄断致损赔偿责任制度,由于《谢尔曼法》的颁布与美国侵权法理论发展的重大转折在时间上基本重合,① 垄断致损赔偿责任下的垄断侵害行为②与过错之间的关系因此显得极为微妙,将二者结合起来进行探讨也成了较为恰当的选择。

一、垄断行为

何为行为?有学者认为,行为是发端于人类思想之身体动静;行为为身体之动静,"动"指作为,"静"指不作为;行为为人类身体之动静,即行为主体必为人类,苟非人类身体之动静,则为单纯之事实,而非行为;行为为发端于人类思想之身体动静,即行为须本于吾人之意思活动为之,苟非本于吾人之意思活动,不问其外部强制或内部强制,均非真正的行为。③ 可以说,以上对"行为"的界定,较为准确地归纳出了自然人的行为特征。然而,参与民事活动的行为主体不单单只包括自然人,还包括法人。因此,我们在探讨美国垄断致损赔偿责任制度中的侵害行为时,应当注意到美国对法人行为的处理思路。

---

① 直到19世纪末,美国侵权责任才明显开始从"严格责任"(conduct giving rise to strict liability)向"过错责任"(intent liability)转变。而《谢尔曼法》也是在19世纪末登上美国的历史舞台的。可见,美国侵权责任发展中的转变对于当时刚刚出现的反垄断法律调控具有非常重要的影响。

② 以下将垄断侵害行为简称为"垄断行为",一来是为了行文的简洁,二来是更能突出垄断致损赔偿责任制度下,侵害行为的"垄断性"特征。

③ 参见胡长清:《中国民法债编总论》,商务印书馆1946年版,第122—123页。

(一) 垄断行为的认定

在美国,"infringement"包含一切民事侵权行为的范畴。[①] 在垄断致损赔偿责任与反垄断法律法规的衔接性问题上,美国垄断致损赔偿责任中的垄断行为可分为形式上的侵害违法和实质上的侵害违法两大类。其中,形式上的侵害违法主要指的是违反了《谢尔曼法》中的本身违法原则的行为,按照本身违法的原则,只要市场主体实施了反垄断法所禁止的行为,法院可不考虑其实施行为的目的和后果而直接判决其非法。而实质上的侵害违法是指认定违法性必须按照合理原则的要求,综合考量市场主体实施限制竞争行为的目的、后果等因素才能判断行为是否违法。

事实上,对垄断行为进行区分的背后,存在两种对侵害行为违法性的不同认识路径。第一,本身违法原则属于结果路径,即对于某些行为,只要违反《谢尔曼法》《克莱顿法》等反垄断法律法规的有关规定,则垄断行为之违法性就当然得到满足。第二,因市场经济的发展和反垄断国家政策的不断完善而促生的合理原则则开辟了对垄断行为违法性认识的新视野——行为路径,即对违法性的认定不仅仅考虑侵害人行为对市场中其他经营者的损害事实,还要考察这个垄断行为本身的性质是否是对市场自由竞争造成了危害。因为市场竞争如大浪淘沙,正当竞争也可能造成一些竞争力弱、经营不善的市场主体出现经营滑坡甚至退出市场的后果。尽管这种类型的退出市场者所遭受的损失同市场优势主体的竞争行为也密切相关,但是这种损失却不能成为失败者请求垄断致损赔偿的依据。合理原则作为行为路径的集中体现,强调的是要在具体案件中分析竞争行为所造成的损害类型。从理论上看,体现结果路径的本身违法原则将违法性升级为行为人在行为之初就理应预见的情形;而体现行为路径的合理原则则强调对行为本身性质的分析。

---

① 参见郑成思:《侵权责任、损害赔偿责任与知识产权保护》,载《环球法律评论》2003年(冬季号)。

第四章 垄断行为与过错

(二) 垄断行为的类型

垄断行为是构成垄断致损赔偿责任的基础，在美国垄断致损赔偿责任制度实践中，被称为"诉因"的垄断行为是发起垄断致损赔偿诉讼的前提所在。但是，哪些行为是垄断致损赔偿责任中的侵害行为在美国的反垄断法律法规中并没有规则性的指引，而且垄断行为的类型是围绕侵害市场自由竞争秩序原则而不断变化的。这也是垄断致损赔偿责任区别于一般侵权民事责任构成要件之侵害行为的最大特征所在。在表4-1中，萨洛普（Salop）教授等人细化出私人实施垄断致损赔偿诉讼的诉因分布范围：[1]

表 4-1 美国私人实施垄断致损赔偿诉讼的诉因分布[2]

	首要诉因	次要诉因
横向价格固定	15.7%	21.3%
拒绝交易	12.0%	25.4%
排他性交易	9.6%	21.1%
价格歧视	5.0%	16.4%
供应商终止	4.4%	8.9%
限制交易	4.3%	10.0%
垄断或垄断化	3.7%	8.8%
纵向价格固定	3.5%	10.3%
掠夺性定价	3.1%	10.4%
共谋	3.0%	5.9%
兼并或联合	2.6%	5.8%
其他情形	35.5%	28.1%

萨洛普教授等人对美国私人实施垄断致损赔偿诉讼司法数据所

---

[1] See Steven C. Salop & Lawrence J. White, Private Antitrust Litigation: An Introduction and Framework, in Lawrence J. White (ed.), *Private Antitrust Litigation: New Evidence, New Learning*, Massachusetts Institute of Technology Press, 1988, p.38.

[2] 需要注意的是，上表中的百分比总数之所以超出100%，其原因在于"在一个私人垄断致损赔偿诉讼中，原告诉讼的理由可以不仅仅来源于一部法律中的特定法条的规定"。

做的上述归总，体现了美国私人实施垄断致损赔偿诉讼的诉因主要包括横向价格固定、纵向价格固定、拒绝交易、排他性交易、价格歧视、供应商终止、掠夺性定价、限制交易等11种情形，这些诉因反映了垄断行为的具体形态，且具有一个共同的特质，即占市场主导地位的企业通过采用垄断联盟、企业联合、同业联盟等卡特尔①模式或者滥用市场支配地位的行为扰乱市场自由竞争，损害市场活动相关主体的合法权益，损耗社会经济福利的实现。

诸如横向价格固定、纵向价格固定、兼并或联合、共谋、限制交易等具体形态的垄断侵害行为，其本质是"采用卡特尔协议，极大规模地减少或者消除竞争对手的价格竞争力"。事实上，这些形式多样的卡特尔行为还有一个非常形象的名称——"导电致损"②，它概括了销售商从垄断卡特尔的生产商（或经销商）处购买产品所受到的各种损害。在实践中，这种"导电致损"还包括销售商买方卡特尔抑制以及非法捆绑采购等多种类型。比如，固定价格的卡特尔实际上是排除了同一行业中处于劣势的中小型市场主体的自主定价权，配额卡特尔则是对同一行业中各个市场主体的生产和销售数量进行事先安排，还有"市场共享安排、经营地理范围划分、串通投标"等等多种多样的侵害行为模式。

从经济学的角度来看，垄断对市场竞争会造成两种类型的影响：财富的非合理性转移和市场运行的低效性。在正常情况下，只要是纯财富再分配的财富转移，就不会导致福利或效率的损失，因为它与效率不存在直接联系。但是，通过卡特尔行为引发产品价格或者供给变化而导致的财富非合理性转移，必然会造成市场运行的低效性。需要注意的一点是，卡特尔行为引起的损害大小取决于诸如时间、卡特尔行为者在市场中的覆盖率等一系列因素，以及卡特尔行为实施后价格上涨或数量减少的幅度。不仅如此，与企业滥用市场地位这一类侵害行为由占据市场优势的市场主体独享不同，卡特尔行为有时还表现为市场新主体的联合。这种侵害行为之所以能够被

---

① 又称"垄断利益集团""垄断联盟""企业联合""同业联盟"，是垄断组织形式之一。

② 由于这种损害类似于物理中的导体导电，因此学者形象地将其称为"导电致损"。

划入垄断致损赔偿责任构成要件的侵害行为,是因为其原理类似于"蝴蝶效应"。毕竟市场是一个环环相扣的有机体,企业间达成的卡特尔不但会对其所属行业的健康运行造成影响,同时也会对其所属产业链中的上游、下游企业产生负面效应。其中,对于上游的供应链来说,卡特尔对产品价格的操纵会导致上游市场提高原料价格的非正常性反应,即当卡特尔引起产品价格上涨而导致消费者对产品需求减少时,必然导致上游原料的滞销或者生产规模的缩小。卡特尔对于产业链下游的影响主要表现为:卡特尔引起的价格上涨一方面会导致生产替代品企业也开始对其产品实施卡特尔化,另一方面会导致下游市场内中小型企业因资本不足而失去争取产品市场份额的能力。

诸如拒绝交易、掠夺性定价、价格歧视、排他性交易等具体垄断行为可归入"滥用市场支配地位的行为"一类。此类垄断行为在本质上具有剥削性,如掠夺性的价格折扣、利润挤压或独家经营的根本目的就在于加强占主导地位的企业的市场地位,并减少竞争对手的竞争力。实际上,滥用市场支配地位的行为比卡特尔行为更具迷惑性。因为占据市场支配地位的主体在滥用其地位的过程中也必须在一定程度上牺牲自身利润,如在掠夺性定价中,降价是相关主体滥用其市场支配地位对消费者进行"捕食"以排挤其他市场竞争主体的主渠道。在使用降价手段时,滥用市场支配地位的主体自身的利润也会下降,但这种垄断行为导致的损害后果最终由同一行业内被排挤得退出市场的主体和被压价的上游采购商共同承担。也就是说,滥用市场支配地位这一类垄断行为所造成的损害事实上并不单单局限于同一行业。

(三) 垄断行为的违法性问题

所谓侵权责任中侵害行为的违法性,是指行为在客观上与法律规定、法律原则相悖。不过,垄断行为的违法性同其他一般侵权责任中侵害行为的违法性有比较大的区别。这与垄断致损赔偿责任制度本身的特质密不可分。

在市场竞争机制中,作为生产者的企业集中精力进行生产,力图使其生产的产品和服务在成本最小化的前提下最大化地满足消费者的需求。而消费者则有选择地消费各种各样的产品和服务，在最大化满足自身需求的同时，也能通过物美价廉等选择标准反向促进生产者进行生产升级的热情。事实上，反垄断法背后的经济学理论主要集中在"价格理论"等微观经济学方面——通过对私人市场进行研究，分析价格和产量的生成以及生产与资源的分配。进一步来说，在经济驱动的市场内，生产者决定生产内容、生产方式以及销售价格，个人消费者则决定购买数量和购买价格。一句话，市场参与主体（生产者和消费者）共同控制着市场的运行和发展。

在分析和说明市场行为时，经济学家一般从以下两种假设出发：(1)个人基于自身利益作出市场决定，买卖的目的在于最大化个人的财富、效用和满意度；(2)全部个人决定的总和应当实现社会财富的最大化。在反垄断民事司法实践中，对反垄断进行分析的核心工作就在于用经济考量的方法来检测经济活动是否具有违法性，因为侵害行为具有违法性是垄断致损赔偿责任构成的关键。市场竞争必然有输有赢，但是赢要赢得合情合法。这里的"合情合法"强调的就是竞争行为的合法性，倘若具有经营优势的市场主体背离竞争行为的合法性，采用违法性手段来进行市场竞争，破坏市场竞争的秩序，那么其行为就会因为违法性而落入垄断致损赔偿责任的侵害行为范围之内。

前文提及美国私人实施垄断致损赔偿诉讼的诉因主要包括横向价格固定、拒绝交易、排他性交易等类型，这些不同类型的垄断侵害行为的违法性考察离不开美国反垄断检测的两大原则：

(1) 诸如拒绝交易、掠夺性定价、排他性交易等垄断行为，由于直接违反《谢尔曼法》等反垄断法律法规中的法定义务，适用体现结果路径的本身违法原则。一旦出现上述侵害行为，则可直接认定该垄断行为具有违法性。

(2) 诸如兼并、联合等行为，则不一定直接体现出违法性。对于这类不能直接适用本身违法原则的垄断侵害行为，只能适用体现行为路径的合理原则，并在多方位、立体考虑相关行为的目的、后果等因素的基础上，才能认定其是否具有违法性。

二、过错的地位及认定

侵害与过错，是不同性质的两个概念。侵害与过错，在一般场合是统一于一个行为之中的。但是，侵害与过错在行为中的统一只是说明，在很多情况下两者是一个问题的两个方面。即侵害是行为的客观属性，表明的是行为在客观上违反法律的状况；过错则是行为的主观属性，是存在于行为人观念中的主观状态，正是在这种主观状态的指导下，行为人才去实施侵害行为。

（一）过错的地位

关于"过错"的概念，大多数国家的民事立法中并不会明确规定。各国学者的认识也不相同，归纳起来有客观说和主观说两种。其中，主观说认为，过错就是违法行为人对自己的行为及其后果所具有的主观心理状态。苏联民法学者多持主观说，并且进行了一定的拓展，认为过错是行为人对自己所实施的行为和已发生的后果的心理状态，因而应被看作责任的主观要件。客观说则认为，过错是对事先存在的义务的违反。客观说在大陆法系的法国颇为流行，[1] 英美法系国家的"过错"概念也接近于客观说。比如，在美国这一英美法系重要代表国家，侵权法最为关注的是事实上的损害，是行为对先存在义务的违反，而不考虑或极少考虑侵害人行为时的心理状态。因此，极具个人色彩的"过错"概念已经显得不是那么要紧了，法律一般以"理性人"（reasonable man）[2] 在当时环境下的行事标准为依据来考量行为的当罚性。也就是说，在美国等英美法系国家，过错的认定不一定是侵权法律论证中的必要步骤，学者和法官对过错的研究均以个案情形为主，注重的是"行为与后果之间存在因果

---

[1] 参见王卫国：《过错责任原则：第三次勃兴》，浙江人民出版社1987年版，第186页。

[2] See James A. Henderson Jr., Richard N. Pearson & John A. Siliciano, *The Torts Process*, CITIC Publishing House, 2007, p.292.

关系"的客观情形,目的在于防止陷入"普遍规则原则理论的泥坑"中。

具体而言,在美国垄断致损赔偿责任制度下,司法实践中对过错的认定只存在"故意"一个大类,认定的标准仅限于"明知或有意",考虑的是行为人实施垄断行为时的主观恶意。例如,在垄断致损赔偿诉讼所处理的不正当竞争行为中,不论是掠夺性定价、价格固定(包括横向和纵向)、拒绝交易还是价格歧视、排他性交易,行为人在行为前或者是行为中对产生破坏市场竞争消极自由的后果都是能够预见、放任甚至是主动追求的。正是由于垄断致损赔偿责任中的过错只有故意一种,因此,在美国垄断致损赔偿责任构成要件中,过错作为主观要件处于一种较为边缘化的地位;在美国有关垄断致损赔偿的司法实践中,不论是法官司法裁判还是学术界的研究分析,过错也是被淡化的构成要素。概括来讲,在垄断致损赔偿责任构成要件中,淡化过错是当代美国侵权法的基本共识,过错的地位日趋式微;在司法实践中,裁判者对过错在构成垄断致损赔偿责任的地位上会采取比较灵活的甄别思路,仅对少量垄断侵害行为人的主观心态进行裁判。

正如美国联邦第三巡回法院在处理 Loeb 案①中所阐述的:"寻求完整且富有逻辑性的普适性归责原则对于因垄断而生的损害认定来说是毫无意义的。因为,定义越具有一般性,就越有可能忽略本质的因素或者掺入非本质性次要因素。"多年后,美国最高法院在处理 Hanover 案②时,为了说明不对间接购买者损害进行赔偿的原因,法官再次重申了必须防止陷入"普遍归责原则理论的泥潭"的思想:"并不存在简单的公式或试金石来判定每个具体的垄断致损赔偿案件是否应当获得赔偿。法律不可能为争讼的案件以类似过错的标准来确立责任以及责任的范围大小。一般侵权诉讼没有这样的答案,垄断致损问题更不会有这样的答案。"总之,对于垄断致损赔偿责任的归责原则问题,英美法系国家学者的普遍性认识是:"明确各类案件

---

① Loeb v. Eastman Kodak Co., 183 F. 704 (3d Cir. 1910).
② Hanover Shoe Co. v. United Shoe Machinery Corp., 392 U.S. 481 (1968).

是否应当负责的具体标准,才是处理侵权问题的务实选择。"① 概而言之,由于没有强调所谓的归责原则,美国垄断致损赔偿责任构成要件在立法和司法实践中都淡化了过错的要素。

(二) 过错的认定

在市场竞争中脱颖而出,超越其他同行并最大限度地获取利润,是每个市场参与者生产和经营的原动力。而在市场竞争中,采取合理竞争还是通过不正当竞争来赢得利润本身涉及市场主体的主观意愿:有的情况下,市场主体在采取市场行动之前就具有采用不正当竞争抑制市场对手的心态;有的情况下,市场主体在采取市场行动之前并没有排挤市场竞争对手的意愿,但其市场行动的最终结果导致破坏市场竞争消极自由的后果,法律因此从维护市场整体利益的角度出发,对其行为作出否定性评价。简言之,在美国垄断致损赔偿责任制度中,过错只是某些垄断致损赔偿责任的构成要件,而非所有垄断致损赔偿责任的构成要件。同时,过错虽然成了被淡化的垄断致损赔偿责任构成要件,但是淡化不等于消失,其原因在于,法官对过错认识是会变化的,故在不同案例中过错对于是否构成垄断致损赔偿责任仍有影响。

比如,在 Utah Pie Co. v. Continental Baking 案② (以下简称 "Utah Pie 案") 中,原告 Utah Pie 公司作为生产新鲜馅饼的小型公司,在面对美国国内知名的三大竞争对手通过销售冷冻馅饼进入犹他州市场时,为了阻止这三家大公司将自己赶出犹他州的市场,原告提起垄断致损赔偿诉讼。原告认为,在意图占领犹他州市场的给定期间内,三家大公司均实行过歧视性定价的行为。比如,Pet Milk 公司向犹他州的超市 Safeway 出售馅饼的价格远远低于其在别的地区市场的同样商品的标价,以求扩大销量(有时还低于成本销售)。不仅如此,Pet Milk 在犹他州盐湖城地区出售的经济型馅饼的价格有时也低于同样商品在其他市场上的价格。原告主张三家大公司的

---

① Vivienne Harpwood, *Principles of Tort Law*, Cavendish Publishing, 2000, p. 82.
② Utah Pie Co. v. Continental Baking Co., 386 U.S. 685 (1967).

行为违反《谢尔曼法》第 1、2 条以及《克莱顿法》第 2 条 a 款,请求判决被告三倍赔偿和停止侵害。一审判决仅支持 Utah Pie 公司与《克莱顿法》相关的主张,二审判决甚至对 Utah Pie 公司提出的与《克莱顿法》相关的主张也没有予以支持。最高法院在审查中认为,Pet Milk 等三家大公司的行为构成地域价格歧视、具有掠夺性定价的意图等主观过错,并指出这种意图本身即具有损害竞争的要素,导致被告在实现大幅度减少竞争的同时对原告造成伤害的后果。

从美国最高法院对此案的裁判陈述中可以看出,最高法院强调了侵害人过错的心理状态,"掠夺性定价的意图"就是行为人的过错所在。不仅如此,最高法院对 Utah Pie 案的处理也是从过错、损害、行为违法性以及损害与侵害行为之间因果关系链的认识中判定原告胜诉并应当获得垄断所致损害赔偿的。

然而,过错并不总是认定垄断致损赔偿责任成立的必备构成要件。例如,在 Brooke Group Ltd. v. Brown & Williamson Tobacco 案①中,卷烟制造作为一种集中性行业,在美国占主导地位的卷烟制造公司只有六家,原、被告都在这六家主要的卷烟制造企业之列。其中,原告(以下简称"利格特集团")于 1980 年采取细分市场的管理方式和技术革新,使其卷烟价格低于同档次卷烟的 30% 左右。到 1984 年,原告名下的某一品牌占据了全国 4% 的市场份额,于是被告 Brown & Williamson Tobacco 公司发起了价格战,击败利格特集团的净价格优势。原告举证证明,被告不惜亏损给批发商销量返利的行为事实上就是破坏公平自由竞争的价格歧视行为。原告声称,回扣在本质上就是一种掠夺性定价方案,被告设置低于成本的价格施压于原告,对其合理利润造成损害。

美国最高法院在本案的处理中认为,此案与 Utah Pie 案具有明显区别,在 Utah Pie 案中,处罚掠夺性定价的意图的前提在于其保护对象是潜在竞争对手,而本案原告所依据的《鲁宾逊-帕特曼法》是调整行业竞争消极自由的反垄断法律,其保护对象主要是已经在

---

① Brooke Group Ltd. v. Brown & Williamson Tobacco Corp., 509 U.S. 209 (1993).

同一市场内经营的市场主体,其条款的价值在于规制价格歧视的程度以及可能伤害竞争的表现。换言之,在适用《鲁宾逊-帕特曼法》的情形中,所谓的过错并不在于行为人主观心理状态所具有的应受非难性,而在于行为本身表现出来的应受非难性。在此类案件中,垄断致损赔偿责任的构成要件只包括侵权责任的客观构成要件——损害、侵害行为以及两者之间的因果关系。

小 结

侵害与过错,是不同性质的两个概念,且在一般场合下两者统一于一个垄断侵害行为之中。但是,侵害和过错的统一只是说明在很多情况下两者是一个问题的两个方面:侵害是行为的客观属性,表明的是垄断侵害行为在客观上违反法律的状况;而过错则是行为的主观属性,是存在于行为人观念中的主观状态,正是在这种主观状态下,行为人才去实施垄断侵害行为。

就垄断致损赔偿责任制度而言,垄断侵害行为主观上受市场主体意志支配,客观上以市场主体通过横向价格固定、纵向价格固定、拒绝交易、排他性交易等11种具体行动表现出来,并且是直接违反《谢尔曼法》等反垄断法律法规的作为,或者虽然没有直接违反反垄断法律法规的法律义务,但从行为效果等方面来说是违反反垄断法律原则的作为,其最显著的特征在于行为的违法性。

对于垄断行为的主观过错,由于包括垄断致损赔偿责任制度在内的反垄断法律法规在很大程度上与一国的经济政策走向相连,对于市场主体经营行为主观心态的追究不同于一般侵权责任那么绝对和必要。在美国垄断致损赔偿责任制度中,过错认定处于逐渐被淡化的境地:第一,在垄断致损赔偿责任这种特殊侵权责任认定中,司法实践的共识是只承认故意作为独立的过错类型;其二,在美国等英美法系国家的司法文化传统里,侵权法最为关注的是事实上的损害,而不考虑或极少考虑侵害人行为时的主观状态。

第五章
因果关系

"因果关系"是哲学上的一个概念,特指客观事物之间前因后果的关联性。在法律实施体系中,所有的法律论证都是围绕着一定的因果关系展开的。尤其是在英美法系这种对抗性诉讼的法律体系中,一方当事人所力图论证的因果关系,必然为另一方当事人所力图反驳不存在因果关系。

一、垄断致损赔偿责任因果关系概述

垄断行为与损害之间的因果关系问题是确定垄断致损赔偿责任的关键,寻找具有普遍性甄别原则的努力多是徒劳无功的。因为从司法实践的现实来看,在纷繁复杂的侵权领域,当事人总能在人们意想不到的地方找出所谓的免责事由或提出抗辩。而讨论因果关系的目的在于形成一种理解和认识的区间,以便在该区间内努力提高因果关系认识的效率。

(一) 一般侵权责任中的因果关系基础

对于历史学家和法律人而言,一项重要的工作即是确定某一特殊事件是另一事件或者特定的人的行为效果、后果、结果。换言之,研究特定的时间、特定的人的行为造成了另一事件,即前者为后者的原因是历史学家和法律人行动的起点。因此,历史学家和法律人都会主动对特殊事件进行因果关系陈述,以确立特定场合下某种具体事件是另一具体事件或人的行为的结果或者后果。

从历史的源流来看,欧洲哲学一直为一种理论所主导,即认为能称为"科学"的学科,其主要任务及其所要揭示的通则或规律正是因果观念的真正本质。人们可能从那些看起来似乎只限定于两个特定事件之间联系的各种因果关系的陈述中找到所谓的一般性通则,而这种通则肯定在此种或此类事件间存在不变的联系。从现实来看，"在此之后"和"由此造成"这两个词语之间是具有巨大区别的——"由此造成"表达了事件的生成依赖于并蕴含着与将这两类事件直接或间接联系起来的一种或多种一般性命题的真实性；而"在此之后"则只能说明前后的相连性关系。然而，"由此造成"事实上可能只描述了多个肯定存在的不变顺序的一般性命题中的一个命题，因此，消除许多对因果关系的无益见解就显得尤为重要。至于侵权责任构成要件中的因果关系，它与哲学上的因果关系并不完全相同。具体而言，两者虽然在客观性、顺序性、原因和结果的相对性以及因果关系表现的复杂性上存在共同点，但是对于研究者来说，两者在考察方法、考察目的以及考察时限等方面存在很大的差异。

在法律论证中，因果关系不但要服从于一般的说理性语境，而且还要服务于政策性目标，这是法律中的因果关系既依赖于哲学之"认识客观世界"之追求，亦遵循政策之"人的主体性"的体现。在一般侵权问题上，普罗瑟教授在论及要求一个原因必须是一个"重要因素"时指出："我们不可能也不希望把原因降低到任何更低的层次。斯特里特对因果关系在侵权法中所处的地位进行考察的结论也告诫我们，'必须用通行的观念来看待原因'，而且最终的问题也常常是需要由普通人的判断加以解决。因为到目前为止，并没有任何确定的原则或者描述它们的特征存在。"①

在简单的事例中，我们能够较为清晰地分辨出人的故意介入或者由人的行为所引起的最初变化是否为特定现象发生的原因。然而，事实上，"原因"一词在日常生活中的使用范围要远远超出通过人的行为故意造成"结果"的那些相对简单的情况。任何时候，当我们对于某一事件的发生缘由感到困惑，试图对其作出说明时，就会用到"原因"这个概念。这在本质上就是上一节末尾讲到的归因性原因问题。同时，归因性原因与条件对后果的产生都是具有作用的。因此，在侵权责任的法律论证中，有价值的一般性见解可能是：辨

---

① William L. Prosser, *Handbook of the Law of Torts*, 3rd Ed., West Publishing Co., 1964, p.149.

第五章
因果关系

别原因和条件是非常重要的工作。这项工作的要点在于比较两者与任何既定事物或者主题事项的联系，以辨别哪些是正常的，哪些是不正常的；哪些是出于人自由故意而实施的，哪些是所有其他条件诱发的……

将上述因果关系的特征具体细化到法律论证中，就是因果关系的"说明性语境"。按照法律论证的要求，当提出的问题是"某人是否由于已经发生的危害而要受到责难、惩罚或者对他人的损失进行赔偿"时，调查该危害的原因就是在寻找一种说明。然而，寻求说明并不是法律人主要困惑的根源。只有在人们清楚地知道某一危害是怎样发生之后，由于法律规则的形式要求，法院必须确定能否将这样的危害归因于被告的行为，或者能否恰当地说明是被告的行为造成了危害结果，这时法律人的主要困惑才会产生。换言之，法律人的主要困惑产生于基于法律规则形式要求的归因性调查，因为归因性调查不同于简单的说明性调查。在归因性调查中，事实的疏漏较少，较多的困惑源于他们努力在特定案件中适用的那种因果联系概念的含糊性和不确定性。在通过归因性调查给一个特别的危害确定原因时，不论是大陆法系还是英美法系国家，人们关心的都是将先前的案件与已经发生过的其他案件连接起来。比如，当经常发现或很少发现 X 是 Y 产生的原因时，那些关于高度盖然性顺序的过于一般性的陈述，虽然与确定原因的陈述有关系，但并不能为这些陈述本身提供充分支持。因此可以说，第一，要断言某一事物是某特定情形的原因，就必须要在充分描述该情形各个阶段状况的基础上证明它本身是一个外延广泛性足以涵盖多种不同案件通则的一个例子。第二，该情形还必须能够与相反情形或者是处于所适用的任何通则已知范围之外的那些事件区别开来。第三，除了上述两项基本原则外，侵权责任的论证还有一个重要要求：从现实情况来看，尽管在所有案件中，假如没有别的其他因素的配合作用，被我们确定为原因的那个因素可能确实不会引起紧随其后的特定情形（后果），但是，倘若在试图分阶段追寻因果关系链过程中发现这些因素中有自愿行为的介入或是独立、异常的偶然因素，那么我们就会对已被认定为原因的因素产生动摇。比如，没有大风的助力，放火也许不会造成火势蔓延至邻居的房屋；又或者，有人故意煽起本将熄灭的火星，使得火势越来越大……虽然这些后续事实不影响人们将点火作为火灾发生的原因来看待，但却在事实上使得放火与邻居的房屋被烧之间的连接发生了变化，即特定情形的原因地位为其他情形所代替，而且该其他情形同样也具有能同纯粹条件相区别开来的特征。即可替代性使得因果关系的归责性原因分析呈现复杂化的面貌。

因果关系在侵权责任构成要件中是最为关键的部分。对于法律中因果关系的思考即建立在以下论点之上："某人已经造成了损害"这种陈述意味着，倘若没有其行为，这种损害就不会发生。因果关系关注的是说理性语境中对人的行为的归因性调查，以及在调查中对可替代性因素（第三人行为或是客观性纯粹条件）的排除。

可以说，法律人对因果关系问题的困惑较少产生于事实的疏漏，而更多来源于如何在一个特定案件中解决因果关系的含糊性和不确定性问题，即如何确定具体案件中造成法律结果的归因性原因。

具体到英美法系传统国家，分析法学的法律思维模式使得因果关系论证在司法实践中出现了必要条件判断和实质因素理论这两大侵权因果关系归因性调查的处理路径。

其中，"必要条件"（but-for rule）判断起源最早，是基于"充分的法律原因"（condition *sine qua none*）[①] 概念发展起来的。1911年，实质因素理论的创始人耶利米·史密斯（Jeremiah Smith）发表《侵权诉讼中的法律因果关系问题》一文，详细阐述了实质因素与充分的法律原因之间的关系。他在该文中指出："被告的行为必须能够被作为一个实质性的因素而加以独立地追踪，并且对于损失有实质性的作用。一个时空距离很远的侵权行为也可能实际地对损害发挥着作用。即要将一定的行为认定为损害发生的原因时，则该行为与结果之间的关系就必须要超出'没有这样一组先前因素，损害就不会发生'的程度。"[②] 该理论衡量因果关系的经典逻辑机制为：若无被告之侵害行为，则不会发生原告之损害结果。实践中，按照必要

---

① See Jeremiah Smith, Legal Cause in Actions of Tort, *Harvard Law Review*, Vol. 25, No. 2, 1911, p. 109.
② Ibid.

条件判断被告行为是否构成损害发生的方法分为两种：第一，删除法。在判断因果关系时，假设没有被告之行为，而其他条件保持不变，看后果是否仍然发生；第二，替代法。假设被告在现场，但同时假设被告用合法行为替代非法行为，看后果是否仍然发生。虽然从逻辑上看，必要条件判断无懈可击，但事实上，该理论往往导致原因范围过于宽泛。因此，必要条件判断能够被用来消极地排除责任，但却不能用于直接肯定地确定责任。正是由于看到了必要条件判断的不足，法官在司法实践中对其进行了修正补充，如在适用时会综合考虑行为人的动机、细化损害、排除假设事实等方面的情形。

　　从英美法系学者的研究看，必要条件判断标准虽然从表面看是人对前后相续事物链的限制和取舍，但在本质上却无法圆满地解释"人力所能决定的唯有行为人的过错而已，即法律对行为的主观性质的认识"的问题。换言之，无论有多么强有力的证据，倘若该结果从先前因素的角度来看是不可能的，那么法律就绝对不会认定被告的行为实际上引起了损害的发生。正是由于司法实践对该标准运用存在不足的深入思考，促成20世纪初期美国的侵权因果关系问题逐渐转型到实质因素理论的道路上。1934年《美国侵权法重述》和1977年《美国侵权法第二次重述》都以"实质因素"作为界定因果关系的准则。

　　可以说，实质因素理论下所探讨的因果关系问题已经不再是通过必要条件判断来衡量事实上的因果关系问题，而是在归因性原因调查中直接寻找符合法律归责原则的因素，即造成损害的原因力。一方面，实质因素理论清除了机械的近因理论所造成的流弊，使人们认识到确定损害结果的法律原因应从侵害行为对损害结果所发挥的作用力的角度展开。另一方面，该理论本身也存在很大的问题，即本身具有较大的模糊性——如何确定什么样的因素能够达到实质因素要求是缺乏明确标准的。不仅如此，在法律论证中，公平与正义作为检验法律因果关系的重要标准，也很难在实质因素理论中得到体现。

　　总之，侵权责任构成要件的因果关系既表现出事实性的陈述特质，又体现了价值性的主体取舍。同时，包括垄断致损赔偿责任在内的一切侵权责任都离不开基本理论的塑造，并且不断地因为自身的特殊性而突破着理论的束缚。侵权责任因果关系的基本理论是一种方向，而包括垄断致损赔偿责任等形式多样的侵权责任则体现了这一方向指引下的具体发展方式。总之，归因性原因作为垄断致损赔偿责任因果关系的核心问题，关系到垄断致损赔偿责任的认定、成立以及赔偿的最终实现。垄断致损赔偿责任的构成要件正是围绕着以归因性原因为中轴的因果关系论证而存在的。

（二）垄断致损赔偿责任中的因果关系的基本原则

所谓的归因性原因，是论证赔偿责任存在的归因性调查的标靶。在美国侵权责任之因果关系概述中，实质因素理论是实现侵权责任因果关系建构的基石，强调侵权责任因果关系认定的关键在于"违法行为对损害具有实质性作用"。如前文所述，侵权法体系之因果关系是识别不同的具体侵权责任形式的条码，因为各具特色的具体侵权责任形式尽管离不开一般侵权责任之因果关系论证理论的方向指引，但是由于各自侵权形式的不同，因果关系论证的基本原则是存在区别的。换言之，各具特色的具体侵权责任形式一方面是由于具体侵权责任之归因性原因在性质上的差异；另一方面则是由于具体侵权责任所依据的因果关系判别之基本原则存在不同要求。总之，垄断致损赔偿责任下的因果关系说明必须在符合"实质因素"要求的基础上，遵循其特有的因果关系判别之基本原则。

具体地，前文所述的美国联邦反垄断法律法规都是垄断致损赔偿责任的依据。其中，《谢尔曼法》第 7 条和《克莱顿法》第 4 条两条成文法共同明确了垄断致损赔偿责任的适用要求：第一，必须存在原告的业务或财产受到损害的事实；第二，损害的原因必须是被告违反反垄断法的行为所致。实际上，垄断致损赔偿责任因果关系论证的基本原则就是在各项反垄断法律法规依据的基础上所形成的归因性调查的思路。比如，美国最高法院在 1977 年的 Brunswick Corp. 案[①]中再次重申了垄断致损赔偿责任的本质是："反垄断法意

---

① Brunswick Corp. v. Pueblo Bowl-O-Mat，429 U. S. 477 (1977).

图阻止的损害即源于被告的非法行为而产生。该损害具有两个特征：要么是该非法行为具有抑制竞争的反竞争效果；要么是非法行为导致的反竞争行为具有反竞争效果。简言之，所谓的损害应当属于'所指控的非法行为……可能导致的特定损失'。"因此，垄断致损赔偿从一开始就在违法行为与损害之间的因果关系方面显现出不同于一般侵权责任的要求和准则。美国垄断致损赔偿责任制度除了服从侵权法因果关系论证的原则外，还形成了自己独特的因果关系论证的基本原则——合理原则和本身违法原则。一般来说，本身违法原则仅仅根据特定的行为是否发生就可以判定其是否违法；而合理原则却需要进行多种因素的综合衡量或者复杂的因果关系论证，即在判定违法之前必须对行为的目的和效果进行合理性分析。

从司法实践的现实来看，相比合理原则的宽泛，本身违法原则显得更加严厉。本身违法原则下的垄断致损赔偿责任的构成要件只有损害、侵害行为以及这两者之间的因果关系三个方面，并不对侵害人是否存在过错进行认定。该原则的主要优点在于：第一，简单明了，是市场主体参与市场竞争所不能触碰的底线所在。第二，可操作性强。由于本身违法原则只关注侵害行为的发生与损害之间的实质联系是否存在，而不用考虑其目的和行为人的主观恶性（即是否存在过错问题），因此从裁判者——法官的角度来说，其审判也能具有更大的确定性和稳定性。

起初，美国在反垄断实施中适用本身违法原则与合理原则的界限是非常分明的，但随着经济发展日趋复杂，本身违法原则在实践中日益显现出颓势，特别是在 Continental T. V., Inc. v. GTE Sylvania Inc. 案[①]后，美国在对本身违法原则在垄断致损赔偿责任案件中的适用进行严格限制的同时，扩大了合理原则的适用范围。

在 Continental T. V., Inc. v. GTE Sylvania Inc. 案中，被告 Continental T. V., Inc.（以下简称"Continental 公司"）作为一家电视机制造商，为提高其市场地位，采取了吸引实力强的主营电

---

① Continental T. V., Inc. v. GTE Sylvania, Inc., 433 U. S. 36 (1977).

视机销售的零售商为合作对象的手段进行经营。具体来说，就是设置限制零售的专营权，将其授予给定区域的零售商进行销售，并将每个专营零售商的销售仅限定在给定区域，或者要求专营零售商只能销售已获专营权的电视机种类。原告欧洲大陆公司作为Continental公司许可的专营零售商之一，起诉Continental公司的行为违反《谢尔曼法》第1条规定："任何以垄断形式制订合同或以其他形式进行联合、串谋，用于限制贸易或商业往来都是非法行为。"简言之，欧洲大陆公司认为，Continental公司订立和实施特许经营协议的行为属于本身违法原则的适用范围。初审法院认同欧洲大陆公司的观点，而上诉法院则表示，本身违法原则并不适用于本案的处理。最高法院在陈述中支持上诉法院的判断，认为本身违法原则只是一种原则性的宽泛说明，Continental公司所提出的限定销售限制竞争的Schwinn合同本身并非违法的，该行为必须同non-sale的搭售交易相区别；只有在仔细考虑Continental公司限制零售商自由处置所购产品的行为与竞争受损之间的联系，并进行复杂的查询以确认损害已经造成之后，垄断所致损害赔偿才是成立的。也就是说，涉案事实不存在本身违法原则所列理由的情形，因此本身违法原则在本案中并不适用。

此后，其他联邦法院在处理垄断致损赔偿诉讼时，纷纷仿照该案中法官的裁判理由，在因果关系问题的处理上逐渐形成一种通识——本身违法原则只有在行为具有明显的反竞争性时才适用。学界将该案中形成的前述判断方法称为"合理原则的结构性检测"（structural rule of reason test），① 认为其综合、细化了合理原则和本身违法原则的适用范围。具体来说，美国将固定价格协议行为纳入本身违法原则的适用范围；而兼并、合并等问题则一般考虑适用合理原则，因为市场集中虽然有可能导致竞争失调进而造成低产量、高价格的局面，但同时也可能降低成本、提高效率，因此不能对其进行一刀切地一概而论。

---

① See Ernest Gellhorn & William E. Kovacic, *Private Enforcement of Antitrust Law in the EU, UK and USA*, Oxford University Press, 1994, pp. 187-194.

第五章
因果关系

随着经济的日益发展，市场竞争的激烈程度加剧，竞争手段的伪装性也日益增强，对于判别垄断致损赔偿责任的归因性原因问题，美国司法实践日益从本身违法原则与合理原则并驾齐驱到合理原则一家独大的局面。特别是 2007 年 6 月 28 日，美国最高法院在 Leegin Creative Leather Products, Inc. v. PSKS, Inc. 案[①]（以下简称"Leegin 案"）中推翻了 Dr. Miles 案形成的几近一百年的"控制转售价格"行为直接适用本身违法原则的先例，明确"将'合理原则'作为一项公正且有效率的方法用以禁止那些具有反竞争效果的'控制转售价格'，因为这种分析的基本原则不但能够惩罚那些反竞争效果的'控制转售价格'行为，同时也可以保护那些具有促进竞争效果的'控制转售价格'行为"。

事实上，美国最高法院 2007 年处理 Leegin 案体现出来的更加倚重合理原则在因果关系论证中的作用的态度，不但影响了美国的反垄断执法与司法，还影响到其他国家及地区的反垄断执法与司法。比如，沿袭大陆法系法律传统的欧盟，作为国际上反垄断执法的又一主要区域，便在 2010 年修改了 2000 年 5 月制定的《纵向协议集体豁免条例适用指南》（以下简称《指南》）。具体来说，2010 年《指南》与 2000 年《指南》最大的不同在于——对于限制最低转售价格、固定转售价格允许在个案审查中依据下述情形给予豁免：第一，能够刺激经销商付出加倍的努力，引导经销商在新产品推广期内推销产品，特别是在无法通过其他方式实现相同结果时；第二，在特许加盟或类似的统一销售形式中，对组织短期（绝大多数情况下为 2—6 周）低价促销活动是必需的，这种促销对消费者同样有利；第三，当事方能证明控制转售价格是为避免售前服务被搭便车而必须采取的措施。

我国有学者认为，以欧盟为代表的大陆法系国家哪怕修改了《指南》，在垄断致损赔偿责任之因果关系论证上所遵照的"原则禁止＋例外豁免"原则，与美国司法实践中所适用的本身违法原则和

---

① Leegin Creative Leather Products，Inc. v. PSKS，Inc.，551U. S. 877（2007）.

合理原则也是不同的。① 但是在笔者看来，这种原则不过是本身违法原则和合理原则相结合的另一种描述，因为在本质上，这些国家及地区仍然遵循着"绝对禁止"与"相对允许"的反垄断精神："绝对禁止"规范的是市场主体参与市场竞争所不能触碰的底线，类似于美国的本身违法原则；"相对允许"则主要关注侵害行为的发生与损害之间是否存在实质联系的问题，类似于合理原则的要求。

二、垄断致损赔偿责任之因果关系证明

美国侵权法中的法律因果关系（近因）理论和实践都是围绕着归因性原因的认定而展开的。落实到垄断致损赔偿责任之因果关系的探讨，由于面对的是瞬息万变的市场问题，讨论往往表现为一种经验性的描述而非定义性的表达。也就是说，在垄断致损赔偿司法实践中极难探求统一而明确的因果关系规则。本书的探讨主要是在遵循侵权责任因果关系理论一般原则的基础上，从垄断致损赔偿责任的自身特性出发而进行的实践性总结。

（一）因果关系检测标准的转折

从本质上来讲，垄断致损赔偿责任中的因果关系检测就是垄断致损赔偿责任的归因性原因调查过程，检测的核心在于行为与损害之间是否存在因果关系，检测是在垄断致损赔偿责任基本原则的指导下进行的。换言之，检测是本身违法原则和合理原则的细化和延伸。其中，检测的关键是围绕着"行为造成的损害是否有损市场自由竞争"展开的。因为正如前文所述，垄断致损赔偿责任制度实施的核心并不是为了保护特殊的市场竞争主体，而是为了保护市场竞争的良性发展。这与一般侵权责任只要行为造成损害即进行赔偿是不同的。在垄断致损赔偿责任之因果关系检测中，除了调查行为与

---

① 将以欧盟为代表的大陆法系国家在垄断致损赔偿责任因果关系论证中的基本原则概括为"原则禁止＋例外豁免"原则的讨论，可参见丁文联：《限制最低转售价格行为的司法评价》，载《法律适用》2014年第7期。

第五章
因果关系

损害之间是否具有"实质因素"的联系外，还必须证明行为造成的损害是有悖于市场自由、良性竞争要求的结果。

早在《克莱顿法》颁布之前的 1910 年，关于私人依《谢尔曼法》第 7 条的规定发起垄断致损赔偿诉讼，在美国联邦第三巡回法院对 Loeb 案的处理中就蕴含着垄断致损赔偿责任的雏形——有关垄断致损赔偿责任的受害人主体资格认定问题。《克莱顿法》第 4 条的规定不过是进一步明确了垄断致损赔偿责任这一特殊侵权责任区别于一般侵权责任的两大主要特质：（1）必须存在原告的业务或财产损害；（2）损害的原因必须是被告违反反垄断法的行为导致。

尽管《克莱顿法》细化了《谢尔曼法》有关垄断致损赔偿责任制度的规定，但美国国会的立法仍然是高度抽象的，制度的落实仍需要在实践中进行具体化的解释。但是，国会赋予司法者在适用垄断致损赔偿责任制度时进行具体化解释的自由裁量权并非漫无边际，因为国会通过的法律已经为垄断致损赔偿责任之因果关系检测问题设置了相应的标准，以保障司法者的因果关系论证符合反垄断之目标和精神。

具体来说，在美国垄断致损赔偿责任适用之初，其因果关系检测标准只有两大方面：一是直接损害标准，即市场主体只有在遭受"直接损害的结果"的情况下，才具有垄断致损赔偿诉讼的原告资格；[①] 二是目标区域标准，即被告的行为必须符合在具有竞争关联性的目标区域内违反反垄断法的性质。[②] 换言之，在《克莱顿法》制定初期，其第 4 条沿袭《谢尔曼法》的立法思想，因果关系检测标准的简易性使得垄断致损赔偿责任的因果关系论证似乎只要符合"确有其事"即可。但是，随着侵权责任理论的发展，特别是实质因素理论在美国的壮大，垄断致损赔偿责任之因果关系检测标准也发生着与时俱进的变化。比如，美国最高法院在 1977 年的 Brunswick Corp. 案[③]中再次重申了垄断致损赔偿的因果关系要求，指出垄断致

---

① 这种处理方式事实上是沿袭了 Loeb 案的先例。
② 美国联邦第九巡回法院在 Conference of Studio Union et al. v. Loew's Inc. et al. 案的判决中，确立了被告违反反垄断法的行为必须落入"使某一特定产业的竞争条件处于危险状态的区域内"。
③ Brunswick Corp. v. Pueblo Bowl-O-Mat, 429 U.S. 477 (1977).

损赔偿责任的本质是:"反垄断法意图阻止的损害即源于被告的非法行为而产生。该损害具有两个特征:要么是该非法行为具有抑制竞争的反竞争效果;要么是非法行为导致的反竞争行为具有反竞争效果。简言之,所谓的损害应当属于'所指控的非法行为……可能导致的特定损失'。"因此,垄断致损赔偿从一开始在"违法行为与损害之间的因果关系"方面就显现出不同于一般侵权责任的要求和准则。又如,在 Atlantic Richfield Co. v. USA Petroleum 案①中,法官在判决中所作的"因此,原告仅仅证明实际受到了损害是不够的,还必须证明该损害与反垄断法目的相联系……"的论证,实际上就是将侵权法中的近因理论非常融洽地嫁接到垄断所致损害赔偿这一特殊侵权责任问题中有关责任构成要件的因果关系的论证中。这一论证对后来的司法实践起着重要的指导作用。

此外,正如美国 Webb v. Utah Tour Brokers Ass'n 案②主审法官所指出的:"只要理论基础坚固可靠,法院对采取何种理论认定损害与不正当竞争存在因果关系并无严格要求。"该法官在判决说理中论述了"遵循先例"中的"先例"本身就应该是随着经济社会发展以及国家竞争政策的调整而作出相应变化的,不存在永恒的指导性先例,一切因果关系的检测都应该围绕着具体案件的案情事实展开。

1. 因果关系检测标准的第一次转折

美国联邦第六巡回法院对 Malamud v. Sinclair Oil Corp. 案③(以下简称"Malamud 案")的处理,标志着美国垄断致损赔偿责任制度从传统向现代转型的开始。在该案中,Sinclair Oil Corp. (以下简称"辛克莱公司")于 1965 年和马尔科公司签订了一项分销协议,根据协议,辛克莱公司不但要提供汽油和其他汽油相关产品给马尔科公司销售,而且承诺对马尔科公司新开设加油站给予金融援助。但是,辛克莱公司后来却违背承诺,拒绝给予新开设加油站任何金融援助。Malamud(马拉默德)作为马尔科公司的负责人于 1969 年 8 月与德士古公司签署了一项新的分销协议,合作条件比与

---

① Atlantic Richfield Co. v. USA Petroleum,495 U.S. 328,334 (1990).
② Webb v. Utah Tour Brokers Ass'n,568 F2d 670,678 (10th Cir. 1977).
③ Malamud v. Sinclair Oil Corp.,521 F.2d 1142,1151-1152 (6th Cir. 1975).

辛克莱公司的协议更实惠。随后,马拉默德就代表马尔科公司与辛克莱公司谈判,试图提前终止双方1965年签订的协议,但辛克莱公司拒绝提前终止协议的提议。于是,马拉默德以辛克莱公司未能按协议提供融资和扩张条件的行为违反反垄断法为由提起诉讼,认为辛克莱公司的行为属于垄断致损行为,造成的实质性损害就是马尔科公司因此未实现销售增长而导致的利润损失。在地方法院的判决中,法庭否决了原告的诉讼主张,认为原告所谓的损害只是一种推测,并不在直接损害之列。而上诉法院的处理则修正了地方法院依据的直接损害和目标区域这两个垄断致损赔偿责任之因果关系检测标准在本案中的运用。上诉法院在裁判陈述中指出:尽管《克莱顿法》第4条规定宽泛,但并没有将原告的损失完全限制在必须由被告违反反垄断法的目标区域内的直接损害的结果范围内。否则,过于严格的限制必然导致反垄断诉讼在数量上的减少,而这恰恰违背了反垄断法的"保护有竞争力的经济"的主要目的。

总之,通过 Malamud 案的处理,司法者以实质因素理论为基础第一次修正了垄断致损赔偿责任之因果关系检测的标准问题。即垄断致损赔偿责任的检测标准进步为:第一,原告是否已经正确陈述被告的侵害行为所造成的损害的真实性;第二,原告寻求保护的利益是否落入相关反垄断法律法规所保护的利益区域。

2. 因果关系检测标准的第二次转折

在 Malamud 案推动的垄断致损赔偿责任之因果关系检测标准从传统向现代转型的历史变迁中,一方面可以看到侵权责任实质因素理论的深入影响;① 另一方面也可以看到依靠巡回法院作为主力对因果关系检测标准进行完善的努力仍然存在不足之处,而这种不足需要由美国最高法院进行统一。② Malamud 案促成了垄断致损赔偿责任之因果关系检测标准的第一次转折,客观上开启了垄断致损赔偿

---

① 1934年《美国侵权法重述》和1977年的《美国侵权法第二次重述》都将"实质因素"作为认定因果关系的准则:检验近因或法律因果关系的标准是被告的行为必须是造成损害结果发生的一个实质性的因素。

② 虽然作为一个联邦制国家,美国的法律管辖具有二元性,但与商法一样,反垄断法自《谢尔曼法》开始就趋向于全国统一化的发展道路。

责任因果关系现代化和统一化的进程。其中,美国最高法院1983年对 Associated General Contractors of California, Inc. v. California State Council of Carpenters 案①(以下简称"AGC案")的处理是这一进程中的重要代表,该案判决标志着垄断致损赔偿之因果关系检测已经形成较为科学的标准。

在AGC案中,多家雇主协会与建筑产业联盟之间达成了集体谈判协议,协议条款主要涉及加州范围内的建筑相关产业进行雇佣活动的条件和要求。该联盟在地方法院起诉多家雇主协会及其成员违反协议要求,伙同若干第三方人员进行其他承包商和分包商的业务活动,从而对该联盟内的一些企业产生了不利影响,且制约了该联盟的业务活动。该联盟认为,相关雇主协会及其成员的行为违反了《克莱顿法》第4条的规定。初审地方法院以本案不符合垄断致损赔偿责任之因果关系检测标准为由驳回了该联盟的起诉,而上诉法院则推翻了初审法院的裁定。本案的关键问题在于,该联盟遭受的损害与相关雇主协会违反反垄断法的行为之间是否具有因果关系。简言之,垄断致损赔偿责任之因果关系检测标准在本案中应当如何适用?对此,最高法院认为,《克莱顿法》第4条在语言使用上存在的宽泛性问题使得司法实践中有必要追溯到垄断致损赔偿责任源头的《谢尔曼法》第7条的立法原意。此外,在进行垄断致损赔偿责任之因果关系检测中,检测标准的适用必须结合多个因素加以考虑,比如被告是否具有行为上的过错、损害的性质是否属于《谢尔曼法》《克莱顿法》的保护范围以及损害的可预见性等因素,都应当在因果关系检测或者说归因性原因调查中给予注意。这种对多方因素进行考虑的因果关系检测标准因此被称为"多因素检测标准"。②

在因果关系检测标准的第二次转折中,表面上标准的明确性似乎被打破了,而事实上因果关系检测的标准却是对实质因素理论的

---

① Associated General Contractors of California, Inc. v. California State Council of Carpenters, 74 L. Ed. 2d 723, 459 U. S. 519, 103 S. Ct. 897 (1983).
② 参见郑鹏程:《美国反垄断法三倍损害赔偿制度研究》,载《环球法律评论》2006年第2期。笔者认同作者对这种检测标准的概括,因此,在书中也采用"多因素检测标准"这一提法。

具体化，即更看重被告的过错行为在事实上对原告损害的实质性。因此，多因素检测标准实质上是对侵权责任因果关系的实质因素理论更为贴切的遵循，对于垄断致损赔偿责任之因果关系认定来说，可以说基本清除了机械的近因理论在司法实践中对垄断致损赔偿诉讼的限制，特别是对原告资格的限制问题，使人们认识到确定损害结果的法律原因应从侵害行为对损害结果所造成的影响大小这一角度考虑。正如前面提到的，由于多因素检测的概括性，确定哪些因素能够达到"实质性"的要求仍然是模糊的。因此，多因素检测标准在为垄断致损赔偿责任开辟新天地的同时，也对垄断致损赔偿责任因果关系证明提出了更为复杂的要求。

（二）因果关系的证明

从上述对美国因果关系检测标准发展和案例演进的探讨中可知，在本质上，垄断致损赔偿责任之因果关系检测的关键是围绕着竞争性损害的证明展开的。在司法实践中形成的一切因果关系检测标准，说到底都是为了解决竞争性损害赔偿存在的问题。

前文从美国垄断致损赔偿责任实践的实证数据中已经得出垄断性损害主要集中在捆绑销售等搭售行为、掠夺性定价、联合抵制、独家交易、价格歧视、兼并等违反反垄断法的垄断侵害行为上。具体细分下来，垄断致损赔偿责任所规制的违反反垄断法的行为与损害事实之间是否存在因果关系的证明过程，都是围绕着"市场势力"（market power）展开的。换言之，无论是依照《谢尔曼法》还是《克莱顿法》来处理关于垄断和试图垄断的诉讼，市场势力分析都是因果关系证明中非常重要的部分。美国最高法院将"市场势力"定义为"控制价格或者排除竞争的力量"是非常精准的。[①] 从经济学的角度来说，市场势力就是一种界定单一企业将价格提高至竞争水平以上，且能够造成行业其他企业损害而又不引发自身销售量萎缩的能量。

---

① See U. S. v. E. I. Du Pont de Nemours & Co., 351 U. S. 377, 391-392 (1956).

1. 影响因果关系证明的主要要素

20世纪90年代以来，凡涉及《谢尔曼法》第1条、第2条或者《克莱顿法》第3条、第7条的案件，不管是反垄断私人实施的垄断致损赔偿诉讼还是司法部、联邦贸易委员会的诉讼，市场势力都是法官衡量案件的一个非常重要的内容。例如，在美国2018年运通案中，法官再次重申了市场势力分析在因果关系证明中的价值和界限，因为市场作为企业进行有效竞争的场所，"不对市场进行界定，就无法衡量相关行为对于竞争的破坏"①。又如，在案件涉及《谢尔曼法》第2条的时候，法庭一般要求原告举证证明"被告是垄断者或者有极大可能成为垄断者"。在其他案件中，即使证明垄断存在与否并非诉讼核心，市场势力分析也往往是必不可少的，特别是控告企业间密谋减弱竞争的时候，市场势力对于因果关系的论证具有更加重要的意义。

进一步而言，美国最高法院已经注意到界定市场势力的目的是更准确地评估企业间协议是否产生反竞争效果。换言之，市场势力分析是一种界定"可能影响"的手段。当这种影响不通过完全市场势力分析就能评估出来的时候，法庭就不会要求原告进行市场势力分析。在2018年运通案中，28位反垄断法学者在给美国联邦最高法院提供的专家意见中再次强调，反垄断分析之所以要界定市场势力，其初衷就在于"面对限制或价格上涨，谁可以通过竞争本身来约束反竞争行为"②。因此，研究垄断致损赔偿责任之因果关系的证明问题，就要对市场要素影响市场行为的机理有全面的认识：

(1) 市场势力解读

一个企业的市场势力能通过勒纳指数（Lerner Index）进行度量。勒纳指数可以用勒纳公式来表示如下：

$$L = (P － C)/P$$

勒纳公式可以用来检测公司最高价销售产品获得的利润与最高

---

① Ohio v. Am. Express Co., 138 S. Ct. 2274 (2018).
② Brief of 28 Professors of Antitrust Law as Amici Curiae Supporting Petitioners, https://www.supremecourt.gov/DocketPDF/16/16-1454/23982/20171215114926870_16-1454％20TS％20AC％2028％20Profs.Pdf, pp.18-19, last visited on Jan.31, 2023.

价销售产品利润所分割而成的竞争价格之间的差异。其中，L 代表勒纳指数，P 是厂商产品最高价时的利润，C 是最大化产出的边际成本。由于在完全竞争条件下，市场上相同产品的价格均等于边际成本，因此，勒纳指数越高，相关公司的市场势力就越强。

显然，一个公司将其产品价格定于竞争价格水平之上的能力与其所面临的市场需求弹性有关。因此，勒纳指数也是公司需求曲线弹性的倒数，一个较低的弹性系数意味着较高的勒纳指数和较强的市场势力。

虽然勒纳指数对于理论研究具有极大意义，但是可用于实际计算的勒纳指数中的数值很难取得。在美国垄断致损赔偿责任的证明中，法官一般以市场份额为基础来分析市场势力，即用公司的销售量除以行业的总销售量（产业的市场占有率）。但是，仅仅依靠市场份额来说明市场势力也是存在问题的：其一，市场份额仅是众多影响因子中的一个；其二，确定市场份额需要定义相关产品和地域市场，而这些都是非常艰巨和难以实现的任务。

（2）市场份额与市场势力

一般情况下，在竞争性损害的证明中，当事人或者法庭会通过拓展勒纳指数中的数学关系来弥补过分依赖市场份额计算市场势力存在的问题。在此，产品售价高过竞争水平的能力与公司所面临的需求弹性曲线相关，而公司的需求弹性曲线反过来又受到整个行业需求弹性曲线、该公司市场份额以及同该公司竞争的其他公司的供给曲线的共同影响。结合上述因素，勒纳指数可以表达如下：

$$L = S / (E_m + E_s (1-S))$$

S 代表该公司的市场份额，E_m 代表整个行业的需求弹性曲线，E_s 则代表其他竞争公司的供给弹性曲线。

这个公式揭示了市场势力同市场份额确实是相关的。毕竟鲜有仅占行业 10% 市场份额的企业可以在保持销售量稳定的同时提高产品售价。（相比之下，如果该企业的市场份额达到 90% 以上，而市场又不存在消费者可选择的替代品，那么该企业在提高售价时，情况将大不一样。）另外，市场势力同整个行业的需求弹性也有非常大的关系。例如，如果某企业售出的产品在消费者看来是不可替代的，该企业很可能认为消费者应为其产品市场价格提高买单。同时，通过供给弹性可计算其他竞争企业在该企业提价后能够增加的产品。而随着其他竞争企业为市场提供越多的同类产品，该企业的市场势力就会越来越低。一般而言，假设相关条件均保持不变，可以得到如下三个真命题作为垄断致损赔偿责任中竞争性损害与侵害行为之间存在因果关系的前提：

第一，市场势力的变化与市场份额的变化成正相关；

第二，市场势力的变化与行业需求弹性的变化成反相关；

第三，市场势力的变化与供给弹性的变化成反相关。

假设市场存在A、B两个公司，两个公司占各自行业的市场份额都是75%，A公司所在行业面临的需求弹性较大，即当产品价格上升时，消费者就转向相应的替代品市场。同时，假设A公司的其他竞争对手有足够的生产竞争力，并且该行业的市场进入条件公平合理。相反，B公司所在行业面临的需求弹性不大，即消费者不会因为价格变化而放弃购买该类产品。关键的问题是，价格上升时，消费者会向谁购买产品？除此之外，假设该行业中各个企业的生产能力相当，并且市场新进入者障碍重重。很显然，即使A公司和B公司的市场份额相同，它们的市场势力也是大相径庭的。事实上，A公司市场势力较弱，它要提高产品售价就必然以牺牲销售额为代价；相反，B公司提高产品售价时，其销售量并不会受到显著影响。①

上述分析说明了单靠市场份额来说明市场势力的不足，换个角度来看，事实上还有别的极具说明力的数学关系式能够说明市场势力并不仅仅局限于寥寥几个因子的影响。实践中，人们不可能找到充分的相关市场份额、行业弹性和供给弹性数据来计算出确切的市场势力大小。的确，如果这些数据都能获得，仅从单个企业的弹性数据就可以得到直接的勒纳指数了。因此，等式本身只能在一定程度上说明问题。唯一确定的是，市场份额的多寡能够通过行业的需求弹性和供给弹性的计算得出。问题是，需求弹性和供给弹性本身

---

① 在某种程度上，等式本身有一个自我修正的特点。比如，一个因不包含该行业中全部可替代品而形成的高份额的市场占有将被该行业的高需求弹性和供给弹性抵消。

又取决于相关市场份额的确定。要确定某一行业的需求弹性,必须先判断该行业的生产范围。同样地,计算供给弹性也需要先判断该行业中供应产品的现有和潜在公司数量。

考察影响公司弹性和勒纳指数的因子是市场势力分析中非常重要的一个步骤。深入了解市场势力,能够帮助法官避免那些干扰其通过市场份额分析判断市场势力大小的不利因素。近些年来,虽然市场份额仍然在市场势力的分析中居主导地位,但法官们已经开始进行一些更为精准的分析研究,如运用实验数据来精确定位市场份额多寡,进而说明市场势力的强弱。

(3)市场份额与交叉弹性需求的关系

在垄断致损赔偿诉讼中,被告的市场份额一般会被认定等于其销售量除以相关市场的总销售量(包括消费者选择的合理的替代品总量)。通常情况下,在因果关系证明中,经济学手段主要用于明确市场中应该包括哪些产品,进而界定被告的市场份额与交叉弹性需求的关系。其中,交叉弹性需求是从消费者的角度考量产品替代性强弱的,它能表达出相应于其他产品价格的变动,消费者对某种产品需求变动的敏感程度——交叉弹性系数等于需求量变动百分比除以其他产品价格变动百分比,可以表示为:

$$\%CQ_x / \%CP_y$$

在这里,C 代表变动,Q_x 代表的是产品 X 的销售总量,P_y 是产品 Y 的销售价格。高交叉弹性表示产品较易被替代,并且替代品能够进入同一市场进行销售。

交叉弹性需求在垄断致损赔偿诉讼中对因果关系认定的影响主要体现在:如果企业提高价格的时间段短于替代品进入市场造成销售量减少的时间段,那么在特定价格上的高交叉弹性仅能说明消费者对该产品的期望值,而无法给人们一个关于产品间替代性的精准反映。只有当交叉弹性倚靠的价格接近边际成本时,它才能成为一个检测合理互换性的标准。[1]

---

[1] See R. Blair & D. Kaserman, *Private Enforcement of Antitrust Law Arrives in USA*, University of the Pacific Press, 2013, p.110.

此外，当所涉产品在市场上销售量差异巨大时，交叉弹性失真也会发生。① 比方说，Y 产品的生产商较大幅度地提高产品售价，然后很快发现全部或者绝大部分喜欢购买 Y 产品的消费者转向购买 X 产品。与 Y 产品相比，X 产品的实用性很广，并包括 Y 产品的实用性在内。这样，X 产品的总销售量如此之大，很快就超过了 Y 产品过去的总销售量。很显然，X 产品是 Y 产品的很好的替代品，但实际上，用公式"$\%CQ_x/\%CP_y$"计算出来的结果却可能显示它们具有很差的替代性。

更深入的考虑是为了搞清楚交叉弹性的有限性，因为实际的交叉弹性数值因为检测期间的不同会出现差异。比如，当家用燃气的价格上涨时，短期来讲，并不会出现显著的替代品增加。这里的原因很简单：大部分家庭以及商人都习惯于使用特定的加热设备，很难在短时间内替换成使用其他燃料的加热设备。但从长期来看，使用燃料低廉的加热设备替代原有设备的可能性非常大，这时候的交叉弹性一般也相应较高。

（4）供给弹性

供给弹性描述的是市场主体就供给量相对价格变化作出的反应程度，关注的核心是生产成本对市场主体生产行为的影响。一般而言，当成本增速缓慢而产量仍有增加时，市场主体都会相应地增加投放市场的产品总量。假设 A 公司和 B 公司生产同一个产品，其中 A 公司是该产品的市场主导者。当产品成本增速对产量不构成严重影响时，A 公司和 B 公司都可能增加产品的市场投放量。当 A 公司试图通过"价格战"驱逐 B 公司时，有市场进入能力的潜在竞争者 C 公司就有两个选择——要么加入生产行列，要么生产消费者可接受的替代品。C 公司的两种选择及其经营策略表现出来的供给弹性，在某些时候是能说明其在 A、B 公司所在行业的市场能力的。具体地，如果市场主导者 A 公司与该行业其他生产者（如 B 公司）生产相同产品的能力以及生产替代品商的能力相比，只是很有限的领先，

---

① See Richard A. Posner & Frank H. Easterbrook, *Antitrust: Cases, Economic Notes and Other Materials*, West Publishing Company, 1984, p. 359.

则其市场份额其实是不大的。这种情况下，B 公司在发起对 A 公司的垄断致损赔偿责任诉讼时，就极有可能低估该行业的市场规模，进而高估 A 公司的市场势力。

值得注意的是，还可能存在这样的潜在竞争者 D 公司，其生产的产品虽不具备合理的替代性，但是由于在劳动力和资本上的优势，使得其生产的产品能够比较容易取代 A 公司生产的产品。在这种情况下，D 公司的供给弹性就高到足够将其归入竞争者行列，并且其潜在产出也应当算在市场份额内。类似的分析也适用于在不同地域进行销售的相关公司。此外，如果市场进入成本很低，那么将尚未进入市场的相关公司的产出算在市场份额之内也是合情合理的，毕竟新公司进入市场的可能性对 A 公司的价格变动实际上具有限制作用。

综上可见，为了确定市场份额的范围而对潜在供给进行分析并非易事。第一，数据上的不足可能妨碍人们精确判断面对垄断者（被告）涨价时，竞争者以及潜在竞争者的反应；第二，判断现实竞争者供给的弹性大小，必须以该竞争者在相应市场中的活动为条件。毕竟在某种程度上，任何自利的企业都有可能成为潜在的竞争者。因此，在垄断致损赔偿责任诉讼中，用供给弹性进行潜在竞争者筛选的关键就在于找出那些实际上可能对垄断者（被告）决策具有很大影响的公司。

（5）地理市场

一般来说，确定市场份额的过程包括界定相关产品和地理市场。在 Grinnell Corp. 案[①]中，法官就市场份额的界定问题特别强调了"完整的产品市场包括地理因素在内"的判断标准。即在处理垄断致损赔偿诉讼案件时，地理因素也是因果关系证明所必须考虑的要素，如从前文谈到的 Utah Pie 案中可以看出，在垄断致损赔偿责任的因果关系证明中，地理市场就是具有独立重要性的要素。

在很大程度上，界定地理市场需要进行与上述相同的基本分析。从需求的角度来说，"当被告提高其产品价格时，购买者是否具有从

---

① United States v. Grinnell Corp., 384 U.S. 563 (1966).

更远处的生产者加大购买量的趋势"就是地理市场所需回答的问题。这种趋势越强大,交叉弹性越高,就越应当把更远处的生产者算作被告市场的一部分。从供给的角度来说,如果更远处的生产者已经通过与被告竞争的方式进行销售,并且能够轻易地将其销售范围扩大到被告的相应销售对象,那么这些更远处生产者的能力也是被告市场的一部分。

此外,考虑地理市场对因果关系证明的影响主要围绕"运输成本"①来考虑两方面的问题:第一,更远处生产者的反应如何?第二,它们的进入市场能力是否应该计入其内?事实上,运输成本可在一定程度上保护本地生产者,使其能够在一定的范围内提高价格同时不损失销售量。而如果运输成本非常低或者同该产品的价格相比非常低的话,那么运输成本的保护作用就十分有限,被告所拥有的市场势力就非常单薄,行为与损害之间的因果关系也就不存在。

2. 法律意义上的市场势力在因果关系证明中的运用

使用经济学原理进行市场分析以证明反垄断行为与危害之间存在因果关系的实践并非一帆风顺。事实上,法官很少直接使用蕴含经济学理论的市场势力分析法来处理垄断争议,因此有时候这种分析法在原告的举证中直接就被否定。但是,上述分析市场势力的要素确实对证明因果关系具有指导意义。通过对上述五个影响因果关系证明的主要要素的分析,结合垄断致损赔偿判例,可以发现在因果关系证明中,法律意义上的市场势力作为前提条件,通常集中在三个问题的处理上:第一,哪些属于确定被告市场份额所需要的相关市场?第二,被告在该市场中所占的市场份额是多少?第三,考虑所有的相关因素后,被告特定市场份额所发挥的市场势力如何?

1984 年,美国最高法院对于将麻醉服务同医务服务捆绑销售的 Jefferson Parish Hospital Dist. No. 2 v. Hyde 案②作出判决。在本案中,新奥尔良地区的 Jefferson Parish Hospital Dist. No. 2(东杰弗

---

① Kenneth G. Elzinga & Thomas F. Hogarty, The Problem of Geographic Market Delineation in Antimerger Suits, *The Antitrust Bulletin*, Vol. 18, No. 1, Spring 1973, pp. 45-81.

② Jefferson Parish Hospital Dist. No. 2 v. Hyde, 466 U. S. 2 (1984).

逊医院）和 Roux 公司签署了一份提供麻醉服务的排他性合同，该合同约定，东杰弗逊医院每一名接受外科手术的病人都必须直接向 Roux 公司直接付费。但是，该医院的麻醉师 Hyde（海德）没有执行该合同的要求，因此被禁止在该医院行医。为此，海德对该医院提起垄断致损赔偿诉讼。海德认为，东杰弗逊医院与 Roux 公司的合同在本质上是将麻醉服务同医院的医疗服务捆绑销售。按照原告海德的诉因，本案中反垄断捆绑应当为：捆绑产品的垄断商（东杰弗逊医院）通过捆绑销售另一个它不具有垄断能力的产品（Roux 公司提供的服务）来提高它的利润。但事实上，本案中的麻醉费是直接归 Roux 公司的，即麻醉的利润并没有归医院所有。负责本案的五位最高法院主审法官大多认为东杰弗逊医院有市场力量的结论没有根据，在他们看来，即使东杰弗逊医院有市场力量，也没有令人信服的经济原因把外科手术和麻醉作为独立的服务对待，因此东杰弗逊医院将两种服务一起出售并不能获得任何额外的市场力量。据此，法官们以一致意见作出了有利于被告的裁决。

可以说，对于市场力量、市场份额、市场势力、供给弹性、地理市场以及市场与交叉弹性需求之关系的分析，都是垄断致损赔偿责任因果关系证明的要素。在不同的案件中这些因素的重要程度各不相同，需要结合本身违法原则和合理原则进行具体问题具体分析。从包括垄断致损赔偿责任在内的美国反垄断实践来看，一种普遍看法认为，只要出现高市场份额，就无须考虑其他因素，应该对该市场份额占有企业采取行动。但是，随着经济发展的多元化、社会现实的复杂化以及侵权责任因果关系实质因素理论的深入，垄断致损赔偿责任的因果关系证明日益呈现出多因素交织的局面。近些年来，特别是在美国诉微软一案中，由于互联网的发展，反垄断分析日益加强了对经济学理论的借重。相应地，在垄断致损赔偿诉讼中，依靠经济学相关理论进行因果关系证明的情况也越来越多，这也使得垄断致损赔偿诉讼日益朝着专业化方向发展。

3. 因果关系证明的限制

与一般侵权责任一样，垄断致损赔偿责任之因果关系论证也存在一定限制。这种限制一方面来源于因果关系的有限传递性现实，另一方面则来源于特殊领域内的反垄断豁免。

在一般侵权责任中，因果关系的传递性指的是多个先前因素对后续结果的进程作用。哈特说："事实上，在任何因果过程中，人类在每一阶段所掌握的并不是一个个单纯的事件，而是一组组复杂的条件集合体；但是这些条件中的某些因素虽然是继最初行为或时间之后才出现的，但它们却独立于这些最初行为或事件。"① 根据哈特对因果关系的理解，随着因果进程的加长，中间阶段增多的后果是因果关系的传递会在各种"似乎具有关联性"的非因果关系要素的干扰下变得复杂，从而使得因果关系传递问题必须限制在"近因"范围内。美国著名的大法官卡多佐在处理 Bird v. St. Paul Fire and Marine Insurance 案时曾指出："主张、诉求应该将距离的远近考虑在内，才是有意义的。"②

对于因果关系传递有限性问题，美国学者福勒·V. 哈勃（Fowler V. Harper）和弗莱明·詹姆斯（Fleming James）指出："法律因果关系既用于限制或控制被告的责任，亦用于限制或者控制原告的权利滥用。然而，从实践的真实世界来看，很多被归为法律因果关系的问题在本质上更应该属于义务、行为标准等其他范畴，而非因果关系问题之内。简言之，因果关系有限性的实践是极困难的。没有其他法律概念能如因果关系一般在司法实践中起到阿拉丁神灯的作用，但因果关系又因为这种变化多端的特征使其在疑难案件中表现得过于模糊而可以为其他侵权责任构成要件所替代。这种局面带来的后果就是造成了公认的、广泛的认识混乱，并且在侵权法各分支中形成了一批天然华而不实的法律理论。"③

在垄断致损赔偿责任之因果关系传递有限性的问题上，虽然同一般侵权责任一样，垄断致损赔偿责任的因果关系传递仍然必须在"近因"的范围内进行，但是，与一般侵权责任不同，垄断致损赔偿

---

① H. L. A. Hart & A. M. Honoré, *Causation in the Law*, Clarendon Press, 1959, p. 72.

② Bird v. St. Paul Fire and Marine Insurance, 120 N. E. 86 (N. Y. 1918).

③ Fowler V. Harper & Fleming James, The Law of Torts, *Louisiana Law Review*, Vol. 17, No. 4, 1957, p. 2.

责任之因果关系传递有限性的尺度受到除近因理论外的国家经济政策更多的影响和左右。

因此，笔者认为，要正确理解垄断致损赔偿责任与一般侵权责任之因果关系传递有限性的不同特质，必须做到：（1）应从垄断致损赔偿制度的宗旨进行理解，即垄断致损赔偿责任的价值在于修复因侵害人行为而损害的市场竞争消极自由的秩序；（2）应仔细分析影响垄断致损赔偿法律上的因果关系的经济政策的含义，通过法律与政策相结合的方式获得对垄断致损赔偿法律上的因果关系的限度的理性认识。事实上，垄断致损赔偿责任的宗旨对因果关系的限制性作用，在本质上是由责任中损害事实的范围大小所左右的。换言之，一定程度上，损害事实的边界就是指挥因果关系证明的指挥棒。

三、反垄断政策对因果关系检测的影响

（一）反垄断政策的学理阐释

在政策学研究发源地的西方，不论是英语的"policy"、德语的"politik"还是法语的"politique"，均源于希腊语词根"polis"——原意为"城邦"，后逐渐扩展而具有"城市""管理方法""公民身份"等意思。亚里士多德曾将城邦归纳为"至高而广涵的社会团体"。据此，"反垄断政策"（antitrust policy）从字面直译就是"维护市场自由竞争的管理方法"。事实上，"政策"和"法律"一样，都是人类意思表达所形成的关联类型化之形式。人类在赋予其所从事的社会管理方法以特定含义的同时，社会管理本身也会被区分出合法或者非法的含义来指导行为人，将社会管理的模式固定化和规范化。

政策离不开社会管理不断附加给人的感受，人类则会在社会实践中不断以新方法解读政策并赋予其新内涵，毕竟任何事实都涉及相应的道德决定和价值判断。可以说，正是可改变的社会生活事实让人类作出许多不同的决定，这也是政策生成之关键。与法律相比，

政策对可改变的社会生活事实具有更为敏锐的反应速度和回应渠道。特别是在与经济息息相关的反垄断领域，反垄断政策作为政策在反垄断领域的集中体现，其存在的合理性便是市场活动中竞争方式和竞争程度极具可变性的社会现实。进一步地，正如迪尔凯姆指出的："一种社会事实的决定性原因，应该到先于它存在的社会事实之中去寻找，而不应到个人意识的状态之中去寻找。"①

要明晰反垄断政策的概念，除了需要注意反垄断政策的价值前提外，还必须回到反垄断发展的历史变迁中，认真理解反垄断政策对市场有序发展的作用——在一定程度上，美国反垄断政策的发展促成了包括垄断致损赔偿责任制度在内的美国反垄断立法和司法的发展和变迁，并促使反垄断法律突破"私法绝对自治"的理性主义（古典自然法学派）限制，走向"私法自治相对化"的实证主义（新自由主义法学）道路。19世纪，以古典自然法学派为代表的近代理性主义基于私人事务自决的认识，将"私有权绝对神圣"作为"天赋人权"的要素，赋予私人绝对自治与政府担当"守夜人"的社会格局，排斥公权力介入市场竞争的管理。在这种理性主义的支配下，美国根本不存在所谓的反垄断政策，只有基本的民事法律起着秩序维持的消极作用。然而，"凡是属于最大多数人的公共事务常常只会得到最少数人的照顾，人们关注自己的事务，而忽视公共的事务；对于公共事务，私人常常只留心到对其个人有相关的部分。"② 美国学者梅利曼在《大陆法系》一书中归纳出的社会现实，使得市民社会运作进入了新阶段，国家亦开始考虑必须通过一定的政策手段和法律手段保障市场竞争自由有序开展。实质上，美国1890年制定《谢尔曼法》就突出地体现了政府试图通过法律和政策调控实现政府有关"增进和服务于公共利益"的任务。③

简言之，规范美国垄断致损赔偿责任制度的法律法规因反垄断

---

① 〔法〕E. 迪尔凯姆：《社会学方法的准则》，狄玉明译，商务印书馆2017年版，第122页。
② 〔美〕约翰·亨利·梅利曼：《大陆法系（第2版）》，顾培东、禄正平译，法律出版社2004年版，第246页。
③ 参见〔美〕詹姆斯·E. 安德森：《公共决策》，唐亮译，华夏出版社1990年版，第71页。

政策的影响而受到限制：一方面，反垄断政策在宏观上限制着垄断致损赔偿法律制度的绝对化（对于垄断致损赔偿豁免的容忍）；另一方面，反垄断政策又在弥合着垄断致损赔偿法律制度与市场竞争高速发展之间的裂缝。

从美国理论界的研究来看，反垄断政策概念中的价值意义是其本身真实存在且区别于反垄断的法律法规。从美国司法实践中的判例来看，"policy"一词在法院的判词里一般指的是公共利益的考量，落实到包括垄断致损赔偿在内的反垄断诉讼中，因果关系证明所遵循的"可预见标准"在司法实践运用中是离不开反垄断政策考量的。一般说来，反垄断政策对垄断致损赔偿法律实践主要具有两大方面的作用：一方面，反垄断政策引导着垄断致损赔偿责任实施中因果关系检测的有序进行；另一方面，它也限制着因果关系检测的适用，保障反垄断豁免的合理开展。

（二）反垄断政策对因果关系检测的引导与限制

与所有的政策相同，反垄断政策也具有两个运行要素：目的和手段。其中，反垄断政策的"目的是深层次的核心因素，决定着手段的选择和配置"。在认识论下，"尽管目的本身和手段经常处于变更状态，但是目的与手段之间的决定与被决定关键是稳定的、有秩序的"[①]。这是反垄断政策研究的一个"先见"基础。在司法实践中，反垄断政策对垄断致损赔偿责任的影响主要体现在对因果关系检测的引导上，其作用的基本原理主要体现在三方面的作用中：

第一，"保护某些行业内的被侵害人"是政策考量中极其重要的内容。这项政策起源于工业化初期对企业家创业和生产的鼓励。虽然随着工业化的不断发展，这一政策已经不再完全适用，但在某种程度上这个问题仍然是存在的。毕竟人类的一切活动都存在一定程度的风险，如果对于企业家行为后果进行过分严苛的责任限制，那么必然会影响企业市场行为的效率，企业可能在瞻前顾后的犹豫中

[①] 杨春洗主编：《刑事政策论》，北京大学出版社1994年版，第9页。

丧失服务社会、引领经济革新的动力。可以说，美国反垄断政策在垄断致损赔偿问题领域的第一要义即通过赔偿的手段恢复受损方因垄断行为所受到的伤害。这一要义意味着在垄断致损赔偿责任因果关系检测中必须紧紧围绕确定违法行为以及赔偿所能够消除损害的最佳水平位置进行。事实上，反垄断政策对因果关系检测的这种要求本质上仍然以垄断致损赔偿责任的价值为参照，即因果关系检测的逻辑必须围绕因果关系成立所能实现赔偿的程度能够适当地阻止侵害行为预期收益的实现。

第二，因果关系证明中还需衡量的另一项政策选择在于考虑被告行为的社会需求性与该行为对原告造成的损害孰大孰小，即对侵害行为社会成本的认识。现实社会中存在这样一种可能，即侵害行为的预期盈利与其造成受害人损害数量之间的相关性可能并不大。例如，掠夺性定价的盈利能力取决于销售数量，在消费者因为价格高低的考虑而倒向掠夺性定价者的市场竞争中，被消费者抛弃的市场销售主体所遭受的损害恰恰也是竞争自由的表现。又如，横向并购这种违反反垄断法同时也能提高市场运作效率和行为人市场力量的行为，处于主导地位的合并企业能够通过合并减少企业链中相应产品数量并提高产品价格。对于诸如此类的市场行为，因果关系检测能够适用并认定存在垄断致损赔偿责任的根本原因就在于反垄断政策谴责兼并或者是掠夺性定价具有的潜在实质性危险。即除了在非常明显的情况下，反垄断还应该考虑市场力量变化后对社会长远发展的作用，以便对那些可能造成损害的行为进行否定评价，并对实质被危害的市场主体进行救济。

第三，还有一个需要考量的相关政策前提是侵害人的富有程度——越富有承担责任的能力就越强。从美国司法实践的现实来看，基本上所有现行垄断致损赔偿责任制度规则中的损害赔偿前提都是原告的商业损失，而不对被告的垄断收益和无谓损失的大小进行考虑，有时受损竞争者的利润损失和其他间接损失与垄断收益之间甚

第五章
因果关系

至并没有必然的相关性。但是，法律却要对侵害者的侵害行为作出否定评价，并对受害人包括间接损失在内的利润损失等一并作出补偿。由此可见，反垄断政策预先假定侵权人之所以发起垄断致损侵害行为是其实力强大所致，而且这种因实力强大而故意破坏市场竞争自由的行为可以说是对其可能遭到法律和政策非难的不屑一顾。因此，在垄断致损赔偿因果关系检测中，可以将一定程度的间接损失等计入损失的范围，从而确保垄断致损赔偿制度发挥威慑与补偿相结合的功能。

除了对垄断致损赔偿责任的因果关系检测进行引导外，反垄断政策在特殊情况下还会对因果关系的检测产生限制作用。即在出于对特殊产业的保护和国家战略竞争力的考虑时，美国国会会赋予相关产业和商业活动拥有反垄断豁免权，相关的劳工工会、出口卡特尔、农业合作社、受管制产业和一些国际合资研发企业等产业、商业活动会因为国家发展的需要而得到反垄断政策的豁免。国会所许可的反垄断豁免在本质上是对反垄断法律法规实施的一种限制，在这些领域内，即使出现垄断侵害行为并造成垄断性损害，也不存在承担垄断致损赔偿责任的情形。

比如，《克莱顿法》就规定了劳工工会豁免于反垄断法，豁免的理由是使劳方拥有与雇主相当的讨价还价能力。不过，为了避免劳工工会利用豁免损害雇主合法利益，豁免也是有限制的。受管制的特殊产业的豁免在不同的产业有不同的表现，但其原理都是相通的，即管制的实施已经能实现保障公众以及行业内小的市场主体免受垄断行为的伤害这一目标。此外，基于维护美国产业界保持竞争力以应对国外竞争的考虑，一些国际合资研发企业也在反垄断法豁免之列。对于这些反垄断豁免的对象，垄断致损赔偿责任是不适用的，即使所谓的侵权行为造成了损害，但侵权行为与损害之间的因果关系也会因为反垄断豁免的存在而被阻断。

小　结

虽然因果关系复杂，但是作为垄断致损赔偿责任之构成要件的中枢，它是决定赔偿责任是否成立的最为重要的因素。本章从一般与特殊相结合的思路出发，在对一般侵权责任因果关系理论进行梳理的基础上分析垄断致损赔偿责任的因果关系理论及其内容，既有学说的解读，又有案例的支撑，并试图从经济学思维的角度对垄断致损赔偿责任因果关系问题作出较为全面的探讨。

正如曾世雄教授所指出的，因果关系既以万物之事理为其内容，涵盖之事物当然广泛，如欲理出头绪并作合理之规范，事实上甚为困难，以致各国成文法典未见给予因果关系定义之规定。[①] 由此，因果关系的复杂性可见一斑。通过本章的探讨，笔者认为，对于垄断致损赔偿责任下的因果关系，除了遵循一般侵权责任下以逻辑推理之方法论证行为与损害之间因果关系的一般原理，以"推进竞争，进而提高经济效益"作为其正当性的价值前提，不但要考虑逻辑推理之恰当性，而且还要加入经济学中有关市场势力等经济要素的分析和证明。可以说，美国垄断致损赔偿责任因果关系理论在一般侵权责任的因果关系理论基础上，形成了一套较为独特的因果关系检测标准和证明思路。不仅如此，由于反垄断政策对美国反垄断法律实施所具有的独特作用，即一方面引导着垄断致损赔偿责任因果关系证明的路径，另一方面通过设置特别领域的豁免在一定程度上限制着因果关系理论实践的范围。但是，无论是引导还是限制，反垄断政策的存在都是为了在策略和方向上保障垄断致损赔偿责任制度实施的效能最大化。

值得注意的是，由于近年来美国经济出现的结构性问题，导致

---

① 参见曾世雄：《损害赔偿法原理》，中国政法大学出版社2001年版，第95页。

保守主义在美国政治和经济上的影响加深,包括垄断致损赔偿诉讼在内的美国反垄断体系均趋于滞后状态,执法机构与法院对市场失灵进行干预的意愿也处于历史低位,原本应当以经济学为基础的因果关系证明被束之高阁。其结果是,诸多市场的集中度大幅提高、竞争减弱,特别是数字市场呈现"赢者通吃"的态势。针对这一现象,主张"大即是恶"(bigness is badness)的反垄断高压模式重新被激活,并对美国反垄断产生重要影响:一方面,民众期望制定一套力度更强、调整面更广的反垄断规则;另一方面,(反垄断高压模式)主导者、参与者往往对经济学缺乏深刻的理解,对竞争政策能够实现的目标抱有不切实际的期望,并持有相互不一致甚至不连贯的目标。[①] 对于美国反垄断在现实中遇到的上述问题,我们应当客观看待,在借鉴包括垄断致损赔偿责任制度在内的美国反垄断体系时保持理性,以科学的态度认识经济学在反垄断领域的价值。

---

① See Herbert Hovenkamp, Whatever Did Happen to the Antitrust Movement?, *Notre Dame Law Review*, Vol. 94, No. 1, 2019, p. 585.

第六章
损害赔偿

所谓损害赔偿，就是对损害进行弥补的具体操作。严格意义上来讲，对于侵害行为造成的损害事实，没有任何法律能够尽善尽美地达到弥补损害之目的。从美国垄断致损赔偿责任制度从萌芽到形成的立法变迁来看，不论是《谢尔曼法》第7条的规定还是《克莱顿法》第4条的要求，都与三倍赔偿这一垄断致损赔偿罚则紧紧相连。

一、损害赔偿的价值目标和基本原则

（一）损害赔偿的价值目标

鉴于垄断致损赔偿责任的损害赔偿方法有别于民法中其他的一般性损害赔偿方法，因此有必要对垄断致损赔偿责任制度的损害赔偿价值进行学理上的阐述和明确，这是我们理解垄断致损赔偿责任制度的基础之一。

在经济学中，效率是一个核心内容，与公平、增长和稳定共同构成判断经济行为和经济制度优劣的四个标准。[1] 而在法学中，自由显然是比效率更高位阶的价值所在。事实上，法律的目标即在于通过公平和效率的规制来达成自由之目的。正如卓泽渊教授指出的："在解决法的价值冲突时，或许不得不因追求某种价值而在一定程度上损害另一种价值，这就是代价或者成本。这就必须坚持补偿有余的原则，争取得大于失，效益大于成本，收益大于代价。"[2] 从这一角度来说，垄断致损赔偿责任制度之损害赔偿的设定，不仅是为了捍卫公平、自由的价值，事实上也是为了维护整个市场竞争有序发

---

[1] 参见董延林：《经济法原理问题》，中国方正出版社2004年版，第84页。
[2] 卓泽渊：《法的价值论（第2版）》，法律出版社2006年版，第628页。

展的效率。损害赔偿就是为了化解自由、效率和公平三种价值间的冲突,实现三者共赢的价值目标。具体表现为:

1. 自由与效率价值的双赢

在市场竞争中,市场主体无限制的积极自由往往会损害到市场有序运作所必需的消极自由,进而破坏整体社会福利。正如前述美国学者所作的微观经济学分析,当市场主体无限扩大竞争中的积极自由且以损害其他市场主体经营的手段驱逐其他市场主体(破坏竞争的消极自由)时,在市场中获得垄断地位的市场主体驱逐竞争者自由竞争所付出的代价将通过新的垄断价格得以自我补偿,而那些需要并将会以公平自由竞争下形成的原竞争价格购买产品的消费者就会拒绝所需商品的垄断价格,选择较为逊色的替代品。在消费者没有购买到本可以竞争价格购买的产品时,社会资源实际上是被不当配置的,即对于社会整体来说效率降低了。从维护社会发展效率的角度来说,资源必须在市场上进行最优配置,并且能在任何公司都得到有效利用。因此,垄断致损赔偿责任的存在,本质上就是通过对市场主体消极自由的维护来实现保障市场竞争的积极自由和消极自由,从而达到社会效率最大化。

2. 自由与公平价值的双赢

诚然,相对于仅获得等于实际损失赔偿的判决来说,以三倍赔偿为主的垄断致损赔偿责任明显更能激发私人实施反垄断的积极性。但是,在司法实践中三倍赔偿也刺激着滥诉或以敲诈为目的的反垄断私人诉讼的增长。即便如此,正如波斯纳所言:"一个救济体系的基本目标是威慑人们不敢违反法律。"[①] 只要锚定救济体系的基本目标,坚持补偿有余、惩罚恶性的原则,美国垄断致损赔偿责任制度关于赔偿条件、赔偿范围的制度设计,仍然能够维系自由与公平价值的平衡发展。在此,以图 6-1 为例讨论掠夺性定价这一破坏市场竞争之消极自由行为,并探讨三倍赔偿如何达到自由与公平的双重价值目标。

---

① 〔美〕理查德·A. 波斯纳:《反垄断法(第二版)》,孙秋宁译,中国政法大学出版社 2003 年版,第 313 页。

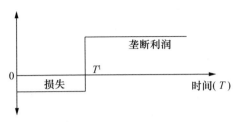

图 6-1　掠夺性定价的利润与损失模式

在时间 T^1 之前,即在受害人离开该行业之前,掠夺者将承担损失直到受害人离开,届时挤走受害人的掠夺者就可以提高价格至垄断水平。此后,掠夺者不但能够弥补其之前进行掠夺性定价造成的损失,还能获得更大的投资回报。从经济学的角度来看,如果把掠夺性行为看作为了获取或增加未来垄断利润的投资,那么未来垄断利润必须适当贴现。比如,今天花费 1 美元就承担 1 美元的成本,如果以 10% 的贴现率计算,则 3 年后增加的 1 美元利润大约值 75 美分,5 年后的 1 美元利润只值 62 美分,10 年后的 1 美元利润仅值 38.5 美分……由此可见,就算受害人被掠夺性定价逐出市场后意图再返回市场重新参与竞争,那么掠夺者在其退出市场期间所提高的价格也会令重返市场的受害人得不到其所期望的利润量。因此,三倍于损失的垄断所致损害赔偿对于受害人来说,是一种长远救济的表现。换言之,在无法精确判断不正当竞争对市场竞争之消极自由破坏而导致合法经营者自由竞争的正当利益损失时,以三倍赔偿为核心的垄断致损赔偿责任是一种大致"完美"的设计,在这里自由价值得到维持,公平价值得到补偿。

(二) 损害赔偿的基本原则

民法上所说的"赔偿",往往是对违法行为造成损害进行填补的指称。但是,美国垄断性损害的三倍赔偿制度,其目的不仅仅在于补偿,因为在某种意义上讲,三倍赔偿的惩罚性不同于普通的民事"惩罚性赔偿"(punitive damages),它具有一定的准刑罚惩罚性。概而言之,一方面,三倍赔偿体现的是特殊侵权责任的要求;另一方面,它已经突破私法限制,进入了公法(社会法)的领域。

如果说垄断致损赔偿责任中的因果关系检测的价值在于区分特定行为是否应该受到不利后果的评价的话，那么以三倍赔偿为主的赔偿规则就是有关救济不利后果的具体说明。简言之，三倍赔偿是关于实现正义的途径，其性质当然包括填补违反法定义务或存在过错的行为造成的损害、对破坏社会效益行为的惩戒两方面。

1. 赔偿正义——填补损害

损害赔偿，从字面来理解就是对损害的赔偿。无损害就不存在赔偿，填补损害的赔偿正是对违法或过错行为所造成的受害人的损害予以填补。损害赔偿存在的假设前提在于：作为同样自由且平等的市场主体，对于市场竞争中的一个或几个市场主体有意实施侵害行为，影响其他市场主体进行自由、公平竞争，进而损害被影响者权益的情形，赔偿的本质就是一种寻求对违法收益科以负担以填补损害的"正义再分配"活动，其目的在于将那些因为侵害人违法行为所造成的权利的扭曲和背离通过损害填补恢复到正常状态。

事实上，上述基于"赔偿正义"来填补损害的原则更多是对传统社会现实的回应。在前现代社会，生产方式相对简单，经济发展的交互性不算复杂，尽管也可能存在不同的价值追求，但大多数人的观念中并未形成"机会成本"等经济高度发达后的思考理念。于是，当违法行为侵犯了自身利益时，人们最朴素的想法就是"填补损害即达成赔偿正义之路"。但是，在社会高度发达后，"效益"观念深入人心，特别是在以市场竞争为核心的垄断致损赔偿责任制度下，一旦发生损害事实，连锁影响往往在所难免，单单进行填补损害显然是不够的，更何况损害甚至可能只是一个无法准确计算的对象。简言之，填补损害在垄断致损赔偿责任中只能是一种赔偿存在的基础，除了填补现实损害外，受害人必须能够在填补已经造成的现实损失的基础上谋求其他看不见的利益的补偿。

2. 矫正正义——准刑罚性

一般认为，与刑事处罚重在预防与处罚的目的相比，民事处罚中的损害赔偿多重在填补受害人所受之损害。然而，在垄断致损三倍赔偿中，除了对违法行为人科以损害赔偿来弥补受害人所遭受之损害外，多于损害数额的部分体现了进一步处罚违法行为人实施危害市场竞争自由、有序发展秩序的行为以及对该行为的否定。通过这种高于损害数额本身的惩罚，一方面可阻止违法行为人再犯，另一方面可教育其他市场主体不得实施类似的违法行为。

之所以用"矫正正义——准刑罚性"来描述垄断致损赔偿责任除填补损害外的性质特征，正是因为垄断致损赔偿责任中高于实际损害的三倍赔偿，这一点与刑事处罚中的罚金有相似之处。刑法上的罚金，是剥夺犯罪人财产的一种财产刑，主要适用于无须剥夺犯罪人自由的轻微犯罪，其功能在于既能发挥刑法本身具有的惩罚、威吓、教育等目的，又能够弥补因实施自由刑而带来的一定意义上的社会资源浪费。而在反垄断实施问题上，如果对违反反垄断法规范、破坏市场自由竞争且对其他市场主体造成损害的侵害人以施加自由刑的方式进行处罚的话，落实到侵害人内部，实际上就是由相关企业高管等主要负责人受到刑罚处罚。这种处理虽然能实现威慑和预防的刑罚基本功能，但从长期来看，高管受到惩处，企业的发展一般就会受到不利影响，对被处罚的侵害人及社会整体效益是不利的。因此，美国现行的反垄断实施大多将罚金与三倍赔偿结合使用。换言之，当某一违反反垄断规范的行为既符合垄断致损赔偿责任的构成要件，又符合有关反垄断刑事处罚的构成要件时，就会产生刑事责任和民事责任的竞合。虽然两者都有惩罚和威慑之功能，但罚金作为刑事制裁之方式，所罚金钱是上交国家的，并不能对违法行为的受害人提供相应救济。相比之下，垄断致损三倍赔偿虽然具有准刑罚性，但其本质仍是民事责任在现代社会的新发展，是可与罚金并驾齐驱的。

二、损害计算

垄断致损赔偿责任作为侵害竞争权的特殊侵权责任，属于广义的财产损害赔偿。因为竞争权是一种无形财产，既包括现实的财产权内容，又包括可期待的财产利益。一般来说，财产损害赔偿的方法是赔偿损失，可采取金钱赔偿和实物赔偿的方式进行。而三倍赔偿显然是金钱赔偿,即以支付金钱的方式予以赔偿,这样就涉及一个赔偿数额的计算问题。本书在此主要讨论两个问题:第一,三倍赔偿依据的损害计算具有特殊性;第二,三倍赔偿的具体实施在美国司法实践中的一整套较为成熟的计算思路和方法。

(一) 损害计算的特殊性

一般侵权责任基本上是有标准可循的,比如人身伤害赔偿的范围由"医疗费、误工费和护理费及其他必要费用"组成。然而,落实到垄断致损赔偿责任制度问题上,损害计算却是极为复杂的。比如,美国垄断致损赔偿责任制度下的三倍赔偿罚则仅仅是原则性规定,只概括了受害人可得到三倍的赔偿,至于赔偿的范围、如何计算等,却没有明确说明。不仅如此,美国判例法传统的司法特性,更使得垄断致损赔偿依据的损害计算呈现"千姿百态"的情形。具体来说,美国垄断性损害计算主要具有如下两大特点:

第一,损害计算对专家证人有极强的依赖性。垄断是对自由竞争秩序的干扰,垄断致损赔偿责任针对的是侵犯竞争权的行为。在实践中,被告的行为是否侵犯了原告的竞争权、原告受到的损害到底有哪些内容、被告是否具有反垄断豁免权等有关垄断性损害计算的问题都是极具专业性的,都不得不依赖专家尤其是经济学专家的分析和说明。

第二,损害计算的方法具有较强的灵活性。从美国垄断致损赔偿诉讼实践来看,损害计算有多种方法,且不同计算方法间具有相容性。在司法实践中,原告往往会使用几种不同的损害计算方法,而通过不同方法对同一损害进行多次计算后,如果得出的损失大小基本相同,则计算得出的损害赔偿额在案件审理中就会具有较强说服力,并能够产生较高可信度。

总之,由于垄断性损害在各受害人之间的分配比例以及综合损害的大小、垄断行为对市场竞争破坏程度等要素都是处理垄断致损赔偿侵权案时必须搞清楚的事实问题,因此,对于大多数垄断致损赔偿诉讼来讲,只有通过复杂的数据收集和经济分析,才能对损害作出较为准确的计算。

(二) 损害计算的主要方法

无论经济学和美国联邦反垄断法、反垄断政策之间的"联姻"如何成功，具体到垄断致损赔偿时问题也会变得微妙起来。在过去一段很长的时间内，美国学者大多仅仅将经济学的分析应用于反垄断相关概念的演绎上，而极少对垄断致损赔偿在诉讼中的实质性内容进行研究。好在这种现实的不足已经逐渐得到了美国反垄断研究的重视，学者开始更多地运用微观经济学手段对损害计算进行分析，对垄断致损赔偿的法律限制进行某些具有经济学支撑的探讨，注重垄断致损赔偿责任这一法律救济的"质量"，并通过发展损害计算的模式帮助决策者鉴别某些做法，如垂直整合的意义以及垄断行为受害人的损害度。毕竟从公平与补偿概念的大部分法律特质来说，我们能够认定损害存在的客观性，却极难量化损害的程度。垄断致损赔偿责任在美国研究的新方向就在于，通过损害计算方法的新发展，在确定损害赔偿数额的同时提高反垄断的效率。

事实上，美国最高法院1977年在Brunswick Corp.案[1]的处理中就已经开启了对垄断致损赔偿责任损害计算的新思考，即损害计算应当以损害恢复和损害赔偿诉讼手段的成本为基础。垄断侵害行为的强度直接决定着损害事实的严重与否，也影响着诉讼成本的高低。从经济学的角度来看，垄断致损赔偿诉讼量增加时，原告的收益虽然可能继续增加，但也可能以一定的速度下降——因为诉讼量的增加而增加的社会成本将以越来越快的速度上升，直到最终的边际成本和边际收益曲线相交，而在社会成本超过边际成本和边际收益曲线相交点的时候，诉讼的意义和效率就开始降低。因此，在垄断致损赔偿诉讼中，应该对私人实施垄断致损赔偿的规范和程度进行一定的限制。当垄断致损赔偿损害计算的尺度放宽时，预期收益增加会激励在诉讼边缘的受害人因为有利可图而发起更多的诉讼；反之，受害人的诉讼可能就是得不偿失。总之，最佳的垄断致损赔偿责任实践必须以能够保证边际成本等于边际收益的反垄断政策作

---

[1] Brunswick Corp. v. Pueblo Bowl-O-Mat, Inc., 429 U.S. 477 (1977).

为支撑。然而，不必说法律和政策，即使经济学本身，关于"边际成本和边际收益"的交叉和边缘界限也非常模糊。尽管如此，在绝大多数的诉讼案件中，垄断性损害的计算也必须引入一些经济学的补偿方法。

在美国垄断致损赔偿责任制度司法实践中，根据案件的不同情形，法院一般将可赔偿的垄断性损害分为"多付价款的损害、利益损失与收益减少的损害以及被终止的商业损害"三个大类，[①]并依照不同损害之特征采取相应的损害计算方法（有时应用一种损害计算方法即可，有时则需要多种计算方法的混合运用）。

1. 标尺比较法（Yardstick Method）

一般来说，垄断致损的损害范围主要是受害人在受到侵害人违反反垄断法的行为侵害期间所造成的损失，即受到垄断行为侵害期间的经济状况与同一时期内没有受到侵害的经济状况之间的差额。垄断性损害的范围就是以同一时期内没有受到垄断行为侵害的相同经营的正常经营状况为参照的"标尺"的。"标尺"的主体是与垄断受害人经营条件和所处市场环境大致相当且未受垄断行为侵害的市场经营者。

Bigelow v. RKO Radio Picture，Inc. 案[②]是美国最高法院适用标尺比较法的重要判例。本案中，原告是芝加哥的一家小剧院，而被告是芝加哥地区的一个集团企业，主要从事影片发行和剧院经营，其剧院经营业务与原告具有竞争关系。原告指控，被告为了压制其市场份额和竞争力，在 5 年时间内，通过非法手段使其旗下剧院总能比原告提前两周获得新影片的拷贝，导致原告的正常经营受阻、合法权益受损。为了证明垄断所致损害的真实性，原告选择了被告旗下的一家剧院作为"标尺"，将该"标尺"与自身 5 年内的收入差额 11.6 万美元作为反垄断诉讼的损失数额，提出该损失数额三倍赔偿的请求。最高法院认为，原告所使用的"标尺"在规模和设施配备上与原告大致相当，且原告的地理位置和设施更好，这种"标尺"

---

① 参见郑鹏程：《美国反垄断三倍损害赔偿制度研究》，载《环球法律评论》2006 年第 2 期。

② Bigelow v. RKO Radio Picture，Inc.，327 U.S. 251 (1946)。

的选择是恰当的，故原告的主张应当给予支持。

在适用标尺比较法时，专家一般通过计算比较，在反映两个市场成本差异的基础上，从两个市场成本差异的比例中估算出没有垄断侵害行为干扰时的产品价格。换言之，损害赔偿以重建的理想价格和实际卡特尔价格之间的差额为基础。在垄断致损赔偿诉讼中适用标尺比较法时，最为要紧的是"标尺"的选取。裁判法院可以允许"标尺"与原告之间的计算手段存在一定差异，只要采用的手段能够明确证明受害人与"标尺"之间具有"实质相似性"（substantial similarity）。这其实是要求损害计算在本质上必须符合反垄断因果证明的实质因素理论，毕竟损害计算也是因果关系证明不可或缺的一环。纵观美国垄断致损赔偿责任适用的实际情况，在适用标尺比较法过程中，证明"实质相似性"主要是比较市场主体经营的重要指标——受害人与所选择的"标尺"是否处于同一产品市场，是否具有基本相同的商誉、产品种类和成本构成等方面。

值得注意的一点是，标尺比较法存在固有的局限性。例如，如果侵害人行动的范围是世界性的，那么就不存在可供比较的其他地理市场作为参照。具体来说，侵害人在不同国家及地区进行的侵害行为，由于税收和补贴等方面的差异，其生产/销售成本必然相应地存在不同。换言之，标尺比较法的适用前提是必须能够找到侵害行为附近的某个地理市场内具有相同的基本成本结构的参照，并能够对税收和监管费用的差异、运输成本和不同的工资率加以区别，这样经济学专家、会计师方可对这些差异进行分离和量化，重建一个"合理"价格。

2. 前后比较法（Before-and-After Method）

所谓前后比较法，是指将受害人在垄断行为发生前或侵害结束后的经济状况与受到侵害期间的经济状况作比较。这种前后比较的方法一方面是垄断致损赔偿责任因果关系证明的要素；另一方面也体现了赔偿额计算的原理，即将侵害发生期间的与没有侵害时的经营状况的差额作为损失的数额。

在 American Crystal Sugar Co. v. Mandeville Island Farms[①]案的处理中，美国联邦第九巡回法院就运用了前后比较法来计算垄断性损害的数额。在本案初审中，原告 Mandeville 农场认为，在被告美国冰糖公司与其他甘蔗购买者之间达成的固定价格协议中，协议方合意以固定的低价从被告处购进生产原料的行为符合垄断致损赔偿责任的构成要件，对于己方因此遭受的损失，应当由被告给予三倍赔偿。法院在支持原告诉求的同时，首创了前后比较法来进行损害计算，即衡量原告损失的计算应当以原告在被告固定价格行为期间的销售价格与不存在固定价格行为时的销售价格的差价为基础。本案中，法庭从农产品种植和销售的特性出发，将前后比较的标准定为被告达成固定价格协议之前的 2 年内。

与标尺比较法的参照系是其他市场主体不同，前后比较法的参照系是以受害人的经营状况时间轴为基础的。因此，与标尺比较法相比，前后比较法在适用时证明的难度更大，只有在原告的举证能让法庭确信其受到侵害前或受到侵害后的经济状况可以作为判定其经济状况的标准时，才能采用前后比较法。正是由于前后比较法中原告的举证责任负担更重，前后比较法在美国垄断致损赔偿案件中单独使用的情况不多，它往往和标尺比较法结合使用。比如，在介绍标尺比较法时谈到的 Bigelow v. RKO Radio Picture, Inc. 案中，原告的专家证人就将前后比较法作为标尺比较法的映衬来强调其计算损失的真实性。在该案中，标尺比较法计算出的损失为 11.6 万美元，与前后比较法计算得到的 12.5 万美元相差不大。对此，最高法院在判决陈述中认为："前后比较法的计算结果为陪审团计算损害赔偿金额提供了充分基础，帮助陪审团在相关数据的基础上，公平合理地估算出损害赔偿金额的数值。"不仅如此，尽管最高法院认为用前后比较法来计算损失数额具有"投机性"，但是同时也承认："计算损失存在的这种'投机'所产生的不精确性是被告进行违法垄断侵害行为的后果，因此，被告应当承担测算其违法行为不准确的

---

① American Crystal Sugar Co. v. Mandeville Island Farms, Inc., 195 F. 2d 622 (9th Cir. 1952).

风险。"

3. 市场份额法（Market-Share Method）

市场份额法，顾名思义，指的是根据原告因垄断侵害而丧失的市场份额来计算损失的方法。具体来说，就是将原告减少的市场份额所应包含的产品量乘以正常的单位产品的利润率，得到的结果就是原告因侵害行为而损失的市场份额。正如前文所述，垄断致损赔偿责任的因果关系证明的关键是围绕市场力量展开的，市场份额作为市场力量的重要因素，不但在证明责任存在与否时具有重大意义，而且在损害计算中也是不可或缺的因素。在大多数情况下，市场份额法并不是独立的损害计算方法，而只是适用标尺比较法和前后比较法的补充。此外，在垄断侵害导致市场的外部环境巨变、无法找到相应的标尺，或者受害人是新进入市场的主体、缺乏前后比较的时间轴时，市场份额法就是独立的损害计算方法。只是这种假设的情形在实践中并不多见，也无典型案例支持。

任何讨论垄断性损害计算精度的努力都必须服从一个前提：潜在的垄断致损赔偿诉讼的原告在计算损失时，势必会考虑证明不能风险的大小，或者仔细分析其计算出来的损失大小。只有在确信胜算为大时，进一步的行动才是有意义的。事实上，垄断致损赔偿额计算往往会比确定某一特定行为是反竞争的遭受更多谴责。例如，证明存在价格合谋甚至提高一些产品的价格可能相对容易，但量化价格变化的程度则是非常困难的。

在 Pepsi-Cola Bottling Co. v. Mid-Atlantic Coca-Cola Bottling Co.① 案中，美国联邦第四巡回法院强调："有一个明显的区别，在放宽标准计算损害数额前，原告必须先说明'放宽'的原因是基本信息被被告控制而引起的。在固定价格的情况下，诸如相关的成本数据、价格卡特尔等是由被告控制的，或者被告已经对固定价格相关的数据进行了扭曲或破坏。"不仅如此，美国联邦第四巡回法院对"不确定性"和损害赔偿计算之间的关系也作出了回应，即"不确定

---

① Pepsi-Cola Bottling Co. v. Mid-Atlantic Coca-Cola Bottling Co., 690 F.2d 411 (4th Cir. 1982).

性"的损害赔偿计算只限定在侵害人错误行为所必须承担的风险范围内。法院要求原告至少应建立一个合理的计算基础,使其损害赔偿固定在特定的数量上,即损害赔偿不得通过纯粹的猜测,如果证据表明损害程度存在一个公正合理的推理,则就算结果是近似的,也能够得到法院支持。市场份额法的这一新发展,迫使原告和被告分享不确定性风险,有利于损害计算方式的科学性发展。

4. 持续经营法(Going-Concern Method)

持续经营法的适用一般集中在受害人由于侵害人的垄断行为而彻底被逐出市场或终止营业的情形。在持续经营法的适用中,首先,假定受害人的经营没有受到垄断行为的侵害,计算出在这期间受害人经营的市场公平价值;其次,计算出受害人因为垄断行为的侵害终止营业时的实际价值;最后,上述两个价值的差额就是垄断损失。从本质上来说,持续经营法是前后比较法的极端情形。计算持续经营价值的过程涉及经济分析和会计操作,也是损害计算复杂性最为突出的体现。

具体来说,在美国垄断致损赔偿的损害计算中,适用持续经营法主要以两种方式加以实现:第一种主要以会计操作为主,先通过公平评估得出受害人有形资产的账面价值;然后,减去负债,得出受害人净资产的市场公平价值;最后,再加上受害人预期可得却因垄断行为而并未得到的利益数值,所得结果就是持续经营的价值。第二种方式是依赖模拟经济分析,计算受害人商誉价值和有形资产价值总量。总体来说,持续经营法计算垄断性损害的过程是极为复杂且高度依赖专业技能的。在司法实践中,法庭特别是陪审团对该计算方法原理的接受程度直接影响着原告诉讼的成败,因此该方法在司法实务中的运用并不普遍。

需要注意的一点是,法院通常采用两种不同的方法来评估原告(受害人)因为被告垄断行为所遭到的损害。在大多数情况下,一个企业因为垄断侵害行为而被逐出市场竞争时,法院试图做的事情就是抛开垄断行为的影响来确定原告的盈利能力,并从重新"拼接"的利润分布来估计其未来利润流的范围。在垄断致损赔偿诉讼中,受害人(原告)往往会竭尽全力地试图证明,企业若未受到垄断行为侵害，则未来利润的获得会比过去企业在公平竞争环境下实际获得的利润更为丰厚。但是，侵害人往往会强调，即使自己没有实施违反反垄断法的侵害行为，受害人的经营实际上也是可能下滑甚至破产的。对于原、被告的针锋相对，审判法官得依自由裁判权对受害人过去的利润和未来可能增加的利润进行判断。总之，对于持续经营法的适用，美国法院形成了这样一个通识：基于向原告赔偿的利润内容实际上已经因为垄断行为而被打断，在评估这种不存在的利润时，必须充分考虑垄断侵害行为对于生产可能造成的种种影响。唯有如此，才能公平公正地划分垄断致损赔偿责任。

事实上，上述四种损害计算方式在实践中并非泾渭分明，特别是在具体案件的处理中，常常会出现两种甚至三种以上计算方式的结合使用。在司法实践中，很多时候前后比较法和市场份额法会混用于一个诉讼中以达到损害计算的合理性。特别是原告在几个不同市场同时受到被告一种侵害行为的垄断性损害时，损害计算方式的综合运用往往能达到事半功倍的效果。比如，在竞争对手发起搭售行为的 Moore v. Jas. H. Matthews & Co.[①] 案中，三个墓地销售商曾达成庭外和解，同意停止搭售行为，而作为墓地销售商的原告的市场份额就上升到 50%。因此，原告认为其有权根据市场份额之间的差异损害分享其因为被限制墓地自由销售所应得的 50% 份额的利润。审理本案的法院认为，如果原告损失的部分利润是某些非法行为和合法行为共同作用的后果，那么原告有权收取的赔偿范围仅仅限于合法行为所能覆盖的部分。因此，对于这种混合行为导致的损害，一方面要考虑侵害行为发生前后的利润情况；另一方面则要区分侵害行为与合法行为所投影的市场份额的大小。

（三）损害计算的认定标准

在美国垄断致损赔偿责任制度中，损害计算方式解决的是赔偿的可能性问题，而损害赔偿的最终实现则有赖于损害计算的认定标准。综合美国垄断致损赔偿诉讼的有关判例可知，损害计算认定标

---

① Moore v. Jas. H. Matthews & Co., 682 F. 2d 830 (9th Cir. 1982).

准的基本原理在于损害计算范围与案情必须具有关联性。这种关联性要求突出表现在损害数额认定的两大规则上：第一个规则为"垄断侵害规则"（antitrust injury rule），即在计算垄断性损害数额时，应当将非垄断行为因素导致的损失排除在外，即垄断行为与损失之间必须具有因果关系。例如，如果原告的损失是被告的侵害行为和其他合法行为共同造成的，那么原告只能就被告违法侵害的部分获得赔偿，诸如市场条件变化、原告自身经营能力不足所导致的损害等不得计算在内。第二个规则为"分解证明规则"（disaggregation rule），要求除了不可行或客观不能外，若原告指控的违反反垄断法的行为是由多个人实施的，或者由一个人不连续实施的，那么在计算垄断性损害的数额时就必须将各个行为的具体损害额度分开逐一计算。从本质上来看，第二个规则是第一个规则的延续，其核心认定标准还是为了达到侵害行为与损害之间具有客观关联性的目标。

在理论上形成的垄断性损害计算数额认定规则，是在实践中不断通过司法裁判来完善的。比如，美国最高法院在处理 Daubert v. Merrell Dow Pharmaceuticals, Inc. 案[①]中，就垄断所致损害赔偿中损害计算数额的认定作出了一些细致且重要的指引："计算所用的理论或技术是否经过同行的评议或者是行业内约定俗成的习惯"；"要考虑已知的或可能的误差率问题"；"被有关学界接纳的程度"；"认定标准关注的焦点，是计算背后的原理和方法论，而不是计算结果本身"。同时，考虑到垄断致损赔偿责任所处经济背景的复杂性和高度变动性的现实，美国最高法院在裁判陈述中专门提到："本案所列出的评估标准应当灵活进行运用，本院也并不准备列出精确的检验清单。"根据美国最高法院就这个案子提出的重要指引，在认定标准规则的统领下，法院就损害赔偿计算的审查问题应主要考虑如下三个因素的符合程度：第一，损害的可验证性，即损害计算所依照的方法应当是可以或者已经在实践中经过验证的理论；第二，计算的严谨性，损害计算的数据应当与违法行为相关；第三，误差概率的控制性，在计算中产生大小不一的误差时，应当考虑采用合适的计

---

① Daubert v. Merrell Dow Pharmaceuticals, Inc., 509 U. S. 579 (1993).

算方法来最大限度地保障计算结果的精确。

总之，如果说损害计算方法保证了垄断致损赔偿制度在实施中的宏观合理性的话，那么，损害数额认定的标准则是通过微观调控达成宏观合理性的基石。

三、三倍赔偿的新发展

三倍赔偿是美国垄断致损赔偿责任制度中独具特色的损害赔偿方法。1890年，《谢尔曼法》首倡者谢尔曼参议员在起草有关垄断所致损害赔偿的数额问题上举棋不定，他认为垄断所致损害赔偿的数额设定必须具有鼓励私人起诉的作用，为此，他在初稿中设定了双倍损害赔偿条款。而初稿交给国会后，参议员霍尔认为双倍赔偿的力度不够，将其改为三倍赔偿。这只是一个历史事实的陈述，至于数值为什么是"三"而不是其他数字，却是极难从立法的历史解释中获得答案的。虽然有学者认为，三倍赔偿的规定是对1623年英国《独占法》第4条"任何人如因任何形式的独占行为，受到妨碍、损害、干扰……则该受害人有权获得三倍于其所受损害的赔偿"规定的仿效。① 但是，这多半是后人整理历史数据过程中对相同数字的一种牵强附会。毕竟当《谢尔曼法》《克莱顿法》起草人和审查员对立法意图没有留下说明时，我们对所谓立法真正意图的历史考究也就显得无能为力了。

尽管三倍赔偿的缘由无法从垄断致损赔偿责任制度本身的历史沿革中得到说明，但是人们从未停止过对其合理性进行解释的脚步。虽然以波斯纳为首的许多美国法学家在研究垄断致损赔偿责任问题的过程中认为：强制性的三倍损害赔偿制度可能是过度威慑、过度执行以及执行滥用的主要根源，但这些批判还是无法完全反驳主张保留三倍赔偿的学者的看法。

---

① See H. B. Thorelli, The Federal Antitrust Policy: Origination of an American Tradition, *The American Journal of Comparative Law*, Vol. 6, 1958, p. 371.

一般认为,三倍赔偿的设计能够基本上覆盖补偿损害和预防控制侵害行为发生的两种代价所具有的三种类型成本:(1)侵害行为本身直接产生的损害;(2)受害人取证、证明损害行为确实存在的费用总和;(3)以社会谴责为主的对侵害人的惩罚成本。有时,一个成本上升而另一个成本则会下降。比如,用于社会谴责的惩罚成本上升时,过于严厉的赔偿制度就会鼓励私人原告申请垄断性损害赔偿的随意性;如果不考虑原告申请赔偿所支付的第二种类成本,原告维权意愿则会消失。以上这些情形的存在,表明三种类型成本在现实中此消彼长,同时也要求反垄断法能像所有其他法律领域一样处理好罚则的边际威慑问题。不过,"我们对事实的相对无知,我们对目标的相对模糊"是人类所不能摆脱的困境。① 人类理性的局限性,使得我们很难精确地预判现实中罚则的边际威慑界限。因此,三倍赔偿的罚则可以说是一种不完美的妥协性选择。

美国反垄断法专家罗伯特·H. 兰德(Robert H. Lande)指出:"所谓的'重复赔偿'和'过度威慑'不过是理论上的推断,实践中并没有案例说明三倍赔偿是过度威慑和重复赔偿的举动。"② 为了证明三倍赔偿机制存在的合理性,兰德以串谋这种垄断致损行为为例进行微观经济学的演算,具体如下:

就串谋这种垄断致损行为而言,包括赔偿权利人在内的垄断致损赔偿诉讼参与人并不会按照串谋所产生的收益来计算受害人的损失,而是会按照侵害人销售的额外收益$(P-P')Q$进行计算。兰德在称P'为"否则价格"(but for price)——不存在垄断侵害时的市场正常价格的同时,将$(P-P')$称为"超额费用"。这种处理方式可以用图 6-2 来分析,即比较数理算式与串谋新增利润的差异:串谋的额外收益就是长方形 A(串谋产量为 Q 时的额外收益)减去长方形 B(由于减少了 $Q'-Q$ 的产量而损失的利润)。

---

① 参见〔英〕哈特:《法律的概念》,张文显等译,中国大百科全书出版社 1996 年版,第 128 页。
② Robert H. Lande, Multiple Enforces and Multiple Remedies: Why Antitrust Damage Level Should Be Raised, *Loyola Consumer Law Review*, Vol. 16, No. 4, 2004, pp. 329-345.

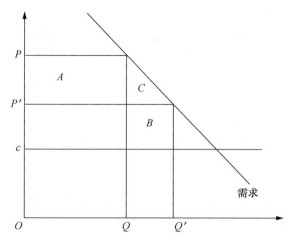

图 6-2 计算串谋固定价格的垄断致损赔偿诉讼中的损害赔偿

在上述损害计算的前提下适用三倍赔偿罚则,实际上是将确定了串谋的额外收益(长方形 A 减去长方形 B)再乘以三的简单计算。对于乘以三的原因,兰德作了进一步的经济学演算:

假设存在串谋的两个厂商模型(注意:这里有一个前提即这种串谋是可能被发现的),其中厂商的边际成本均为常数 c。若串谋发生,商品价格为 P,行业总供给量为 Q,每个厂商生产量为 $\frac{1}{2}Q$,串谋利润为 $\pi = \frac{1}{2}(P-c)Q$;若不存在串谋,市场价格为 P'(低于 P),非串谋的行业供给量为 Q',单个厂商的利润为 $\pi' = \frac{1}{2}(P'-c)Q'$。假定发现并成功起诉卡特尔造成损害的概率是 z,$0 < z < 1$。如果每一厂商对受害企业的赔偿额为 X,则串谋的期望利润为 $\pi - zX$(zX 表示厂商总期望的处罚量)。

假设非串谋的利润高于串谋,则串谋就会被阻止,即
$$\pi' > \pi - zX$$
换算得
$$X > \frac{1}{2}(\pi - \pi')$$

所以，如果对损害进行赔偿，从理论上来说就可以阻止串谋。进一步来说，若是将损害理解为串谋所增加的利润 $\pi-\pi'$，为了达到阻止串谋的目的，要求最终的赔偿额度是损害与某一因子的积，其中因子至少为 $\frac{1}{z}$。例如，若发现并成功对串谋的卡特尔进行垄断致损赔偿诉讼的概率为 10%，则因子就必须为 10。在这种情况下，卡特尔毕竟只会以某种概率被处罚。因此，如果仅仅被要求返还非法所得，那么成立卡特尔对厂商来说仍然是更优的选择，因为即使返还非法所得，它仍然能从其违反反垄断法的行为中获利。因此，从数理分析的角度来说，只有在赔偿数额与串谋收益相比足够高的情况下，才能阻止串谋的发生。这就在一定程度上解释了为什么《谢尔曼法》第 7 条和《克莱顿法》第 4 条所设定的赔偿因子远远高于 1。①

实际上，从美国国会保留下来的历史档案来看，国会议员并没有花费太多时间争论三倍赔偿是否合适的问题，并且自美国反垄断法的奠基石《谢尔曼法》开始，采用三倍赔偿机制确定垄断致损赔偿责任就是一种约定俗成的选择。对于为何使用三倍赔偿的理由有很多解释，也许最古老的理由在于，垄断侵害行为的侵害人应该为其行为承担高于单倍赔偿额的惩罚才能促使其规范未来的市场行为。如今，这种道德性争论已经逐渐被纳入一般威慑参数的理论模型中，毕竟不可能对所有的垄断行为都充分地实施损害计算的检测，对于无法计算准确的损失，如果只提供业已成型的损害作为赔偿标的，那么其数额与垄断利润往往是不成比例的。因此，三倍损害赔偿规则必须被描述为一种猜测，即单一损害赔偿无法提供等量威慑并极有可能刺激垄断行为继续下去；若使用一些更大的乘数（如十倍赔偿），则可能产生过度威慑和引发受害人滥诉效应。

正如波斯纳强调的："只有好的规则是不够的，还必须有执法的

---

① 需要注意的是，现实与上述算式可能存在很大不同，尤其是在损害赔偿计算方面。

机制保证法律以合理的成本获得合理程度的遵守。"① 不仅如此，相比反垄断的刑事处罚，三倍赔偿作为垄断致损赔偿责任的主要处罚形式具有更为长久的生命力。又如美国反垄断专家肯尼斯·G. 埃尔津加（Kenneth G. Elzinga）和威廉·布雷特（William Breit）所言："对于一家大型企业而言，很难确定究竟该由高层管理人员中的哪一位对侵害竞争造成垄断损害的侵权行为负责；不仅如此，监禁的社会成本也过于高昂了，在本质上并不一定有利于竞争的发展。"② 1978 年，美国司法部出台的一项名为"公司宽恕条件"政策，回应了上述观点。该政策规定："有垄断行为（如固定价格、掠夺性定价等行为）的公司与个人如果在国家反垄断调查中全力合作，就可以得到刑事处罚的豁免。"这意味着相关公司和个人不再被刑事处罚，仅就其行为导致的损害进行垄断致损赔偿。

　　进一步来说，由于垄断致损赔偿责任案件因果关系证明、损害计算等方面的专业性和复杂性与司法成本、司法能力的有限性之间存在巨大差异，不能仅仅指望专门的国家反垄断行政机构发现大部分或者是相当部分的违反反垄断法行为，因此调动私人积极投入反垄断实施就是必需的。从美国垄断致损三倍赔偿制度实施一百多年的情况来看，三倍赔偿不失为应对垄断致损赔偿责任之损害事实所具有的确定性与不确定性统一特征之最佳选择。

　　另外值得注意的一点是，由于美国垄断致损赔偿责任的因果关系检测与证明具有高度复杂性，导致许多案件最终以庭外和解方式解决，其代价则是原告只能获得单倍赔偿。然而，从本质上来说，单倍赔偿的达成是三倍赔偿机制在实践中的一种异化，特别是当原告的举证能力不强或是被告的答辩比较有力时，原告可能只好退而求其次选择单倍赔偿，但这并不意味着单倍赔偿具有和三倍赔偿同等的地位。

---

　　① 〔美〕理查德·A. 波斯纳：《反垄断法（第二版）》，孙秋宁译，中国政法大学出版社 2003 年版，第 313 页。
　　② Kenneth G. Elzinga & William Breit, The Antitrust Penalties: A Study in Law and Economics, New Haven and London: Yale University Press, 1976, p.132.

小　　结

从法律性质来看，垄断致损赔偿责任之损害赔偿，是法律强制赔偿义务人给赔偿权利人一笔金钱，其目的在于：一方面弥补赔偿权利人所遭受到的损失，另一方面制裁赔偿义务人并预防其垄断行为的再次发生。事实上，垄断致损赔偿责任制度就是以损害赔偿为中心建构整个制度体系的，它决定着市场竞争主体在市场活动中受到垄断侵害后是否有权得到赔偿，并通过赔偿发挥填补损害的赔偿正义功能和准刑罚性的矫正正义功能。

在垄断致损赔偿责任制度下，损害与赔偿不可分割，损害是赔偿的基础和前提。其中，损害计算更是复杂，美国司法实践中发展出了包括标尺比较法、前后比较法、市场份额法以及持续经营法在内的主要计算方式，它们或单独使用或组合使用，保障着损害计算的贴切性与合理性，为赔偿的最后实现提供可对照的数据。同时，损害计算的认定标准检测着前述四种计算方法所提供的数据是否可用。就美国垄断致损赔偿责任制度而言，这种认定标准体现了计算得出的损失与案情之间必须具有关联性的要求。

在损害计算方法和认定标准确认后，进行三倍赔偿就是美国垄断致损赔偿责任制度实施的终端所在。三倍赔偿制度是美国垄断致损赔偿责任制度中独特的一道风景线，它诞生于世界上第一部反垄断法——《谢尔曼法》中。尽管在三倍赔偿制度实施的一百多年历程中，学者从未停止过对其或褒或贬的讨论，但没有人能够否认其激励私人实施反垄断的巨大作用。也正是三倍赔偿制度所具有的独一无二的地位和作用，才使得人们在新的历史条件下仍然使用历史学、微观经济学中的方法来对其进行解释和研究，促使其不断散发出勃勃的生机和魅力。

第七章
美国垄断致损赔偿责任制度对我国的借鉴意义

早在一千多年前的《唐律》里，中国就有了关于垄断的处罚规定："诸市司评物价不平者，计所贵贱，坐赃论；入己者，以盗论。""诸卖买不和，而较固取者，及更出开闭，共限一价。""若参市，而规自入者，杖八十。已得赃重者，计利，准盗论。"从本质上讲，这些对类似掠夺性定价、强制交易行为等行为的法律规范，体现了维护市场竞争消极自由的要义，可算作反垄断在中国最初的形态。只是对于这些反垄断行为，当时的法律多为刑事制裁，而没有进行垄断致损民事赔偿责任的调整。

进一步来说，如本书第六章谈到 1623 年英国《独占法》第 4 条之规定："任何人如因任何形式的独占行为，受到妨碍、损害、干扰……则该受害人有权获得三倍于其所受损害的赔偿"一样，都是前资本主义时代的产物。可以说，在某种程度上，"规制垄断性行为、维护市场自由秩序"并非现代市场经济社会的独有现象。相反，它体现着法律对秩序的创制功能。唯一的差别就在于，在不同的历史进阶中，立法者借以形成或塑造社会关系的工具或是手段不甚相同，并大致沿着从刑法惩戒到民法等其他法律手段共同保障的道路进化。在这个层面上，垄断致损赔偿责任的兴起就是民法体制高度发达后在现代市场经济背景下对竞争自由、有序的时代回应。

比较研究的最大意义在于借鉴，本书的最终目的就在于通过系统研究，总结出美国垄断致损赔偿责任制度适用中的有益成分，并将之用于建设符合中国国情的垄断致损赔偿责任体系。笔者认为，美国垄断致损赔偿责任制度理论和实践在以下几个方面对我国具有重要的启示意义。

一、完善垄断致损赔偿责任构成要件体系

就我国垄断致损赔偿责任的立法现实来看，以 2008 年《反垄断法》实施为分界线：之前，1993 年通过并实施的《反不正当竞争法》和地方性的反不正当竞争法规均对商品经营者侵害同业竞争者合法权益的垄断致损行为进行规制；① 之后，2008 年《反垄断法》第 50 条规定："经营者实施垄断行为，给他人造成损失的，依法承担民事责任。"明确了垄断致损赔偿责任。2022 年 6 月 24 日，第十三届全国人民代表大会常务委员会第三十五次会议通过了《关于修改〈中华人民共和国反垄断法〉的决定》，修改后的新法自 2022 年 8 月 1 日起施行。如本书第一章所言，2022 年《反垄断法》在总结我国 2008 年《反垄断法》经验基础上，结合新时期市场公平竞争所需要的法治环境对其进行了升华和完善，体现了强化反垄断行政监管的大趋势，有望推动有效市场和有为政府的更好结合。但是，该法在垄断致损赔偿责任制度方面变化甚微。

无论是 2008 年《反垄断法》第 50 条的规定，还是 2022 年《反垄断法》第 60 条的规定，对于垄断致损赔偿责任制度都仅作了统领性、概括性的规定，对于垄断致损赔偿责任构成要件体系也没有形成可操作性的理论。尽管 2012 年《最高人民法院关于审理因垄断行为引发的民事纠纷案件应用法律若干问题的规定》（该规定于 2020 年修正，以下简称《垄断民事纠纷规定》）这一司法解释进一步地明确了反垄断私人诉讼的管辖、举证责任、赔偿范围等内容，其中第 14 条作为突出体现垄断致损赔偿责任精神的关键性条款，具体规

---

① 比如，该法第 20 条要求商品经营者赔偿受害人因不正当竞争而遭受的损失；如果损失难以估算，赔偿额为侵权人在侵权期间因侵权所获得的利润；并应当承担被侵害的经营者因调查该经营者侵害其合法权益的不正当竞争行为所支付的合理费用。

定了垄断致损赔偿责任的核心事项,① 并有条件地突破了包括2008年《反垄断法》在内的全部垄断致损赔偿责任中赔偿仅限于补偿性损害赔偿的范畴;强调法院在原告的请求下可以将原告因调查、制止垄断行为所支付的合理开支计入损失赔偿范围。从某种意义上来说,突破原先补偿性损害赔偿的范畴、扩大赔偿的范围就具有了类似美国垄断致损赔偿责任制度下三倍赔偿机制激励赔偿权利人主动维权的功能。但是,沿袭2008年《反垄断法》关于垄断致损赔偿责任制度规定的2022年《反垄断法》,独木难成林,与构建我国垄断致损赔偿责任构成要件体系之目标仍然相距甚远。而要改变垄断致损赔偿责任在我国的欠发达状态,提高其在司法实践中的应用程度,就需要结合我国司法的现实特征,有选择性地学习美国垄断致损赔偿责任制度及其运行过程中的先进经验,完善我国垄断致损赔偿责任的构成要件体系,以实现垄断致损赔偿责任制度在我国反垄断体系中质的飞跃。

(一) 明确垄断致损赔偿责任的侵权属性

由于我国的垄断致损赔偿责任制度研究尚处于起步阶段,对于垄断致损赔偿责任制度,学界有称"反垄断法损害赔偿责任"的,② 有称"垄断致损赔偿责任"的,③ 也有称"垄断赔偿责任"的,④ 法学领域就垄断致损赔偿责任制度的认识在称谓上尚未统一,更谈不上对其法律属性的深入探讨了。从美国垄断致损赔偿责任制度的研究来看,垄断致损赔偿责任属于侵权责任的特殊形式是毋庸置疑的。那么,明晰垄断致损赔偿责任法律属性的第一步,就是要明晰垄断

---

① 《垄断民事纠纷规定》第14条规定:"被告实施垄断行为,给原告造成损失的,根据原告的诉讼请求和查明的事实,人民法院可以依法判令被告承担停止侵害、赔偿损失等民事责任。根据原告的请求,人民法院可以将原告因调查、制止垄断行为所支付的合理开支计入损失赔偿范围。"

② 参见万宗瓒:《反垄断法中损害赔偿责任的比较研究》,载《江西社会科学》2015年第4期。

③ "垄断致损赔偿责任"的提法也是较为常规的,"知网"数据库自2009年以来以"反垄断法损害赔偿责任"为主题的文章有10篇左右。

④ 参见刘士国主编《侵权责任法若干问题研究》,山东人民出版社2004年版,第377—414页。

致损赔偿责任在侵权责任法中的地位。

作为该编统领性条文，《民法典》第七编"侵权责任"第1164条明确规定："本编调整因侵害民事权益产生的民事关系。"相比原《侵权责任法》第2条①以列举方式明确侵权责任法所保护法益的立法模式，《民法典》的规定简练得多。《民法典》的这种变化，体现了我国立法水平的提高，更符合现实发展的需要。正如张新宝教授指出的："侵权法上的'权'不仅包括民事权利，而且包括受到法律（民法）保护的利益，即民事利益。"②《民法典》第七编"侵权责任"开门见山明确了该编的调整对象是受侵害的民事权益，而该民事权益既包括原《侵权责任法》第2条列举的各种法律规定的权利，也包括那些没有上升为权利的利益。从《民法典》第1164条的字面表达来看，垄断致损赔偿责任并非原《侵权责任法》第2条中明确列举的民事权益。同时，尽管原《侵权责任法》第2条最后的"等人身、财产权益"字样作为兜底规定为司法实践不断扩张侵权责任法的保护范围留下余地，但它仍然是垄断致损赔偿责任能够纳入侵权责任范围的基本依据。相比之下，在用词更为简练的《民法典》中，垄断致损赔偿责任制度中的"垄断致损"使其当然地落入第七编"侵权责任"的保护范畴。

从表面上看，垄断致损赔偿责任制度所保护的权益并不属于绝对权之范畴。因为按照其含义，绝对权大都是那些公开、公示并且要求除权利人之外的任何人都负有不得随意侵害义务的权益。而本书探讨的"垄断致损赔偿责任"所保护的权益是市场主体的消极竞争自由权，它虽然具有公开、公示的性质，但并不是参与市场竞争主体的独有权利，而是参与市场竞争主体都具有的非排他性权益。垄断致损赔偿责任所要保护的法益的这一特征并非要否认其作为侵权责任具体形态的性质，相反，它的出现正好证明了侵权责任法上

---

① 2009年12月26日第十一届全国人大常委会第十二次会议通过的《侵权责任法》第2条规定："侵害民事权益，应当依照本法承担侵权责任。本法所称民事权益，包括生命权、健康权、姓名权、名誉权、荣誉权、肖像权、隐私权、婚姻自主权、监护权、所有权、用益物权、担保物权、著作权、专利权、商标专用权、发现权、股权、继承权等人身、财产权益。"

② 张新宝：《侵权责任法原理》，中国人民大学出版社2005年版，第12页。

的侵权行为范围是不断扩张的。对此,有学者以 2008 年《反垄断法》第 50 条关于垄断致损赔偿责任的规定为例,分析并指出侵权责任法中具有非权利性法益的内容。①

进一步来说,法条的文义之所以能够不断被扩大解释,一方面是由于"民事权利本质上是指法律为了保障民事主体的特定利益而提供法律之力的保护,是法律之力和特定利益的结合,是类型化了的利益"②;另一方面则是由于侵权责任法保护范围的不断扩大。而从侵权责任法的发展来看,侵权责任法从主要保护物权向保护人格权、知识产权、竞争权等权益扩张也是事实。正如王泽鉴教授所说的:"现代侵权法不限于对绝对权的保护,而且包括各种私权,即不仅包括绝对权,还包括相对权。"③ 竞争自由权作为私权,在受垄断行为侵害后当然也可以获得民法救济,这符合民事法益所具有的合法性、私益性和可识别性特征之要求。④ 不仅如此,从侵权责任法本身的发展来看,特殊侵权正日益成为现代社会不得不面对的严峻社会问题,其地位的重要性必然使其成为现代侵权责任法调整与规范的重点所在。可以说,特殊侵权行为的类型化是侵权责任法发展的大势所趋。一方面,特殊侵权行为的大量出现对传统侵权行为法理论和立法体例提出了巨大的挑战,导致许多侵权责任法理论的不断改变,造成实践中适用侵权责任法就必须采取文义解释和目的解释相结合的方式,对多样化的侵权行为类型进行救济;另一方面,侵权行为的类型化也不断丰富着侵权责任法的内容,导致侵权责任法边界的持续扩张。可以说,正是垄断致损赔偿责任制度等特殊侵权类型化的不断涌现,使得侵权责任法日益成为现代社会中最富有生命力的法律。

需要注意的一点是,有学者认为市场主体的竞争自由权属于营业权范畴。比如,肖海军教授认为基于"营业权是指民事主体基于

---

① 参见温世扬:《略论侵权法保护的民事法益》,载《河南省政法管理干部学院学报》2011 年第 1 期。
② 王利明:《民法总则研究》,中国人民大学出版社 2003 年版,第 202 页。
③ 王泽鉴:《侵权行为法(第一册):基本理论、一般侵权行为》,中国政法大学出版社 2001 年版,第 97 页。
④ 参见程啸:《侵权行为法总论》,中国人民大学出版社 2008 年版,第 178 页。

平等的营业机会和独立的主体资格,可自主地选择特定商事领域进行经营、从事以营利为目的的营业活动而不受国家法律不合理限制和其他主体干预的权利"的概念,竞争自由权应当属于营业权的范畴。① 事实上,营业权是德国在审判实践中创造出来的一项权利,德国最高法院宣称:"对业已存在的自主经营的企业来说,不仅仅涉及企业主按自己的意思行事,并且这些意思都具有具体的表现形式,这就构成了营业权这一主观权利的基础。所以,直接对企业经营的干扰和侵害可以看作违反了第823条第1款的规定。"② 从德国最高法院的解释来看,营业权并不是一项法定的权利,只是一种概括式的主观权利,甚至对于是否承认营业权的问题,也有德国学者持否定意见。王泽鉴教授也认为不应创设营业权,营业经济利益的保护应以民法相关规定作为请求权基础。③ 此外,我国还有学者主张将正当竞争法益作为侵权责任法保护对象的,比如梁慧星教授就认为应规定"妨害经营"的侵权责任类型。④ 笔者认为,"妨害经营"只表达了垄断致损中的一类侵害行为,借鉴美国将垄断致损赔偿责任下的受侵害法益称为"侵害竞争自由权"是更为妥当的。⑤

实际上,由于垄断致损赔偿责任制度与传统侵权责任法相关规定具有显著差别,在司法实践中很难仅依靠侵权责任法予以规范。因此,对于将垄断致损赔偿责任制度纳入侵权责任法体系,笔者认为具体操作应当分两步走:第一,将垄断致损赔偿责任制度明确纳入侵权责任法体系是必需的,它关系到垄断致损赔偿责任制度的地位和法律归属;第二,垄断致损赔偿责任制度作为侵权责任法的特

---

① 参见肖海军:《营业权的提出与理论意义》,载《岳麓法学评论》2012年第7卷。
② 〔德〕马克西米利安·福克斯:《侵权行为法》,齐晓琨译,法律出版社2006年版,第69—70页。
③ 参见王泽鉴:《侵权行为法(第一册):基本理论、一般侵权行为》,中国政法大学出版社2001年版,第181—182页。
④ 参见梁慧星主编:《中国民法典草案建议稿附理由(侵权行为编、继承编)》,法律出版社2004年版,第52页。
⑤ 从日本《禁止垄断法》将所要保护的法益规定为"作为公益的自由竞争经济秩序"也可以看出其对美国经验的学习,事实上"竞争自由权"和"自由竞争经济秩序"只是表达用语的差异,并不会影响所要表达的意思。参见陈承堂:《反垄断法中的间接购买者规则研究》,载《政治与法律》2008年第3期。

第七章
美国垄断致损赔偿责任制度对我国的借鉴意义

别法，必须以单列的形式存在于侵权责任法体系内。毕竟对于一般的侵权行为，司法实践中往往仅依靠立法中形成的规则的解释就能直接处理。而就垄断致损赔偿责任制度来说，立法的规范往往还需要借助反垄断政策的作用。换言之，从解决司法实践中垄断致损赔偿个案的角度看，垄断致损赔偿责任制度无法如一般传统侵权法那样简明清晰。在垄断致损赔偿诉讼中，包括赔偿权利人、赔偿义务人以及司法裁判者在内的诉讼参与者都必须从《民法典》"侵权责任"编、2022 年《反垄断法》的法律文本及其解释的交互作用中寻找个案事实所对应的垄断致损赔偿责任的具体规则。比如，垄断致损赔偿责任制度中的侵害行为已经明确规定在 2022 年《反垄断法》第二至五章的具体法条中了，如果硬性地将垄断致损赔偿责任制度全部拿出来放入《民法典》"侵权责任"编，则一方面会破坏《反垄断法》的体系，另一方面也会影响《民法典》"侵权责任"编整体结构的合理性。

不仅如此，在侵权责任实践中，不论是规则的解释、类型的建构还是原则的衡平，基本上都已经具有一套固定的操作模式，而垄断致损赔偿责任制度却无法完全遵循传统侵权责任实践所形成的固定操作模式。对于一般侵权责任问题，在司法实践中文义解释和体系解释就基本上够用了。但是，对于垄断致损赔偿责任问题，文义解释和体系解释虽然能够处理一些简单的案件，但却很难形成标准为具体案件提供指引。事实上，对于垄断致损赔偿责任问题，在文义解释表现力苍白的情况下，立法目的解释往往也难有用武之地。毕竟反垄断法下相关法益的目标是多元的，且受到国家反垄断政策的左右，这种现实导致反垄断法立法目的不会像一般侵权责任法下的法益目标那么序列稳定。进一步来讲，与一般侵权责任法不同，在适用垄断致损赔偿责任制度时，利害关系人无法借助立法意图的考量实现个案引导的胜利。美国著名的反垄断法专家霍温坎普的论述极具启发性："《反垄断法》有一段悠久的立法史。全部算起来，对《反垄断法》的辩论以及国会的报告贯穿了 11 个厚厚的卷宗。但是大部分的立法史都是没用的，它并不支持反垄断思想的三个基本观点中的任何一个。事实上，反垄断立法史倾向于现今大多数人无法接受的那种观点。"①

因此,从垄断致损赔偿责任作为特殊侵权责任的普遍性和特殊性相结合来看,要实现垄断致损赔偿责任制度与《民法典》"侵权责任"编的衔接,最为紧要的就是,以 2022 年《反垄断法》第 60 条规定为纲要,整合现有法律资源,对垄断致损赔偿责任制度的不足之处进行查缺补漏。

(二) 明确赔偿责任主体的范围

在我国,配合 2008 年《反垄断法》第 50 条的规定,2012 年 6 月 1 日实施的《垄断司法解释》第 1 条明确规定,"因垄断行为受到损失"的自然人、法人或者非法人组织,可以提起民事诉讼。但是,不论是 2008 年、2022 年《反垄断法》还是《垄断司法解释》,对垄断致损赔偿责任的规制都过于抽象,导致其在实践中操作性不强。

1. 垄断赔偿责任主体范围的一般性规范

在垄断致损赔偿诉讼案件中,原告资格的界定决定着当事人的范围和条件,也反映了一国基于自身具体国情所选择的反垄断司法政策的导向。而垄断致损赔偿诉讼发起的成败,关键在于原告是否符合赔偿权利人的一般条件。可以说,作为垄断致损赔偿诉讼的基础,规范原告起诉资格是垄断致损赔偿责任制度实施中非常重要的一环。尽管我国现行《民事诉讼法》第 122 条第 1 款规定"原告是与本案有直接利害关系的",但是落实到垄断致损赔偿责任问题上,《民事诉讼法》的规定显然是单薄的。因此,我们可以学习美国垄断致损赔偿责任制度中规范赔偿权利人范围的直接损害规则,要求垄断致损赔偿诉讼的原告必须具备三个条件:一是这种损害必须是实际损害;二是这种损害应该是由赔偿义务人的垄断侵害行为造成的,即垄断侵害行为与损害之间必须具有因果关系;三是这种损害必须是反垄断法所意图防止的损害。

除了在立法中明确直接损害规则为判断垄断致损赔偿诉讼原告

---

① 〔美〕赫伯特·霍温坎普:《反垄断事业:原理与执行》,吴绪亮等译,东北财经大学出版社 2011 年版,第 39 页。

是否为适格的赔偿权利人外,还可以借鉴美国司法实践中从直接损害规则细化出来的检测垄断致损赔偿诉讼原告适格与否的具体标准:第一,目标区域标准,由于垄断侵害行为的损害具有区域性,只有侵害行为覆盖范围内的市场主体才可能受到垄断侵害行为的损害。这一标准有助于对直接损害规则的适用进行初级排查。第二,权衡标准,即间接购买者标准。据此,分销链中的间接购买者不得以受到垄断侵害致损为由起诉,间接购买者不是适格的赔偿权利人。第三,利益范围标准。作为目标区域标准的延伸,它处理的主要是那些虽然不在目标区域内,但的确受到垄断侵害致损的市场主体的诉讼资格问题。

正如美国垄断致损赔偿责任制度对赔偿义务人限制适用连带责任一样,我国立法、司法解释也应对赔偿义务人不适用连带责任的情形进行规定,防止赔偿权利人为了追求自身利益而扩大赔偿义务人范围,保证垄断致损赔偿责任制度的有序发展。

值得注意的是,我国 2022 年《反垄断法》第 60 条第 2 款规定,一定级别以上的人民检察院可以依法对损害社会公共利益的垄断侵害人提起民事公益诉讼。① 该规定是我国反垄断法在民事责任追究主体方面的一大创新。在这一创新中,人民检察院作为反垄断民事公益诉讼的原告,与垄断致损赔偿责任制度中的赔偿权利人所提起的垄断致损的性质存在明显差异。即人民检察院作为反垄断民事公益诉讼的原告,所要保护的法益仅限于"因垄断行为损害的社会公共利益";而垄断致损赔偿权利人作为反垄断民事诉讼的原告,所要保护的法益则为同在市场竞争中行动的竞争自由权。

2. 不宜将消费者纳入赔偿权利人范围

对于是否应将消费者纳入垄断致损赔偿责任制度的赔偿权利人范围这一问题,学界存在不同的声音:赞同者认为,反垄断法的立法目的就在于通过维护市场竞争的有序健康发展,促进社会的整体福祉和保障消费者的合法权益。反对者则认为,反垄断法关注的是

---

① 《反垄断法》第 60 条第 2 款规定:"经营者实施垄断行为,损害社会公共利益的,设区的市级以上人民检察院可以依法向人民法院提起民事公益诉讼。"

市场竞争的秩序,而不在于对个体消费者的保护;倘若对垄断致损赔偿诉讼之赔偿权利人范围不加限制,很容易导致滥诉和选择性诉讼的恶果。从国际反垄断私人实施的现状来看,美国垄断致损赔偿责任制度在实践中形成的间接购买者规则,即代表了美国反对将消费者纳入赔偿权利人范围的立场;正如美国左翼智库开放市场研究所(Open Markets Institute)的法律总监桑迪普·瓦希桑(Sandeep Vaheesan)在2017年举办的第127期《耶鲁法律杂志》论坛上谈到的,大量研究显示,消费者福利标准并没有真实地反映出当年通过《谢尔曼法》等反垄断法律时的国会的意图。① 而在欧盟,包括《损害赔偿诉讼的成员国规则》在内的一系列法律文件均对消费者权利予以重视和维护。美国和欧盟的不同选择,从一个侧面反映出:是否赋予消费者赔偿权利人地位,不单单涉及反垄断法目标,还事关一国就法律价值之公平、效率位阶的取舍。笔者认为,较之欧盟的做法,美国将消费者排除在赔偿权利人范围之外的做法更务实,在强调公平的同时又兼顾效率,既实事求是又具有灵活性,也更值得我国借鉴和学习。

我国2022年《反垄断法》第60条第1款规定:"经营者实施垄断行为,给他人造成损失的,依法承担民事责任。"可以说,该法条中的"他人"和美国《谢尔曼法》第7条、《克莱顿法》第4条强调的"任何人"是相同的。尽管以上三个法条均强调赔偿权利人在垄断致损赔偿责任制度中的重要性,但这三个法条却又都没有明确赔偿权利人到底包括哪些主体。对于美国而言,司法判例所形成的间接购买者规则,明确了消费者不在赔偿权利人之列。而对中国而言,对于是否赋予消费者赔偿权利人地位却一直处在争论之中。②

支持将消费者纳入垄断致损赔偿责任之赔偿权利人范围的观点林林总总,梳理下来均有一个共同点——基本上从我国《反垄断法》

---

① See Sandeep Vaheesan, The Twilight of the Technocrats' Monopoly on Antitrust? 127 Yale Law Journal Forum, 980, 2018, http://www.yalelawjournal.org/forum/the-twilight-of-the-technocrats-monopoly-on-antitrust, last visited on Jan. 10, 2023.

② 对是否赋予消费者赔偿权利人地位的争论,可参见邰中林、朱理:《反垄断民事诉讼客体研讨会暨司法解释座谈会会议综述》,载《人民法院报》2009年8月6日。

立法目的出发，①将论证落脚于"《反垄断法》应当作为一部真正保护消费者权益的法律"上。②比如，时建中教授即以《消费者权益保护法》第 47 条③的规定来说明中国消费者协会以及省级消费者协会具有发起垄断致损赔偿责任民事诉讼的资格。④对此，笔者认为，建立反垄断法体系的根本目的是通过保护市场机制的正常运作来达到社会资源的最优配置，社会资源的配置是否达到最优也确实有赖于对消费者这一资源配置的终端进行表达，但并不能因此就将不同法律的立法目标完全等同起来，不同法律的立法、执法和司法都有其需要优先和重点关注的事项。其中，反垄断法的根本目标集中于"实现公平竞争与创新发展的良性互动"，而消费者权益保护法的根本目标则着眼于"消费者为生活消费需要购买、使用商品或者接受服务"。正如日本学者金泽良雄说的："在适用日本《禁止垄断法》的实体法规则中，未必将消费者的利益明显化，可以说它是潜在于自由竞争的自身之中。"⑤易言之，反垄断法与消费者权益之间的联系并没有赞成论者想象的那么密不可分。不仅如此，我国已有专门保护消费者权益的《消费者权益保护法》，若再将消费者纳入垄断致损赔偿责任之赔偿权利人范畴，那么消费者保护极有可能因为多头规范而陷入混乱。因此，以维护消费者合法权益是《反垄断法》的立法目的之一来论述消费者具有赔偿权利人资格无疑是单薄的。

事实上，现代社会的复杂性越来越频繁地导致一项单独的人类

---

① 不少学者认为，我国《反垄断法》具有多重立法目的，其第 1 条明确规定："为了预防和制止垄断行为，保护市场公平竞争，鼓励创新，提高经济运行效率，维护消费者利益和社会公共利益，促进社会主义市场经济健康发展，制定本法。"据此，维护消费者合法权益是《反垄断法》的目标之一，消费者也据此能够成为垄断致损赔偿责任的赔偿权利人。

② 参见毛晓飞：《析我国反垄断民事救济中的消费者利益保护机制》，载《法律适用》2013 年第 2 期。

③ 《消费者权益保护法》第 47 条规定："对侵害众多消费者合法权益的行为，中国消费者协会以及在省、自治区、直辖市设立的消费者协会，可以向人民法院提起诉讼。"

④ 参见时建中：《新〈反垄断法〉的现实意义与内容解读》，载《中国法律评论》2022 年第 4 期。

⑤〔日〕金泽良雄：《经济法概论》，满达人译，甘肃人民出版社 1985 年版，第 185 页。

行动可能对许多人有益或有害,因此间接购买者规则也可以用来说明为什么消费者不宜纳入垄断致损赔偿诉讼的赔偿权利人范畴。一般地,社会化大生产是一个多系统运作的复杂体系,在出现纵向垄断导致垄断致损赔偿责任时,产业上下游关系所形成的直接购买者之所以能够成为最有效率的反垄断私人实施者而独享赔偿权利人地位,是因为他们和反垄断违法者直接交易,更有可能发觉违法者之间的共谋;而消费者作为因生活需要而购买产品、服务的终端,从产业链角度看就仅仅是间接购买者。

换言之,在垄断致损问题上,赔偿义务人的垄断行为确实直接侵害了赔偿权利人(直接侵害主体)和因转嫁推高成本而受损的包括消费者在内的间接受害人。然而,相比直接受损的市场主体来说,消费者仅依靠自身力量通常很难有效保护自己。即便消费者拥有一项法律上的诉因,在司法实践中仍可能因为消费者分布太散或力量太弱等现实因素而没法寻求司法救济。比如,过高的诉讼成本会有害于其向法院提起诉讼的热情;很多时候,消费者甚至根本意识不到自己的权利被侵害。即使在消费者抱团组成消费者协会的情况下,维权也会因为垄断致损赔偿责任构成要件的复杂性而困难重重。此外,对于赔偿义务人来讲,除了存在具有主观过错的侵害行为外,因市场竞争行为超过法定限度而产生的赔偿义务如果辐射到包括消费者在内的间接受害人群体,那么义务之累很可能拖垮赔偿义务人的经营,而这从根本上来讲不利于社会整体福利的实现。有学者认为,虽然"消费者福利最大化"是一个吸引人的术语,但其内容却模糊不清。即倡导反垄断应该确保消费者福利最大化是一回事,但司法实践中要证明一种竞争行为是否能够做到这一点却是完全不同的另一回事。消费者福利原则是建立在每个人都是消费者的观察之上的。①简言之,司法实践中很难真正获得"消费者福利最大化"的观察视角。

进一步地,消费者是否应当纳入垄断致损赔偿责任赔偿权利人范畴这一问题在本质上可还原为求解法的价值冲突(公平价值与效

---

① See Herbert Hovenkamp, *Federal Antitrust Policy: The Law of Competition and Its Practice*, 6th Ed., West Academic Publishing, 2020, pp.100-102.

率价值的冲突）问题。笔者认为，对于法的价值冲突，既不能用单一的利害标准或者苦乐标准进行价值计算，也不能根据特定原则（比如"消费者至上"）来决定价值取舍或位列，而应当根据具体的价值冲突状况及其相关因素来选择。落实到消费者在垄断致损赔偿诉讼中能否成为适格原告问题上，其关键在于，将作为间接购买者的消费者作为赔偿权利人进行诉讼所能产生的效益与排除消费者作为赔偿权利人进行诉讼的效益进行比较；如前所述，消费者作为赔偿权利人（原告）的垄断致损赔偿诉讼实现难度大、诉讼成本高，不但容易推高司法成本，而且消费者诉与不诉、对反垄断目标之达成亦没有太大影响。因此，相较于纵向垄断中处于产业上下游链条中的赔偿权利人（垄断行为人产品的直接购买者）来说，消费终端的消费者（垄断行为人产品的间接购买者）不应被纳入垄断致损赔偿权利人的范畴。

事实上，对于消费者是否应当纳入垄断致损赔偿权利人范畴这一问题，我国最高人民法院在出台司法解释时作出的取舍已经给出了答案：2012年5月8日最高人民法院公布我国第一部反垄断审判领域的司法解释——《垄断司法解释》前，该司法解释的公开征求意见稿曾对赔偿权利人作这样的规定，"因垄断行为受到侵害的自然人、法人或者其他组织，包括经营者和消费者，可以依据《反垄断法》第50条的规定，向人民法院提起民事诉讼。"但是，正式颁布的司法解释第1条的相应部分却变成"因垄断行为受到损失以及因合同内容、行业协会的章程等违反反垄断法而发生争议的自然人、法人或者其他组织，向人民法院提起的民事诉讼"。正式的司法解释中删除了"包括经营者和消费者"的规定，从一个侧面反映出最高人民法院在处理"消费者是否应当纳入垄断致损赔偿责任赔偿权利人范畴"这一难题上的严谨务实。毕竟赋予消费者赔偿权利人的地位不仅仅是在法律性文件中用几个字描述那么简单，姑且不说消费者权益保护已经有了专门法律规范，若当真将消费者纳入赔偿权利人范围，则必然会开启一个涉及不同市场层次且在数量众多的消费者中分配权益的巨大工程，对反垄断私人实施不见得是利大于弊的选择。综上，笔者认为，最高人民法院的选择合情合理，目前的确不宜将消费者纳入垄断致损赔偿责任的赔偿权利人范畴。

（三）细化垄断行为的种类

目前，我国垄断致损赔偿责任案件的类型呈现多样化的趋势：既有滥用市场支配地位行为引发的案件，又有垄断协议引发的案件。滥用市场支配地位行为引发的案件在数量上仍然占优，而涉及横向垄断协议的案件也开始通过民事司法渠道进行救济，如深圳市惠尔讯科技有限公司诉深圳市有害生物防治协会横向垄断协议纠纷案，就是基于横向垄断协议生成的垄断所致损害赔偿第一案。① 虽然我国垄断致损赔偿诉讼的类型与美国垄断致损赔偿诉讼的类型相比仍显单薄，但是正如前文所述，美国垄断致损赔偿诉讼的发展也并非一蹴而就的。作为对现实竞争的反应，垄断致损赔偿诉讼在中国的发展也必然沿着循序渐进之道路前进。

如前所述，最高人民法院《垄断司法解释》第 1 条明确规定了垄断民事纠纷案件的两种基本类型：一是因垄断行为受到损失而引起的诉讼；二是因合同内容、行业协会的章程等违反反垄断法而发生争议引起的诉讼。前一种诉讼对应的就是本书研究的垄断致损赔偿责任制度，属于侵权之诉问题，原告在此类案件中往往诉请法院判令被告停止垄断行为并赔偿损失。后一种诉讼则为非侵权之诉，其中以确认之诉为常见类型，原告在此类案件中通常诉请法院确认民事法律行为的效力。② 具体地，对于第一种类型的垄断民事纠纷案件，诉讼所强调的是"因垄断行为受到损失"这一前提，需要将《垄断司法解释》与《反垄断法》配合适用。从我国 2022 年《反垄断法》的规定来看，垄断侵害行为主要包括滥用市场支配地位、限制竞争协议、企业合并和行政性垄断四个大类。相比美国垄断致损赔偿责任制度已形成的包括横向价格固定、纵向价格固定、供应商终止、拒绝交易、掠夺性定价、价格歧视、排他性交易、兼并或联合、共谋、限制交易等 11 种侵害行为来说，我国垄断致损赔偿责任

---

① 参见广东省高级人民法院（2012）粤高法民三终字第 155 号民事判决书。
② 非侵权之诉不是本书探讨的内容，因此不作过多讨论。

下的侵害行为种类无疑是较为笼统的。因此，最高人民法院将来在针对反垄断民事诉讼的司法解释中有必要进一步细化垄断行为的种类：（1）分解滥用市场支配地位的行为，将供应商终止、拒绝交易、掠夺性定价、排他性交易等具体的滥用市场支配行为明确为垄断行为的具体类型，以保障赔偿权利人在司法救济中更加迅速地找到相应的法律依据；（2）限制竞争协议的类型，比如横向价格固定、纵向价格固定等情形，也应当加以明确。

（四）淡化过错的认定

过错在我国侵权责任法中具有非常重要的地位，它是进行归责原则划分的一个关键要素。王利明教授认为："侵权行为是指由于过错侵害他人的人身和财产而依法应承担侵权责任的行为，以及依法律的特别规定应当承担侵权责任的其他损害行为。"[①] 这一观点概括了侵权行为的基本特征：（1）侵权行为指的是一种客观损害的行为，其中既有过错行为，也有违法行为；（2）侵权行为造成的客观损害指向他人的民事权利和受到法律保护的权益。杨立新教授认为："过错程度的轻重对于决定民事责任具有决定的作用。"[②] 比如，我国《民法典》第1165条和第1166条区分"侵害"和"损害"两个概念是为了与过错责任和公平责任进行对应。"侵害"对应的是过错责任，强调的是行为人主观上的可非难性，具有负面评价的色彩；而"损害"对应的是公平责任。

正是由于侵权行为中的过错决定着过错责任、无过错责任以及公平责任的划分，因此，在垄断致损赔偿责任这一特殊侵权责任的构成要件问题上，既有学者支持包括侵害行为、损害事实、侵害行为与损害事实之间因果关系的三要件说，[③] 也有学者支持张新宝、杨立新教授等人提倡的侵害行为、损害事实、侵害行为与损害事实之间存在因果关系以及行为人存在行为过错的四要件说。[④]

---

① 王利明：《侵权责任法研究（上卷）》，中国人民大学出版社2010年版，第5页。
② 杨立新：《侵权法论（第四版）》，人民法院出版社2011年版，第189页。
③ 参见孔祥俊、杨丽：《侵权责任要件研究》，载《政法论坛》1993年第1期。
④ 参见张新宝：《中国侵权行为法》，中国社会科学出版社1995年版，第20—21页。

事实上，在民事活动中法律更多评价的是行为的后果而非行为人行为时的心态。这一点在英美法系传统的美国体现得极为充分。大部分学者认为，侵权责任法只是一个由不同形态甚至差异巨大的侵权行为处罚规范所组成的集合体，作为私力救济的一种，它和合同法共同维护市民社会的有序运转；它不需要像刑法那样精确区分违法行为人的动机和主观恶性。

从前文探讨的美国垄断致损赔偿责任构成要件来看，其中既有"侵害"也有"损害"，但是对于侵害是否存在主观上的过错却并不作限定要求。"损害"一词主要是从受害人财产状态角度来描述的，是一个客观事实的描述，反映的是受害人财产利益的减损，并不反映造成此种减损状态的行为人的主观心理。从另一个角度来看，之所以对包括垄断致损赔偿责任在内的侵权责任以过错为标准进行归责原则的划分，无非是大陆法系传统所特有的归纳性哲学方法论作祟，其目的是寻求完整而又富有逻辑性的关于一般原则的定义，从而限制法官的自由裁量权。但事实上，定义越具有一般性，就越有可能忽略本质的因素或者掺入非本质的因素而导致自由裁量的肆意妄为。因此，淡化过错在侵权责任构成要件中的地位，纯粹从侵害行为和损害事实以及两者之间是否存在因果关系出发，更能排除自由裁量对过错要素的过多解释。关于这一点，美国学者普罗瑟教授认为，过分看重过错在侵权责任中的地位，往往会导致实践中法官解释被诉行为性质的自由裁量权被人为地扩大，这与法治的原则并不相适应。①

总之，我国在处理垄断致损赔偿诉讼时，可以适当借鉴美国淡化过错的做法，将考量的重点放在损害的认定、原告是否适格的判别以及因果关系检测与证明的处理上。

（五）完善因果关系的证明机制

从我国垄断致损赔偿诉讼现实看，原告在垄断纠纷案件中胜诉

---

① See William L. Prosser, *Handbook of the Law of Torts*, 3rd Ed., West Publishing Co., 1964, p.19.

率较低。这一方面是原告对反垄断法和反垄断民事诉讼的相关专业知识掌握不够所致,另一方面也与垄断纠纷案中原告取证和证明垄断行为比较困难有关。因此,要提高我国垄断致损赔偿责任制度的适用效果,最关键的就是强化垄断行为因果关系证明机制,提高赔偿权利人利用垄断致损赔偿责任制度的效率。

长期以来,我国侵权责任之因果关系证明受到苏联民法理论的影响,强调的是必然因果关系,即如苏联学者所认为的:"因果关系永远是现象的这样一种联系,其中一个现象(原因)在该具体条件下,必然引起该种后果(结果)。"① 随着我国侵权责任法研究的深入,如今,我国理论界和实务界对侵权责任之因果关系证明已突破了过去苏联民法理论的影响,逐渐采纳包括英美法系传统国家对事实上的因果关系和法律上的因果关系进行区别在内的思路,实践中处理侵权责任之因果关系借鉴证明也日趋灵活。

落实到垄断致损赔偿责任因果关系证明问题上,由于我国反垄断立法多借鉴大陆法系的德国模式,立法时采取了比较严苛的立场,以至于实践中规定严谨的法条与变化万千的现实之间必然存在鸿沟。这就对垄断致损赔偿诉讼中的因果关系证明提出了更高的要求,必须采取更为符合市场规律的解释立场进行因果关系的检测与证明。从司法实践来看,自 2008 年《反垄断法》实施以来,具有反垄断民事诉讼管辖权的法院(中级以上人民法院)在处理垄断致损赔偿案件时,已经结合案件实际,能动地学习、借鉴了美国垄断致损赔偿责任制度中的本身违法原则和合理原则来处理因果关系证明问题。在此,笔者从"中国裁判文书网"和"北大法宝"数据库等公开渠道查阅了近些年的反垄断法司法判决书,从中挑选出判决说理明显借鉴美国垄断致损赔偿责任制度的案例,现汇总如下:

---

① 〔苏〕B. Π. 格里巴诺夫、C. M. 科尔涅耶夫主编:《苏联民法(上册)》,中国社会科学院法学研究所民法经济法研究室译,法律出版社 1984 年版,第 506 页。

表 7-1 借鉴美国垄断致损赔偿责任制度的案例

案件诉因	案件名称	受理法院、审级和判决时间	借鉴本身违法原则	借鉴合理原则	
				认定是否构成垄断侵害的市场势力分析	判断损害多寡的定量分析
垄断协议	深圳市惠尔讯科技有限公司与深圳市有害生物防治协会横向垄断协议纠纷上诉案	广东省高级人民法院二审，2012年	×	√	√
	北京锐邦涌和科贸有限公司与强生（中国）医疗器材有限公司等纵向垄断协议纠纷案	上海市第一中级人民法院 二审，2014年	×	√	√
	北京市水产批发行业协会与娄丙林垄断纠纷案	北京市高级人民法院二审，2014年	√	×	×
	北京米时科技股份有限公司与北京奇虎科技有限公司滥用市场支配地位纠纷案	北京市高级人民法院二审，2015年	×	√	×
滥用市场地位	湖州一亭白蚁防治服务有限公司与湖州市白蚁防治研究所有限公司垄断纠纷案	浙江省高级人民法院二审，2010年	×	√	×
	宁波科元塑胶有限公司与宁波联能热力有限公司滥用市场支配地位纠纷案	浙江省宁波市中级人民法院一审，2013年	×	√	√
	奇虎与腾讯垄断纠纷案	最高人民法院二审，2013年	×	√	√
	陈桂英与广东燕塘乳业股份有限公司滥用市场支配地位纠纷案	广东省高级人民法院二审，2013年	×	√	×
	高邮市通源油运有限公司与泰州石油化工有限责任公司、中国石油化工股份有限公司垄断纠纷案	江苏省南京市中级人民法院一审，2015年	×	√	×
	高邮市通源油运有限公司与泰州石油化工有限责任公司、中国石油化工股份有限公司垄断纠纷案	江苏省高级人民法院 二审，2016年	×	√	√

第七章
美国垄断致损赔偿责任制度对我国的借鉴意义

在北京锐邦涌和科贸有限公司（以下简称"锐邦涌和公司"）诉强生（上海）医疗器材有限公司（以下简称"强生上海公司"）等买卖合同纠纷案（以下简称"锐邦涌和诉强生案"）中，上海市第一中级人民法院（以下简称"一中院"）在二审时就吸收了美国垄断致损赔偿责任制度中关于因果关系证明的有益经验。[①] 在本案一审中，锐邦涌和公司诉称，作为强生中国公司、强生上海公司医用吻合器及缝线产品在北京地区的经销商，锐邦涌和公司与两公司有长达15年的合作。在2008年1月2日与两公司签订经销合同后，锐邦涌和公司因在北京市医院采购竞标过程中违反经销合同中控制转售价格条款而降低价格竞标，遭受两被告处罚，先是被取消在部分医院的经销权，继而被完全停止供货，遭受重大经济损失。锐邦涌和公司认为，两被告在经销合同中约定转售价格限制条款以及依据该条款对锐邦涌和公司进行处罚直至终止经销合同的行为，构成《反垄断法》第14条第（2）项所列"限定向第三人转售商品的最低价格"之违法行为，故诉请法院根据《反垄断法》第3条、第14条、第50条之规定判令两被告赔偿锐邦涌和公司因上述违法行为而致经济损失人民币1439.93万元，并承担全部诉讼费用。被告强生中国公司、强生上海公司则辩称，本案所涉经销合同订立在《反垄断法》实施之前，两被告针对原告违约行为所采取的行动也发生在《反垄断法》实施之前，不应适用《反垄断法》；本案被控垄断行为是锐邦涌和公司与强生中国公司、强生上海公司之间达成的垄断协议，由本案当事人双方共同签订和执行，锐邦涌和公司本身作为垄断行为的直接参与者和实施者，无资格提起本案诉讼；锐邦涌和公司主张的经济损失从性质上而言是合同纠纷项下的损失，与垄断纠纷无关，且损失也缺乏相应证据证实。因此，被告否认原告的全部诉讼主张。

具体地，上海市一中院二审时注意到我国2008年《反垄断法》法条的空泛性，即2008年《反垄断法》第13、14、15条对相关市

[①] 参见上海市第一中级人民法院（2014）沪一中民四（商）终字第1073号民事判决书。

场的描述多是概念性的,对司法实践中涉及的"相关市场"在因果关系检测中的运用并没有明确的指导性说明。因此,上海市一中院结合市场竞争的现实情况,采用符合市场运行规律和维护市场竞争自由价值的解释立场,认为控制最低转售价格协议并非当然违法——只有那些明确表达了"排除、限制竞争效果"内容的合同才是垄断协议。在此基础上,上海市一中院还进一步明确,只有在排除或限制竞争效果难以避免且无法被其促进竞争效果抵消的情形下,限制最低转售价格行为之垄断协议才会受到法律的否定评价。上海市一中院处理该案的这种思路与美国垄断致损赔偿责任因果关系证明的基本原则合理原则非常相似:限制最低转售价格协议并非当然违法,在明确排除对本身违法原则适用的基础上,依据2008年《反垄断法》第13条对"垄断协议"的定义,阐明具有"排除、限制竞争效果"是垄断协议的构成要件,再结合市场势力情况明确:只有在限制最低转售价格行为排除、限制竞争效果难以避免又难以被其促进竞争效果抵消的情形下,这种协议才构成垄断协议。

又如,备受全国网民关注的腾讯诉奇虎不正当竞争案[①](该案被业界形象地称为"3Q大战",以下简称"奇虎与腾讯垄断纠纷案")历时四年,作为我国垄断致损赔偿诉讼中具有里程碑意义的重要案件,最高人民法院在二审中处理侵害行为与损害之间因果关系证明时,也运用了诸如美国垄断致损赔偿责任因果关系证明中市场份额、地理市场等要素的分析。具体来说,本案中双方争议焦点主要集中在三个方面:第一,相关市场如何界定;第二,腾讯公司和腾讯计算机公司在相关市场上是否具有支配地位;第三,腾讯公司和腾讯计算机公司是否滥用市场支配地位排除、限制竞争以及应承担何种民事责任。最高人民法院在处理上述争议问题时,就是以《反不正当竞争法》与2008年《反垄断法》为框架,深究2008年《反垄断法》第17、18、19条以及第50条的规定,汲取了美国垄断致损赔偿责任价值目标的有益成分,明确了必须区分对竞争者的损害与对竞争的损害的司法裁判准则。最高人民法院在此案的判决中写道:

---

① 最高人民法院(2013)民三终字第5号民事判决书。

"上诉人专门针对 QQ 软件开发、经营扣扣保镖,以帮助、诱导等方式破坏 QQ 软件及其服务的安全性、完整性,减少了被上诉人的经济收益和增值服务交易机会,干扰了被上诉人的正当经营活动,损害了被上诉人的合法权益,违反了诚实信用原则和公认的商业道德,一审判决认定其构成不正当竞争行为并无不当。"同时,最高人民法院认为:"竞争自由和创新自由必须以不侵犯他人合法权益为边界,互联网的健康发展需要有序的市场环境和明确的市场竞争规则作为保障。是否属于互联网精神鼓励的自由竞争和创新,仍然需要以是否有利于建立平等公平的竞争秩序、是否符合消费者的一般利益和社会公共利益为标准来进行判断,而不是仅有某些技术上的进步即应认为属于自由竞争和创新。否则,任何人均可以技术进步为借口,对他人的技术产品或者服务进行任意干涉,就将导致借技术进步、创新之名,而行'丛林法则'之实。技术创新可以刺激竞争,竞争又可以促进技术创新。技术本身虽然是中立的,但技术也可以成为进行不正当竞争的工具。技术革新应当成为公平自由竞争的工具,而非干涉他人正当商业模式的借口。"

上述两个具有指导性的案例说明,美国垄断致损赔偿责任构成要件中因果关系证明和检测的原则对我国的垄断致损赔偿诉讼的实践具有借鉴意义。具体而言,要进一步完善我国垄断致损赔偿责任中因果关系证明与检测的机制,就必须做好以下两方面的工作:

第一,对市场要素影响市场行为的机理要有全面认识。在学习微观经济学的基础上,吸纳美国垄断致损赔偿责任制度中关于市场势力对判别侵害行为与损害事实之间的因果关系存在影响的理论:(1)市场势力的变化与市场份额的变化成正相关关系;(2)市场势力与行业需求弹性的变化成反相关关系;(3)市场势力与供给弹性的变化成反相关关系。

第二,认识反垄断政策对因果关系的传递具有限制性作用。在处理垄断致损赔偿诉讼案件中,要注意细致分析影响垄断致损赔偿责任法律因果关系的经济政策含义与目标,用法律与政策相结合的方式认识因果关系的证明与检测。

此外,作为垄断致损赔偿责任构成要件之一的损害事实,在实践中主要涉及的是其边界问题,即垄断致损赔偿责任制度救济的仅仅是垄断性损害,而不包括非垄断性损害。从我国司法实践来看,损害事实的处理与美国的处理并无二致,在此不作赘述。

二、健全损害赔偿机制

从诉请赔偿的数额上看,在我国垄断致损赔偿诉讼中,诉请较大数额赔偿的案件日益增多。在前述奇虎与腾讯垄断纠纷案中,奇虎360以腾讯滥用市场支配地位为由将其告上法庭,索赔金额超1.5亿元人民币。诉请赔偿金额巨大是垄断致损赔偿诉讼与一般的民事赔偿诉讼最为明显的区别之一。垄断致损赔偿诉讼的这一特点,一方面凸显了违反反垄断法行为破坏性极强的特点;另一方面也预示着,相比一般民事诉讼,垄断致损赔偿诉讼中的损害计算问题更为复杂和专业。

(一) 损害计算方式的借鉴

目前,我国垄断致损赔偿诉讼的诉讼量不断增大、胜诉率不高、以补偿性赔偿为主的现实是不容乐观的。虽然锐邦涌和诉强生案在一定程度上体现了我国垄断致损赔偿责任在实施中存在借鉴美国经验的现实,但个案的进步并不能代表制度实施的整体水平。同时,在我国司法实务中,如在奇虎与腾讯垄断纠纷案处理中,包括最高人民法院在内的司法裁判者在没有明确的赔偿罚则和具体的损害计算方式指导的情况下,过度行使自由裁量权,大而化之进行赔偿数额的酌定裁决。因此,笔者认为,为了提高垄断致损赔偿责任的效率,维护市场竞争的自由、有序性,明确完善的损害计算方式迫在眉睫。

还是以锐邦涌和诉强生案为例。上海市一中院在进行本案二审时,处理损害计算的原理与美国垄断致损赔偿责任下的损害计算方式中的前后比较法和市场份额法是相通的,但这仅仅是个案,而且发生在司法资源较为丰富的一线城市。实际上,不但《反垄断法》

第七章
美国垄断致损赔偿责任制度对我国的借鉴意义

没有明确损害计算方式以及计算标准，最高人民法院的司法解释也没有对这一问题进行相关说明。可以说，在全国范围内，不管是诉讼当事人还是办案法院，在"垄断违法行为给当事人造成的损害如何计算"这一问题的处理上都面临着不同程度的困难。这一困难如果不能克服，那么即使能够证明违法行为与损害事实之间存在因果关系，但只要损害计算没有统一标准和规则，法院就无法判定赔偿，弥补原告遭受的损害也就只能沦为纸上谈兵。

结合垄断致损赔偿诉讼中损害计算方式在整个垄断致损赔偿责任中的重要性以及锐邦涌和诉强生案的实践经验，笔者认为，我国在构建垄断致损赔偿诉讼中损害计算方式的标准和规则时，是可以借鉴美国的成熟经验的。具体说来：

1. 明确损害计算数额的认定标准

美国垄断致损赔偿责任在司法实践中逐渐形成了要求损害计算范围与案情之间必须具有关联性的两大规则：垄断侵害规则和分解证明规则。这两大规则在实践中互为补充，共同服务于损害计算与垄断行为具有客观关联性的目标，从根本上保证了损害计算的合法性和合理性。在我国垄断性损害数额的计算问题上，可以借鉴美国损害计算数额的认定标准，吸收垄断侵害规则和分解证明规则的有益成分，将其整合到我国民事诉讼证明规则的客观性、关联性和合法性的要求内，为垄断性损害计算的成功打下坚实的基础。[①]

2. 确立损害计算方式

前文介绍了美国垄断致损赔偿责任中包括标尺比较法、前后比较法、市场份额法和持续经营法在内的四种损害计算方式。这些方式在具体的垄断致损赔偿诉讼中或单独使用，或混合使用，在损害计算数额认定标准的规制下，成为垄断致损赔偿责任之补偿和惩戒目标达成的关键环节。没有具体的损害计算方式，赔偿就是无源之水，无本之木。

事实上，在我国经济发达的沿海地区，法院在实践中已经认可

---

① 参见杨蓉：《我国垄断致损赔偿责任制度的完善》，载《云南社会科学》2014年第6期。

了当事人对美国垄断致损赔偿责任之损害计算方法的运用。我国司法实践的这种尝试，不但是法院裁判纠纷功能的体现，而且也从根本上维护了垄断致损赔偿责任制度的价值——恢复和补偿被破坏的竞争自由和竞争收益。因此，学习美国垄断致损赔偿责任中有关损害数额计算方式，将其移植到我国的垄断致损赔偿纠纷处理中，并结合我国司法实务中已经形成的具体案例经验，对垄断致损赔偿这一核心的反垄断私人实施是能够达成事倍功半的效果的。

（二）三倍赔偿的借鉴

从当下垄断致损赔偿责任制度的实践来看，我国垄断致损赔偿责任制度下的损害赔偿性质仍然没有突破传统民事赔偿之补偿性的边界。尽管将垄断致损赔偿责任的性质归入以填补损害为最高指导原则的民事损害赔偿的性质之下没有问题，但是这种传统侵权责任法的思维并不利于发挥赔偿权利人的维权积极性，且有违世界各个发达的工业化国家先后都将侵权责任法的功能从事后赔偿扩展到积极预防的潮流。[①]

具体地，三倍赔偿主要是美国垄断致损赔偿的通常做法；单倍损害赔偿是大陆法系国家依照传统的侵权法填补损害之原则而实施的赔偿制度。可以说，单倍损害赔偿作为垄断致损赔偿责任中损害赔偿的总则，是传统民法理论的延伸。虽然有学者认为，"单倍损害赔偿以填补受害人所受实际损失可得利益为限，可谓是民法观念在反垄断法中的典型体现"[②]。但是，从民法理论的发展以及我国立法实践深化的现实可以看到，早在大工业时代，民法理论特别是侵权责任法理论就已经突破了传统思维之禁锢，而以惩罚性损害赔偿制度为代表的新型民事责任的兴起已经在一定程度上扩展了民法特别是侵权责任法的主旨。

垄断致损赔偿责任作为与一般侵权责任制度具有较大差异性的特殊侵权责任，突破了传统的侵权责任私法性的范畴，不论从其构

---

① 参见朱岩：《从大规模侵权看侵权责任法的体系变迁》，载《中国人民大学学报》2009年第3期。

② 李俊峰：《反垄断法的私人实施》，中国法制出版社2009年版，第194页。

第七章 美国垄断致损赔偿责任制度对我国的借鉴意义

成要件还是价值功能来看，填补损害与惩罚违法都是其目标的两端。虽然在前文讨论中可以看出美国垄断致损赔偿责任中关于三倍赔偿罚则的实施存在着争议，但从美国垄断致损赔偿责任制度的变迁史中不难看出三倍赔偿罚则的价值以及反垄断私人实施现实下该项罚则对于激励受害人维权的积极意义。正如笔者在本书第六章对美国三倍赔偿罚则功能的探讨中提出的，不管是担忧三倍赔偿在实施中可能出现的激励过度，还是支持三倍赔偿的激励功能，美国学者共同的立论前提都在于三倍赔偿因加大惩罚而具有的激励功能。理论上的怀疑，是促进人类完善制度的动力，而不是废止制度的原因。因此，吸收三倍赔偿罚则的有益成分，对推动我国垄断致损赔偿责任制度的发展具有积极意义。

1. 单倍赔偿的弊端说明

与一般侵权责任不同，垄断所致损害程度往往很大，有时甚至可能将受害人直接驱逐出竞争市场。当受害人因侵害人垄断行为而退出市场时，填补损害的单倍赔偿对受害人基本上是无效的，因为不同于一般侵权的即刻性，市场竞争是具有持续性特征的。因此，分析填补损害的单倍赔偿在垄断致损赔偿责任制度下的弊端，对于加深对三倍赔偿罚则价值的认识具有重要意义。

就垄断致损赔偿责任的赔偿范围来讲，基于法律传统的不同，国外发达国家形成了赔偿力度相异的两大模式：三倍赔偿主要存在于美国垄断致损赔偿诉讼中，而单倍赔偿则是大陆法系国家依照传统的侵权法填补损害之原则形成的针对垄断致损这一类特殊侵权的赔偿罚则。从民法理论的发展以及我国司法实践深化的现实可以看出，在大工业时代背景下，民法理论特别是侵权责任法理论已经突破了传统思维之禁锢，在代表大工业发展方向的垄断致损侵权赔偿中，固守传统侵权责任精神的单倍赔偿就会导致诉讼成本与诉讼收益倒挂，对激励受害人维权具有巨大的消极影响，进而降低公众对反垄断的参与度。不仅如此，与单倍赔偿共生的，是大陆法系国家行政主导型的反垄断实施的基本特色——反垄断的重担基本落在有关国家机关的职权范围内。这种反垄断架构必然导致三方面的严重后果：第一，在单倍赔偿制度的国家，反垄断执法机构（不论是行政执法机关、反垄断专职机构，还是兼有反垄断职能的机关）是公共行政部门，反垄断执法的深度和广度必然受到财政预算制约和审批预算机构对于办案经费的审查和钳制。特别是在处理涉及领域广泛、影响深度巨大的反垄断案件时，反垄断执法机关执法活动的实际效果不一定能满足反垄断的实际需要。第二，与市场直接参与主体相比，反垄断执法机构并不直接参与市场的运作，因此对垄断行为及其损害的敏感度相对较低，这会导致查证垄断性损害的滞后性。第三，反垄断执法机构在查处垄断行为时，必然会受到自身主观意志的影响，这可能在一定程度上导致反垄断执法的决策与市场经济自身对防范垄断行为的自发需求存在差距，进而导致反垄断法的"实施不足"。

2. 我国台湾地区对三倍赔偿的移植

讨论单倍赔偿弊端的过程实际上也是反证三倍赔偿优势的过程。如前所述，三倍赔偿的目的在于确保胜诉概率和法定赔偿金额的乘积足以抵消参与诉讼的各种成本和受害人所遭受的损失总量，以维护受害人的诉讼热情。进一步来讲，垄断致损赔偿责任制度处理的是市场竞争的前沿问题，受害人作为市场竞争主体，是符合"经济人"的假设的。即受害人作为原告在将违反反垄断法的行为诉至法院前，必然会先对诉讼成本与收益进行衡量，除非胜诉概率和法定赔偿金额的乘积足以抵消现实的诉讼成本和垄断行为造成的损失的总量，诉讼的努力才是有经济效益的。

在美国，正是由于三倍赔偿罚则在其垄断致损赔偿司法实践中的大放异彩，激发了赔偿权利人的维权意识，促进了反垄断私人实施的繁荣。实际上，不少大陆法系国家及地区也开始在反垄断实施制度中移植该罚则。比如，我国台湾作为具有大陆法系传统的地区，在垄断致损赔偿罚则问题上就放弃了对传统大陆法系国家及地区做法的全盘吸收，变通引进了美国的三倍赔偿制度。我国台湾地区"公平交易法"第31、32条规定："事业违反本法之规定，致侵害他人权益者，应负损害赔偿责任。""法院因前条受损人之请求，如为事业之故意行为，得依侵害情节，酌定损害额以上之赔偿。但不得超过已证明损害额之三倍。侵害人如因侵害行为受有利益者，被害人得请求专依该项利益计算损害额。"我国台湾地区学者认为,"公平交易法"以这种前后相连的规定方式,将单倍和三倍以下酌定赔偿的原则并立于垄断致损赔偿的罚则中,体现了"垄断行为人以赔偿权利人所受之实际损害为赔偿范围"的处罚精神。① 可以说,我国台湾地区对于垄断致损赔偿责任罚则的这种安排,一方面贯彻了大陆法系损害赔偿理论的补偿传统;另一方面又确认了美国垄断致损赔偿责任中三倍赔偿的惩罚与抑制效能。我国台湾地区对垄断致损赔偿罚则如此兼容并包的设计,是值得我们借鉴和学习的。

笔者认为,我国台湾地区将单倍、三倍以下酌定赔偿并立于反垄断法的做法,考虑到了垄断致损赔偿责任在大陆法系和英美法系法律传统下是共性大于个性的现实,可谓独树一帜。一方面,贯彻了大陆法系损害赔偿理论的传统,将单倍赔偿作为垄断致损赔偿责任的原则;另一方面,确认了美国垄断致损赔偿责任中三倍赔偿的有效性和有益性,对故意违反反垄断法的侵害人加重责任和处罚力度,发挥了三倍赔偿的惩罚与抑制功能。不仅如此,考虑到三倍赔偿可能导致的原告滥用诉权问题,我国台湾地区还通过赋予法官自由裁量的空间来调控侵害人之赔偿的力度和范围。

3. 我国大陆地区引入三倍赔偿制度的可行性及方式

结合垄断致损赔偿责任的特殊侵权特征,单倍损害赔偿弊端以及我国台湾地区有关规定对美国垄断所致损害赔偿三倍赔偿制度改良吸收的现实来看,为了激励公众特别是受垄断行为侵害的直接市场参与主体积极参与反垄断的"人民战争",维护市场竞争自由、有序的价值目标,引入三倍赔偿制度,对于改善我国大陆地区垄断致损赔偿责任制度并改变垄断致损赔偿诉讼艰难前行的现状,具有必要性和可行性。

如前所述,尽管2022年《反垄断法》大幅充实了反垄断法律责任体系,形成了垄断行为企业负责人个人责任和企业责任相结合的双罚制,提高了违法垄断的成本。然而,就垄断致损赔偿责任而言,

---

① 参见赖源河审编:《公平交易法新论》,中国政法大学出版社、元照出版公司2002年版,第448页。

2022年《反垄断法》仍然沿袭了2008年《反垄断法》的规定,并没有加大赔偿力度。笔者建议,其一,将来最高人民法院在完善反垄断民事诉讼相关司法解释时,可以借鉴我国台湾地区的做法,在不取消单倍赔偿的基础上,增加类似"酌定三倍以下赔偿"的规定。其二,通过完善垄断致损赔偿诉讼制度中的程序法要素来避免出现美国学者所抨击的实施三倍赔偿造成的"威慑过度、实施过度"的不足。比如,通过调整原告适格条件、明确举证责任分配和证明标准等配套机制,将三倍赔偿的威慑力和对垄断行为受害人的激励作用调整到与制裁垄断行为各项资源最佳的配置效率上。

此外,需要注意的一点是,虽然三倍赔偿被直接写入美国处理垄断致损赔偿诉讼的第一部制定法《谢尔曼法》,但实践中三倍赔偿罚则的适用却是灵活的,如通过备案减责的方式预防三倍赔偿的无限制适用,即《美国合作研究法》(The National Co-operation Research Act)对从事合作研究开发活动的组织的垄断责任就规定了备案减责的内容。具体来说,这种备案减责主要针对的是特定类型的企业,要求特定类型企业在经营或者是采用特定竞争手段、行为前将其行为的内容登记备案于国家有权机构,当其垄断行为造成其他市场主体的损害时,根据其预先备案的事实,可以免除承担三倍赔偿责任,只需进行单倍赔偿。这样一方面有利于国家反垄断执行机构尽快发现垄断的可能性,便于反垄断公共执法的开展;另一方面也能够限制三倍赔偿罚则在适用中可能产生的扩大化。

总之,从美国反垄断实践中对三倍赔偿的限制和修正来看,只要不是僵化、机械地借鉴三倍赔偿制度,就能在最大程度上促进垄断致损赔偿实施的效能。具体来说,我国大陆地区可以借鉴台湾地区的做法,在不取消单倍赔偿的基础上,增加类似"酌定三倍以下赔偿"的规定,将三倍赔偿罚则的威慑力和对受害人的激励作用调整到制裁垄断行为的最适度位置上来,构建好垄断致损赔偿罚则的两翼机制:第一,可借鉴美国备案减责的做法,形成或者指定市场竞争行为(手段)进行备案的有权机关;第二,在维护单倍赔偿原则的基础上,明确规定当垄断行为人具有垄断故意时,法院应原告之请求,可依照垄断行为侵害的程度,酌定损害额以上之赔偿,酌定之数额不得超过已证明之损害额的三倍。

三、改善垄断致损赔偿责任制度实施的外部环境

垄断致损赔偿责任制度的完善不但需要健全制度本身的构成要件,而且还要改善制度运行所必需的外部环境。古语有云,"徒法不足以自行",一项制度的有效实施,不但需要制度本身具有可操作性,而且也离不了制度使用者对制度进行规范以及适度地操作。

(一) 规范法官的自由裁量权

1. 法官自由裁量权的根源分析

大陆法系与英美法系在反垄断实施中的边界是模糊的:一方面,在大陆法系国家,反垄断法中出现了大量的抽象性、不确定性用语,比如"相关市场""阻碍竞争""滥用市场支配地位"等语词,明晰法律规则含义的任务日益转移到法院判决和司法解释的活动中。另一方面,在英美法系国家,作为反垄断法集大成者的美国,其反垄断实践的基础《谢尔曼法》就是以制定法形式表现出来的,并且在竞争深化的过程中,通过不断立法完善针对不同反垄断法问题的相应法律规则。两大法系在反垄断法问题上的合流,导致它们在反垄断实施中面临着同一个难题——反垄断法的高度不确定性。尽管一切法律都存在一定程度的不确定性,但是由于与瞬息万变的市场竞争直接关联,反垄断法具有比一般法律更为突出的不确定性。这种高度的不确定性集中体现在两大方面:

(1) 法律概念的不确定性

语言文字是法律的载体,哪怕是在判例为王的英美法系国家,先例也是用文字描述的历史。而在成文的法律制度中,用文字所表述的基本法律概念首先是立法的前提,其次还是司法过程中不可或缺的说服工具。正如博登海默说过的:"没有概念,我们便无法将我们对法律的思考转变为语言,也无法以一种易懂明了的方式将这些

思考传达给他人。"① 但是，哈特曾指出："一个概念的中心含义可能是清楚的、明确的，但离开了该中心，它就逐渐变得模糊不清了。几乎每个用来对人类生活和周围世界的各种该特征进行分类的普通用语，都必然会存在引起争议的边际模糊的情况……边界上的不确定性是在有关事实问题的任何传递形式中使用一般分类词语都需要付出的代价。"② 落实到垄断致损赔偿责任的实施中，一些关键性用语，如"垄断""滥用"等，都是不确定的法律用语。它们不仅是英美法系国家在司法实践中必须根据个案情形进行确定化工作的重要领域，同时也是大陆法系国家在司法实践中进行行为与结果因果关系分析的前提所在。

(2) 法律规则的不确定性

法律规则是法律概念的结合体，当法律概念不确定时，法律规则的不确定便不可避免。在法律条文中存在着为数不少的不确定规则，被称为"概括条款"或者"法律原则性条款"，这样的法律规则"仅是原则的概括规定，在具体案件中必由法官公平裁决，其规范功能才能具体显现"③。

进一步地讲，"我们语言的丰富和精妙程度还不足以反映自然现象在种类上的无限性、自然力的结合与变化，以及一个事物向另一个事物的逐步演变，而这种演变具有着如我们所理解的那种客观现实的特征"，因此"不管我们的语词是多么详尽完善，多么具有识别力，现实中始终会存在着为严格和明确的语言分类所无能为力的细微差异与不规则的情形"。④ 法律作为对自身存在的社会的一种解释和反映，其用语的丰富和精妙程度当然无法完整体现社会的全部要素内容。简言之，法律是一个阐释性的体系，但是这种基于法律不确定性特征的阐释体系却是统一于不确定性与确定性中的。正如凯

---

① 〔美〕E. 博登海默：《法理学——法哲学及其方法》，邓正来、姬敬武译，华夏出版社1987年版，第465页。
② 〔英〕哈特：《法律的概念》，张文显等译，中国大百科全书出版社1996年版，第4、126页。
③ 杨仁寿：《法学方法论》，三民书局1987年版，第170页。
④ 参见〔美〕E. 博登海默：《法理学——法哲学及其方法》，邓正来、姬敬武译，华夏出版社1987年版，第464页。

第七章
美国垄断致损赔偿责任制度对我国的借鉴意义

尔森所说的："一个法律规范决定着穿凿另一个规范的方式，而且在某种范围内，还决定着后者的内容……法律就调整着它自己的创造。"① 即法律的不确定性与确定性统一于其整体的内在逻辑之中，规则与规则，规则与原则、目的之间是没有逻辑冲突的体系。美国垄断致损赔偿责任的实践贯彻着反垄断法维护市场竞争自由、有序的价值理念，践行着反垄断法确定性与不确定性之统一。同样，我国反垄断法面对着法律自身的不确定性与确定性统一的问题，也必须遵循其内在逻辑一致性的要求。可以说，美国《谢尔曼法》《克莱顿法》等反垄断法律法规以及在司法实践中形成的判例对反垄断法不确定性的把控是较为出色的，这种出色不但保障了反垄断法能够将不确定性的负面影响降为最低，而且也引导着司法裁判者较为恰当地通过裁判处理市场竞争中出现的垄断侵害行为赔偿问题。

2. 规范法官自由裁量权的措施

要解决垄断致损赔偿诉讼中法律不确定性的问题，离不开对垄断致损赔偿责任制度原理的准确把握，而这种准确把握是有赖于法官作用的发挥的。② 法官作用的发挥过程就是对法律进行合理解释的过程。美国著名法学家庞德说过："法律体系中意义最为重大的部分，乃是哪些适用和发展法律律令的思维模式和心智习惯，只有他们才是法律中最为恒久的要素。"③ 垄断致损赔偿责任的实施，在本质上是通过法官对法律所具有的纠纷裁判功能的行使而实现的。法官作为纠纷裁判者，对反垄断法律规范的理解，特别是对其中不确定性内容的解释，是实现裁判的关键所在。在美国垄断致损赔偿责任的实施中，原、被告针对垄断行为与损害事实之间是否存在因果关系的法律论证只有经过法官的甄别、解释后，才能形成最终的因果关系链条。法官通过法律解释使法律具体化、确定化的努力是为

---

① 〔奥〕凯尔森：《法与国家的一般理论》，沈宗灵译，中国大百科全书出版社1996年版，第141页。
② 需要注意的一点是，法律概念和法律规则的不确定性并非反垄断法律法规所独有的现象，只是说，在反垄断法律法规里，法律概念和法律规则的不确定性问题更为突出，进而对法官自由裁量权的规范提出了更高的要求。
③ 〔美〕罗斯科·庞德：《法理学（第1卷）》，邓正来译，中国政法大学出版社2004年版，第328页。

国家所认可的,是官方的法律解释。

不仅如此,以美国垄断致损赔偿责任中因果关系论证的基本原则之本身违法原则的适用为例,其实质就是法官必须在认定因果关系存在之前,对与被诉的垄断行为相关的经济状况进行分析,理解行业内的竞争现状和过去的市场运作情形。换言之,在垄断致损赔偿诉讼中,在对垄断行为与损害事实之间是否存在因果关系进行裁判之前,法官面对这样一个难题——垄断行为与损害事实两者都具有非规则性,且无法用经验的规则来加以快捷判断。这不但是垄断致损赔偿责任制度这种反垄断私人实施的困境,同时也是反垄断行政执法的困境。反垄断法的这一特点与其他部门法完全不同,如在刑法中,确定一行为是否违法只要考虑其是否符合特定罪名的构成要件即可。然而,在垄断致损赔偿责任的实施中,行为符合垄断致损赔偿责任构成要件并不一定导致赔偿的最终实现,因为垄断致损赔偿责任保护的并不是特定的市场竞争主体,而是自由、有序的市场竞争秩序。

罗马法所谓之"一切定义,在法学上都是危险的"[①] 说明,早在罗马时代,人们就已经注意到规则或标准具有主观性且与事实不能完全吻合的特质。落实到垄断致损赔偿责任实施问题上,垄断致损的认定同样面临着法律不确定性的影响,也必然需要法官适度行使自由裁量权进行法律具体化的努力。

我国不少学者认为,解决反垄断法律不确定性的主要方法在于司法解释的完备。比如,对外经济贸易大学的黄勇教授认为,对于我国反垄断法实体性规范较为抽象的问题,解决出路在于最高人民法院必须加大对反垄断法实体性规范的司法解释。[②] 然而,从前述分析可以看出,以文字为载体的司法解释在根本上仍无法克服法律不确定性的困难。不仅如此,司法解释是否具有科学性也是值得思考的问题。比如,最高人民法院2008年专门发文,将垄断致损赔偿诉

---

① 周枏:《罗马法原论(上)》,商务印书馆1994年版,第9页。
② 参见蒋安杰:《冲破"空白区"任重道且远》,网易,2013年5月29日,https://www.163.com/news/article/9019JVBV00014AED.html,2014年9月30日访问。

第七章 美国垄断致损赔偿责任制度对我国的借鉴意义

讼单列出来由特定的法庭进行处理，即《最高人民法院关于认真学习和贯彻〈中华人民共和国反垄断法〉的通知》规定，"各级人民法院负责知识产权案件审判业务的审判庭，要依法履行好审判职责，切实审理好涉及滥用知识产权的反垄断民事案件以及其他各类反垄断民事案件。"问题在于，尽管最高人民法院认识到垄断致损赔偿诉讼的特殊性，但将垄断致损赔偿责任之类的反垄断民事案件放在负责知识产权案件的审判业务庭是否妥当却是值得商榷的。诚然，包括垄断致损赔偿责任在内的反垄断民事案件理论复杂且法律的不确定性明显，与理论同样较为复杂的知识产权案件确有相似之处，但预设知识产权审判业务庭的法官具有更强能力应对反垄断相关法律不确定性却显得较为突兀。这种经验的类推是不可靠也不科学的，毕竟知识产权审判工作与垄断致损赔偿责任的审判工作在工作的对象、法官的思维、法律的论证等诸多方面存在巨大差异。

因此，相比通过司法解释来完备法律的不确定性，在将垄断致损赔偿责任类的反垄断民事案件单列给专门处理反垄断民事案件的审判业务庭的情况下，规范法官在垄断致损赔偿诉讼中的自由裁量权似乎是更为科学的选择。

事实上，我国经济发达地区法院的有些法官已经在有意或者无意中通过自由裁量权的恰当运用，较好地处理了垄断致损赔偿诉讼中的法律不确定性问题。比如，上海市一中院处理的锐邦涌和诉强生案和最高人民法院处理的奇虎与腾讯垄断纠纷案就说明，在我国的经济发达地区，法官应对反垄断法不确定性的能力和水平是极高的。随着经济的快速发展和反垄断的日益深入，垄断致损赔偿责任制度越来越受到垄断致损赔偿责任之赔偿权利人的重视，案件审理地已经从《反垄断法》颁布初期的北京、上海、深圳等一线城市扩展到山东、广东、广西、湖南、辽宁、云南等中部甚至西部地区的二线城市，这样的局面迫切要求我国在提高法官素质的基础上，以科学化的治理模式规范法官自由裁量权的行使，促进我国垄断致损赔偿诉讼裁判的专业化发展。具体来说，从美国垄断致损赔偿诉讼的典型案例处理中可以得出，我国要保证法官在处理垄断致损赔偿责任案件时适度运用自由裁量权，就应当做好以下两方面的工作：

第一,法官必须加强学习,储备相应的基础性经济学知识,才能在垄断致损赔偿诉讼中有效运用自由裁量权。因为在垄断致损赔偿诉讼中,法官需要根据个案的具体情况适用抽象的法条,这样一个复杂的思维过程对法官素质提出了极高的要求——法官要正确解释法律,实现法条与具体案例的贴合度,就必须在通晓法律的基础上,对经济学知识有相应的了解。从我国反垄断民事诉讼的现实来看,当涉及相关市场界定、市场结构和运行情况的判断、行为表现和影响性以及对损害赔偿的评估等事项时,多数法官囿于其专业知识的局限,往往无法准确理解和判断。虽然在垄断致损赔偿诉讼中,当事人也会提供具有专业知识的行业专家和经济学专家对案件所涉问题的阐释,但由于专家的证人身份具有偏向性,若审判者没有相应的专业素养,怎么对专家阐释进行评估就会很成问题。

第二,法官应当充分认识反垄断法不同于一般部门法的特性。借鉴美国法官在司法实践中认定垄断致损赔偿责任构成要件的灵活性,学习他们处理因果关系论证时选择因果关系证明之基本原则(本身违法原则和合理原则)的敏感性,在维护反垄断法的核心价值的前提下,及时准确地选择适用于具体案件的最佳因果关系证明之基本原则。唯有通过司法裁判准确且合理地救济赔偿权利人的受损权益,法官才能从实际出发对成文法作出恰当且生动的注解。

(二) 重视反垄断政策的运用

相比其他侵权责任规范,包括垄断致损赔偿责任在内的反垄断法由于具有极大的不确定性,使得人们在谈论"反垄断法"时往往加上"政策"来表示这种不确定性。① 因此,在处理垄断致损赔偿责任问题时,我们不但要考虑制度本身的法律属性和作用,还应当注意反垄断政策在处理案件时的价值。事实上,与 2008 年《反垄断法》相比,2022 年《反垄断法》的一个突出的进步就是新增的第 4 条中明确规定了"强化竞争政策基础地位"。从已有的法学研究方法来看,对法律与政策关系的分析一般遵循两种路径:一是将政策归

---

① 参见沈敏荣:《反垄断法的性质》,载《中国法学》1998 年第 4 期。

入法律渊源的范畴，如美国法学家博登海默就将尚未被整合进法律之中的政府政策和惯例视为司法实践的非正式渊源。二是将政策归为法律的一种内在构成要素。如美国的德沃金即将法律的范围设定为规则本身和非规则的原则和政策的集合。不管是将政策归入法律渊源的范畴，还是将政策归为法律的内在构成要素，其本质都是相通的，即要求在适用法律时必须考虑政策的价值，并把政策贴切地运用于案件的处理中。落实到垄断致损赔偿责任制度中，我国也应当借鉴美国的做法，在厘清反垄断政策与反垄断法律关系的基础上，发挥反垄断政策对垄断致损赔偿责任制度的作用。

1. 反垄断政策与反垄断法律的关系

反垄断政策与反垄断法律之间的关系，并不能简单套用"一方面法律要以政策为指导，另一方面政策又要受到法律的制约，二者是辩证统一的关系"的简单概括。① 因为这样的认识显然并未完全厘清反垄断政策与反垄断法律之间的关系问题。综合政策学与法律关系的研究成果以及反垄断政策和反垄断法的特征来看，笔者认为，要发挥反垄断政策的价值，就应当综合考察反垄断政策在反垄断法律法规的产生、运用等环节的作用，明确反垄断政策是促使包括垄断致损赔偿责任制度在内的反垄断法律法规成为真正服务市场良性竞争的调节阀。换言之，尽管反垄断政策与反垄断法律之间存在静态性差异，但是二者的动态性相融能够适时地调整市场竞争的氛围。

反垄断政策与反垄断法律之间的静态差异性主要表现为：第一，制定主体、表现形式的差异。一般来说，反垄断政策主要是由政府以纲领、决定、意见等形式制定出来的指导性文件。比如，我国的国家发展和改革委员会（以下简称"国家发改委"）就具体负责国家反垄断政策的制定工作。而反垄断法律法规则是由法定有权机关制定的宪法、法律、法规等形式的规范性文件，如我国第十届全国人大常委会第二十九次会议2007年8月30日通过的《反垄断法》。第二，稳定程度的差异。反垄断政策更具有时效性，其内容可能随

---

① 参见吴大英、沈宗灵主编：《中国社会主义法律基本理论》，法律出版社1987年版，第91页。

着社会发展和经济变迁而逐渐退出社会管理的舞台,具有相当的变动性。而作为法律的具体部门,反垄断法律法规必须符合法律内在稳定性的要求,持续时间较长,稳定性较高。

反垄断政策与反垄断法律的动态相融性主要是以二者的价值互补性为基础展开的。即反垄断政策的基本价值能够弥补反垄断法律法规基本价值之不足,促进反垄断法律法规不断适应市场竞争的变化和需求。同时,两者之间的动态相融共同体现了特定国家在一定社会阶段对于市场竞争的自由、公平和效率的具体要求。

2. 反垄断政策对市场竞争的积极功能

政策对市场竞争的影响和作用是其功能的具体体现。前述反垄断政策与反垄断法律法规之间的动态相融,在本质上就是以反垄断政策自身功能为基础的,它体现了反垄断政策对反垄断法律法规运行与适用的积极意义。反垄断政策的功能本质上体现出反垄断政策对市场竞争的评价:(1)反垄断政策具有引导功能。反垄断政策是政府制定的,为市场主体能动进行生产经营提供目标、思路、策略和方法,其目的就是引导市场主体进行合法的生产经营行为。(2)反垄断政策对市场运行具有促进功能,对市场主体在生产、销售等各个领域的发展均表现出巨大的促进和推动作用。(3)反垄断政策还具有调控功能,即通过政策调节和政策控制两种方式保障市场主体的市场竞争行为维持在既定的轨道上前进。反垄断政策的上述三大功能在维护市场竞争健康运行的同时,还影响着包括垄断致损赔偿责任制度的适用。具体来说:

由于法律法规从其制定之日起就已经落后于社会现实,特别是在当代经济加速发展、社会剧烈变动的现实下,反垄断法也不例外。作为维护市场健康运行的调节阀,它的制定也不可能与其所处的时代完全同步。相比之下,在调整瞬息万变的市场活动时,反垄断政策因对国家经济政策变化反应更快而在某些方面更具优势。因此,法官在处理法律制度不确定性较强的垄断致损赔偿诉讼时,如何将具体的案情与抽象的法条联系在一起,怎样阐释诉讼主体在反垄断法相关制度上的应然市场状态和竞争行为等问题的解决,都离不开从国家反垄断政策层面寻找答案。易言之,在某一垄断致损赔偿诉

第七章
美国垄断致损赔偿责任制度对我国的借鉴意义

讼根本没有规则可供选择或者规则本身过于原则而存在法律空白的时候，法官只能行使自由裁量权，发现"行动中的法律"，这一过程需要法官对包括反垄断政策在内的规范市场竞争政策进行综合考量。

总体说来，法学研究对象并非由法学家们的意愿所建构，相反，它几乎是完全依赖于社会而建构的。[①] 特别是在政治国家与市民社会进一步融合的当下，反垄断政策日益成为市民社会不断融入政治国家的主要表现形式。通过反垄断政策适时性、创造性和更富弹性的优势来弥补反垄断法律法规不确定性的不足，是维护市场有序运行的重要保障，也是反垄断法立法和司法的初衷。但是，需要注意的一点是，我们不能因为反垄断政策的优势而陷入以政策代替法律或者是用公共政策来影响法律稳定性的歧途。相反，把控反垄断政策对反垄断法律法规调控的适度性是发挥反垄断政策正向作用的前提，而合理把握反垄断政策的边界是重塑其地位、祛除其被异化的关键。

为此，我们必须认识到，从法学自身发展的历程来看，"形式主义逐渐让位于目的性或政策导向的推理的转变，或者说是从关注形式公正向程序或实质公正的转变"[②] 的现实发展，是政策对法学领域扩大影响的基础所在。从前文的论述中可以看出，作为政策分支的反垄断政策是包括尚未被整合进反垄断法律之中的政府政策和惯例而存在于反垄断法律之外的。反垄断政策的功能不论是否能够引导、调控和促进反垄断法律法规之发展，在本质上都是为了帮助反垄断法律法规从关注形式公正向实质公正转变。同时，反垄断政策的发展必然应当被控制在发挥其功能的范围内，并且不得对反垄断法律的稳定性造成实质性的消极影响。

通过上述探讨，在全面梳理反垄断政策的功能以及同反垄断法律法规关系的基础上，我们可以从美国反垄断政策对其垄断致损赔偿责任制度实施的作用中汲取如下合理养分：

第一，在垄断致损赔偿责任之因果关系证明中，反垄断政策的价值主要体现在三个方面的考量中：(1) 保护某些行业内的受害人、

[①] 参见苏力：《反思法学的特点》，载《读书》1998年第1期。
[②] 〔美〕R. M. 昂格尔：《现代社会中的法律》，吴玉章、周汉华译，译林出版社2008年版，第257页。

维持市场运作的平衡点是反垄断政策为经济平稳发展而必须考虑的重要内容。(2)考虑侵害人垄断行为的社会需求性与该行为对受害人造成的损害孰大孰小,即对垄断行为社会成本的认识,是反垄断政策控制因果关系证明链条的基础,毕竟现实社会中存在这样一种可能,即有可能侵害行为的预期盈利与造成受害人损害之间的相关性不大。在这种因果关系证明受阻的情况下,对反垄断政策的认识就是决定因果关系链是否能够达成的关键。(3)反垄断政策存在一个不成文的共识:侵害人的富有程度是其行为恶性和处罚的前提。

第二,我国可以学习美国反垄断政策出于对特殊产业的保护和国家战略竞争力的考虑而赋予某一产业和商业活动拥有反垄断豁免权的做法。通过对一定的领域或者特定主体的市场行为进行豁免,一方面保护特定行业中特定市场主体的竞争实力;另一方面也能从国家经济发展的全盘大局出发,对被侵害的市场主体通过其他方式的补偿来维持国家经济整体层面上的发展。

四、协调垄断致损赔偿责任实施与反垄断行政执法的关系

所谓的反垄断行政执法,在本质上是对垄断行为实施者进行行政制裁。一般地,谈到行政责任,就是特指行为人实施了行政违法行为,依据法律规定应当承担法律后果。例如,在我国因为违反反垄断法律法规而承担的罚款、警告等责任形式都是反垄断的行政责任的表现。

从实践的情况来看,2014年以来,以国家发改委等部委为主的反垄断国家行政执法机构在反垄断领域采取了多次行动。例如,2014年8月,在日本汽车反垄断案中,国家发改委开出了我国反垄断行政执法以来的汽车反垄断调查的最大罚单——日立、三菱电机等八家日本汽车零部件和不二越、精工等四家日本轴承生产企业,因操纵产品供应价格,合计被处12.35亿元罚款。其中,日立和不

二越主动配合调查,被免除处罚。① 又如,2014年9月,在浙江保险案中,国家发改委对浙江省保险行业涉嫌达成、实施价格垄断协议的问题进行调查后,查明浙江省保险行业协会组织23家省级财产保险公司多次开会协商,约定新车折扣系数,并根据市场份额商定统一的商业车险代理手续费,国家发改委认为浙江省保险行业协会的行为违反了《反垄断法》第16条"行业协会不得组织本行业的经营者从事本章禁止的垄断行为"的规定,涉案财产保险公司违反了《反垄断法》第13条第1项禁止具有竞争关系的经营者达成"固定或者变更商品价格"的垄断协议,据此,国家发改委依法对负主要责任的浙江省保险行业协会处以50万元的最高额罚款,对负次要责任的涉案财产保险公司处以上一年度商业车险销售额1%的罚款,共计1.1亿元。②

时隔6年之后的2020年,我国反垄断行政执法进入了新时期。尤其是在2020年12月16日至18日召开的中央经济工作会议首次将强化反垄断和防止资本无序扩张作为会议重要议题之后,由国家市场监督管理总局牵头的反垄断行政执法机关即开始了针对平台"二选一"等垄断行为的专项执法运动。其中,在对阿里巴巴集团涉嫌平台"二选一"等垄断行为展开历时4个多月的反垄断调查后,国家市场监督管理总局于2021年4月10日公布《处罚决定书》,责令阿里巴巴集团停止滥用市场支配地位行为,并处以其2019年中国境内销售额4557.12亿元4%的罚款,计182.28亿元。③ 这是我国《反垄断法》实施以来开出的最大罚单。2021年10月8日,外卖平台巨头美团同样因在国内实施"二选一"垄断行为,被国家市场监

---

① 参见曹淼:《反垄断最大罚单:12家日本汽配企业被罚12.35亿》,人民网,2014年8月20日,http://auto.people.com.cn/n/2014/0820/c1005-25502326.html,2014年10月3日访问。
② 参见邓雄鹰、王烨:《浙江保险业被罚1.1亿 人保财险等被免除或减轻罚款》,21世纪经济报道,2014年9月3日,http://finance.sina.com.cn/money/insurance/bxdt/20140903/031220195695.shtml,2014年10月4日访问。
③ 参见周蔚:《阿里被罚182亿 互联网平台反垄断破局》,最高人民检察院,2021年4月19日,https://www.spp.gov.cn/zdgz/202104/t20210419_516009.shtml,2022年3月15日访问。

管总局依法处以 34.42 亿元的罚款。①

总之,从中外反垄断的实践来看,代表反垄断私人实施的民事侵权责任和代表反垄断行政执法的行政责任是当今处理反垄断问题的两种最为突出的法律责任形式。这两种法律责任的发动主体并不相同,但两种责任却是存在一定联系的:一方面,两者都是维护市场公平、自由竞争的有力保障;另一方面,两者在实践中往往是存在交叉的。比如我国,在国家公权力对垄断行为进行制裁的同时,被垄断行为损害的市场主体仍可依照反垄断法规范向法院寻求救济。简言之,反垄断法是运用不同法律责任制裁垄断行为的共同依据。但是,这两种制裁垄断而产生的法律责任仍然具有十分明显的区别,具体表现为:

第一,责任的性质不同。行政责任是公法上的责任,行政机关追究行政相对人的行政责任不但是有权机关的权力,同时也是此类机关的义务所在,故行政机关不能懈怠追究行政相对人的责任。而对垄断致损赔偿责任这种私法上的侵权责任而言,只有在受害人向有管辖权法院起诉后,救济渠道才得以打开。简言之,反垄断行政执法具有较强的强制性,而垄断致损赔偿责任则具有一定的任意性。

第二,责任的目的和功能不同。如前所述,垄断致损赔偿责任作为侵权责任的一种特殊表现形式,目的是实现对受害人的救济以维护个人对社会安全和市场竞争有序的预期;而反垄断行政执法主要体现的是国家对违反反垄断法法定义务行为的否定性评价,目的是制裁违法行为。

第三,责任的本质不同。从本质上说,因垄断而产生的民事责任和行政责任都是为了实现维护个体财产的有序增长,但是两种责任实现此种目的的途径不尽一致。行政执法具有主动性,而私力救济则贯彻"不告不理"的基本原则。与反垄断行政执法不同,反垄断的私力救济必须以法院裁判为桥梁,离开法院裁判,私力救济就

---

① 参见《美团搞"二选一"垄断,被罚 34.42 亿元》,新浪财经,2021 年 10 月 8 日,https://finance.sina.com.cn/stock/s/2021-10-08/doc-iktzscyx8550630.shtml,2022 年 3 月 15 日访问。

是纸上谈兵的幻想。进一步来讲，垄断致损赔偿责任作为民事责任的一种，主要通过在个体经营权遭受实际侵害的情况下提供补偿的方式来达成权益的保护；而反垄断行政执法则是通过行政处罚的制裁来营造一种良好的市场竞争秩序，进而间接实现保护市场竞争消极自由之目标。

认识了反垄断行政执法与垄断致损赔偿责任实施的关系后，不难得出这样一个结论：要改变我国垄断致损赔偿责任制度实施欠发达的现状，除了健全垄断致损赔偿责任制度的立法形式以及完善垄断致损赔偿责任制度实施的配套机制外，借力反垄断行政执法的处理经验也是极为有益的。比如，美国反垄断执法与垄断致损赔偿诉讼之间也是存在协调的，司法部反垄断局和联邦贸易委员会作为美国反垄断执法的两大机构，除了查处反垄断行为外，还会提出"竞争倡导"，而这些"竞争倡导"事实上对反垄断政策的形成具有积极意义，因此也间接地为垄断致损赔偿诉讼提供一些反垄断政策上的建议。比如 2013 年，在提交给哥伦比亚特区出租车委员会的书面意见中，美国联邦贸易委员会谈到智能手机的应用能够促进地区乘客运输市场的转型，但应当注意避免一些不必要的限制竞争的细则，并指出有关出租车服务的任何规则均应立足于保障公共安全和竞争适度的合法考虑。① 联邦贸易委员会的这种竞争倡导，本质上是对垄断侵害行为的一种预警。对于联邦贸易委员会预警的行为，赔偿权利人在受到类似损害而提起垄断致损赔偿诉讼时，在因果关系证明上就可以获得较为有力的支撑。就我国的反垄断现实来说，垄断致损赔偿责任制度的发展也需要反垄断行政执法的助力：一方面，赔偿权利人可以对照反垄断行政执法的思路来寻找垄断致损赔偿诉讼的切入点；另一方面，法院可以从反垄断行政执法中体现出来的反垄断政策来考量反垄断诉讼中法官行使自由裁量权的边界。通过反垄断行政执法的示范作用，带动垄断致损赔偿责任制度在我国的不断发展和壮大。

---

① See FTC, Annual Highlights 2013, http：//www.ftc.gov/reports/annual-highlights-2013/policy, last visited on Nov. 2, 2014.

除了垄断致损赔偿责任的司法实践需要反垄断行政执法的助力外，法院在处理垄断致损赔偿诉讼中也应当在自身职权范围内做好以下工作，以期对反垄断行政执法提供补益：

第一，统一司法内部审查标准，方便与行政执法机构交流。在统一司法标准方面，最高人民法院 2012 年 2 月印发的《关于在审判执行工作中切实规范自由裁量权行使保障法律统一适用的指导意见》第 15 条规定，"各级人民法院内部对于同一类型案件行使自由裁量权的，要严格、准确适用法律、司法解释，参照指导性案例，努力做到类似案件类似处理"，避免出现"同案不同判"的情形。落实到垄断致损赔偿诉讼中，由于前文所述的反垄断法律法规具有的不确定性，哪怕在侵权责任法较为明确的背景下，对于垄断致损赔偿责任这类特殊侵权的处理，法官也必须形成统一的司法内部审查标准，同案同判是司法机关与行政执法机构有效交流的前提。

第二，加强司法建议工作，在既有法秩序框架内努力促进竞争政策的统一。最高人民法院 2012 年 7 月印发《关于充分发挥审判职能作用为深化科技体制改革和加快国家创新体系建设提供司法保障的意见》，该意见第 22 条规定，"密切关注科技体制改革和国家创新体系建设带来的新情况新问题，及时发布司法解释和司法政策，增强司法服务的针对性和前瞻性。及时总结成熟可行的司法经验，向立法机关和国家有关部门提出立法建议，推动激励创新的法律体系不断完善。"

总之，反垄断行政执法机构和司法机关（法院）在垄断致损赔偿制度的实效协调上，一方面，反垄断行政执法机构要及时做好对司法机关（法院）进行反垄断政策的说明解释工作，提高司法机关处理垄断致损赔偿诉讼的效率；另一方面，司法机关（法院）应当形成司法建议机制，将司法裁判中遇到的有关垄断致损赔偿责任的新问题、新情况及时通报反垄断行政执法机构，以促进反垄断行政执法的合法性、科学性。

第七章
美国垄断致损赔偿责任制度对我国的借鉴意义

小　结

　　自 2008 年《反垄断法》实施以来,其第 50 条的垄断致损赔偿责任实践,为我国反垄断私人实施的开展提供了最基本的法律和实践依据。同时,该条的抽象性、原则性特点也在一定程度上导致垄断致损赔偿诉讼的困境。2022 年《反垄断法》将垄断致损赔偿责任制度从 2008 年《反垄断法》第 50 条调整到第 60 条,但条文顺序的变化并没有带来条文内容的丰富,新法第 60 条仍然没有改变旧法第 50 条存在的抽象性、原则性特征。同时,由于最高人民法院尚未针对 2022 年《反垄断法》制定相应的司法解释,因此旧的司法解释与新法的衔接问题需要在司法实践中进一步完善,以保障垄断致损赔偿在司法实践中能够有法可依。

　　正如语言学家爱德华·萨丕尔所说的:"任何语言都不能把每一个具体观念都用一个独立的词或根本成分表达出来。"[①] 尤其是法律领域,在法律的精炼与完善法律的体系之间要始终保持一定张力。而通过归纳、提炼形成抽象化的概念表达能在一定程度上减少规范的数量,但同时也会导致规范的"语焉不详"。其中,与高度运转且变化的市场竞争相联系的垄断致损赔偿责任制度更是受限于反垄断法体系中法律规则不确定性的影响,即立法表达的原则性迫使垄断致损赔偿责任的司法实践既不能离开反垄断法"维护公平竞争环境"的基本精神,又不能脱离实际无限地放大行为与结果之间的因果关系。因此,当垄断致损赔偿责任在实践中出现种种适用效率不高的情形时,需要的是从真实世界的状况出发,从学习国外先进的垄断致损赔偿责任制度出发,找到突破困境的出路:首先,必须完善垄断致损赔偿责任的构成要件体系,将"竞争自由权"这一垄断致损赔偿责任制度所要保护的法益纳入侵权责任法保护之范围,在确保

---

① 〔美〕爱德华·萨丕尔:《语言论——言语研究导论》,陆卓元译,商务印书馆 1985 年版,第 74 页。

垄断致损赔偿责任作为侵权行为责任一员的基础上，从赔偿关系人、损害事实、垄断行为及过错、因果关系多要素的完善来健全垄断致损赔偿责任的构成要件理论，以期对司法实践进行有序指导。其次，通过规范法官自由裁量权的行使和重视反垄断政策的运用两方面的努力，改善垄断致损赔偿责任制度实施的外部环境。最后，还必须重视对垄断致损赔偿责任与国家反垄断行政执法关系的协调。

结　语

理论上，现代经济现实中不存在"无约束的竞争"状态，企业在追求自身利益最大化的过程中，既不能将竞争对手的工厂毁掉，也不可以对消费者实施变相"强买强卖"的压榨与报复。相应地，企业只能在法律与政策的维度内通过合理竞争实现自身的发展与利益的需求。尽管自由而开放的市场竞争往往更有益于维护社会公共利益并生产出价廉物美的商品服务大众，但市场竞争的好处并不会自发产生，相反市场还会被少数势力强大的市场主体操纵、扭曲。正如英国经济评论家托·约·邓宁所说的："一旦有适当的利润，资本就胆大起来。如果有10%的利润，它就保证到处被使用；有20%的利润，它就活跃起来；有50%的利润，它就铤而走险；为了100%的利润，它就敢践踏一切人间法律；有300%的利润，它就敢犯任何罪行，甚至冒绞首的危险。"[1]利润的诱惑往往使得市场竞争主体突破规则之限制，甚至会践踏规则以获得更为广阔的市场。因此，竞争需要法律的引导和规制。

从19世纪晚期开始，为了应对不断集中的石油和金融巨头，美国国会以压倒性的投票方式通过了一系列被称为"反垄断法"的法律法规，试图对参与市场竞争的市场主体进行管理。事实证明，美国的反垄断实践是成功的。而保证美国式反垄断实践成功的基础就在于反垄断公共执法和私人实施两者相结合形成的"双轨制"模式。特别是作为反垄断私人实施主渠道的垄断致损赔偿责任制度，更因调动了公众参与反垄断的积极性而具有非常重要的地位。因此，研究美国垄断致损赔偿责任制度的立法和司法实践变迁史，明确其性质、特征和功能具有重要意义。它们不仅是分析垄断致损赔偿之责任构成要件体系的基础，还是理解垄断所致损害的计算和惩罚模式的前提。

---

[1] 转引自《马克思恩格斯选集（第二卷）》，人民出版社2012年版，第297页。

在美国，所谓的垄断致损赔偿责任，就是对违反《谢尔曼法》《克莱顿法》等诸多维护正当竞争秩序的法定义务、侵犯平等有效竞争权的违法行为作出的否定性评价和制裁。而以反垄断法律法规这些成文法为前提的特征，决定了事关垄断致损赔偿责任的案件与英美法系下依普通法处理的其他普通案件不尽相同。即对于美国垄断致损赔偿责任制度而言，制定法和不同时期的标志性判例的有效结合，使其具有类似大陆法系下侵权责任的构成要件体系。研究美国垄断致损赔偿责任之构成要件体系，是实现全面、深刻认识美国垄断致损赔偿责任制度的必由之路。

需要注意的是，包括本书在内的一切通过对美国垄断致损赔偿诉讼中重要案例进行归纳、抽象与整理的"垄断致损赔偿责任构成要件"并非为了总结出构成要件背后的普适性归责原则，上述努力只是出于实践的考虑，即为法律界人士提供一套较为固定且方便使用的法律语言，用于认识客观世界和促进司法实践。美国法学家克里斯汀·B. 哈林顿（Christine B. Harrington）和丽芙·H. 卡特（Lief H. Carter）说过："法律面向未来。因为立法者不能准确地说明未来发生的问题的形成以及预言如垄断贸易的新方式或新的消费问题，法律只能使用总括式及灵活性的语言，以待实践中法律的使用者进行恰如其分地解释和说明。"①

如果说美国垄断致损赔偿责任之构成要件体系是垄断致损赔偿诉讼之基础，那么损害赔偿就是诉讼之目的。就美国垄断致损赔偿责任制度的损害赔偿而言，三倍赔偿已经成了垄断致损赔偿的标志。而美国垄断致损赔偿责任中三倍赔偿的设计，甚至可以追溯到罗马法中规定的"多倍赔偿制度"——在侵权案件中，受害人得到的赔偿额或是法定数额，或是数倍于其所受损失，或是由法庭裁决额度。② 事实上，正是基于美国垄断致损赔偿责任制度的罚则与大陆法系侵权责任法下的罚则所具有的这种法律本质的相通性，才促成本

---

① Christine B. Harrington & Lief H. Carter, *Administrative Law and Politics : Cases and Comments*, 3rd Ed., Addison Wesley Longman, Inc., 2000, p. 33.

② See Barry Nicholas, *An Introduction to Roman Law*, Clarendon Press, 1984, p. 210.

书以跨法系研究的视角完成对美国垄断致损赔偿责任制度整体的研究。

本书的上述尝试，从根本上来说，是重新审视比较法学之法律移植背后的法学方法论的一种努力，目的在于使学术研究的思维能够真正从"威斯特伐里亚二重奏"所引致的国际法与国内法、大陆法与普通法之间的传统划分以及追随大师、亦步亦趋的单向法律移植模式中解脱出来。如果比较法学的研究不能深入法律体系变迁的内生性因素中，那就无异于刻舟求剑。对特定国家所具有的国际性领先制度的立法和实践进行历史梳理和理论总结，是我们进行法律移植之前最紧要的考虑问题，它令后来者能站在全盘统筹的历史高度，理解舶来的法律制度与本土的治理传统之间的差异和契合，唯有这样，在比较法学的发展中才可能催生一种超越时空限制的法学研究态度与实践。不言而喻，经济全球化的发展使我们比过去任何一个时代更需要异中求同之能力，通过对其他国家的制度进行比较学习来寻找有利于自身进步的制度。

综上，研究美国垄断致损赔偿责任制度，是实现我国法律移植科学化不可或缺的工作之一，对完善我国反垄断民事诉讼的理论和实践具有双重意义。尽管从立法技术来看，我国反垄断法的制定主要吸收了以德国为代表的欧盟国家竞争法的经验，但就垄断致损赔偿责任这种特殊侵权责任而言，大陆法系与英美法系的侵权法在本质上仍然是相通的。跳出法系传统的束缚，用侵权责任构成要件理论的视角对美国垄断致损赔偿责任进行分析，有助于深化我们对垄断致损赔偿责任制度本身的认识，对推进我国垄断致损赔偿责任理论发展和实践进步具有重要意义。具体地，我们可以从三个方面学习美国垄断致损赔偿制度的成功经验：第一，完善垄断致损赔偿责任的构成要件体系，将竞争自由权这一垄断致损赔偿责任制度所要保护的法益纳入侵权法保护之范围，在确保垄断致损赔偿责任作为侵权行为责任一员的基础上，从赔偿关系人、损害事实、垄断行为及过错、因果关系多要素的完善来健全垄断致损赔偿责任的构成要件理论。第二，通过规范法官自由裁量权的行使和重视反垄断政策的运用两方面的努力，改善垄断致损赔偿责任制度实施的外部环境。

第三，协调垄断致损赔偿责任与反垄断行政执法之间的关系，促进反垄断私人实施和反垄断行政执法的共同发展。

同时，由于美国垄断致损赔偿责任制度的理论和实践本身随着美国竞争政策的不断调整而变化，以及受时间、精力和能力多方面的制约，本书研究尚有不足之处。比如，对于美国垄断致损赔偿责任构成要件理论的研究，虽有一定的数理分析和实证说明，但更多的分析仍囿于哲学思辨的方式，主要进行的是经验归纳，即以概括的方式从制定法和判例法中总结美国垄断致损赔偿责任制度的构成要件体系和损害赔偿的计算方法等内容。这种归纳的方式存在探讨不完全且不准确的可能性，笔者在日后的研究中还要不断对美国垄断致损赔偿责任制度的内容进行梳理，以弥补本书探讨的不足。不仅如此，由于受到资料的制约，对加拿大、澳大利亚学习美国经验的介绍不足，这提醒笔者在将来的研究中应当拓宽资料来源，以期研究得更加全面。

特别需要注意的是，美国、欧盟、中国等主要国家和地区都面临着数字经济带来的全新问题。即由于数字市场具有网络效应、转换成本和其他进入壁垒，使得市场向更有利于支配性企业的方向倾斜，市场竞争过程也从"在市场中竞争"转换为"为市场而竞争"。在如此崭新的社会现实面前，如何发挥包括垄断致损赔偿责任制度在内的反垄断法对于数字产业巨人的合理约束、维持行业有序发展，日益成为需要各国的理论界、立法及司法界在合作中不断探索的重要议题。

此外，在探讨我国垄断致损赔偿责任制度对美国相应理论和机制的借鉴问题上，对我国的相关实证研究较为薄弱。作为制度研究，对相关数据的收集和分析至关重要。但是，由于我国垄断致损赔偿责任制度实践的欠发达，公开的数据极其有限，且基本为宏观上的总体数据。因此，就我国垄断致损赔偿责任制度欠发达的分析来说，本书主要是基于对为数不多的公开文献及网络数据所进行的归纳总结，不免缺乏典型性。对此，笔者将寻求更多渠道，收集更多的数据，以期不断丰富本研究。

后　记

在许多人无私的帮助和支持下,本书才最终得以完成。此时此刻,我特别怀念过去岁月里埋头耕耘的每一个日日夜夜,也更加难忘学术旅程中曾经经历过的种种苦乐哀愁和酸甜苦辣。

本书脱胎于我于2015年成文的博士学位论文,七年多光阴一晃而过,但因为始终没有忘记当年论文答辩时答辩委员会老师提出的建议,紧跟"反垄断政策与法"研究前沿动向,同时我始终谨记导师的教诲,在不断查缺补漏中完善并丰富着研究的细节。

在成书过程中,我仿佛又回到读博那段人生非常有价值的时光里。四年博士学习期间,除了在法学研究上稍有进步(写出本书初稿),我经常登爬"山顶道观、山脊佛寺、山下儒院"三者贯通一体的岳麓山,渐渐体悟到"谦和并融"之真意。尽管离开湖南大学七载有余,但"敢为人先、实事求是"的湖大精神一直激励着我风雨兼程、不断前进。

当书稿敲定时,我满心感激:

感谢我的导师屈茂辉教授。屈老师平时寡言少语,但却总能在关键时刻给我鼓励和点拨,推我一把。能遇到这样的导师是我的福气。感谢李步云教授、郑鹏程教授、王晓晔教授、肖海军教授、原湖大法学院许中缘教授以及张红博士、张彪博士、陈艳博士、刘敏博士、匡凯博士、章小兵博士等同学朋友在我写作本书过程中的各种帮助。感谢我的工作单位云南大学政府管理学院方盛举教授、李娟教授以及我的博士后研究合作导师郝铁川教授等良师益友在我写作中给予的极大支持和鼓励。我还要特别感谢北京大学出版社的王业龙老师和孙维玲老师,他们在书稿编辑过程中细心地提出了许多宝贵意见,让我受益匪浅。

谨以本书献给我挚爱的家人,是你们的支持和鼓励让我能静心从事学术研究!当我在写作中遇到难题而愁眉不展时,我知道你们和我同样不知所措!这些年来,妈妈替我拔去长出的白发并鼓励我

"坚持就是胜利",爸爸反复告诫我写文章必须有益于国家和人民,不管我回家多晚,爱人总是为我留一盏灯、温一杯水……正是有了你们的鼓励和支持,纵然风大雨大,我也必将无所畏惧。

最后,祝我的爸爸七十岁生日快乐。

2023 年 1 月
杨蓉